아동청소년의 트라우마 극복을 위한 인지적 접근 미술치료

Marian K. Volkman, CTS, CMF 저
옥 금 자 · 이 미 경 옮김

圖書出版 하나醫學社

Children and Traumatic Incident Reduction:
Creative and cognitive Approaches

Edited by Marian K. Volkman, CTS, CMF

This Korean edition was published by arrangement with
Loving Healing press,Ann Arbor through Agency-One, Seoul

목차

제2부 결 과

제3부 배경과 이론

역자 서문

이 책은 충격적인 정신적 외상을 경험한 아동청소년의 인지적 접근과 창의적인 미술치료 접근의 이미지작업을 포함한 TIR(Traumatic Incident Reduction)접근을 다양한 사례를 들어 소개하고 있다. 이 책을 번역하게 된 배경은 오랜 세월 변함없이 함께 해온 나의 협력자이며 사랑하는 제자인 이미경선생님의 박사학위 취득과 함께 기념적 의미로 함께할 자료를 찾다가 시작되었다. 오래전부터 나의 책장에 있었지만 잊고 있었던 이 책을 특별히 선택하게 된 것은, 최근 전 국민적 관심사이자 트라우마를 갖게 한 세월호사건과 관련하여 PTSD에 대한 자료를 번역하는 것이 의미있겠다고 생각한 것이 기회였다.

이 책은 순수하게 미술치료만을 이야기하고 있는 것은 아니며 충격적인 사건을 반복적으로 회상시켜 이야기치료접근과 이미지 활용법으로 연결하고 있다는 점에서, 부분적으로만 이해를 하게 되면 미술치료사들의 기대에 못 미친다는 느낌을 가질 수도 있다. 그럼에도 강조할 수 있는 의미는, 심각한 외상과 스트레스에 노출된 사람들을 돕기 위해 미술치료는 한 마디로 사람들의 기억 속에 있는 부정적인 이미지를 통합적으로 조절하고 재구조화한다는 것이다. 이것을 위해 미술치료사는 심상법과 매체의 무의식적인 발달과정을 사용하는 것인데, 그러한 맥락에서 TIR의 반복적인 회상과 이야기접근은 트라우마사건의 반복적인 회상을 미술매체로 옮긴 치료방법과 같은 맥락이다.

미술치료의 TIR접근법이란 신체요소와 인지요소를 통합하는 것이라고 볼 수 있다. 신체요소는 창작활동을 통해 외상기억으로 인한 흥분효과를 감소시키고, 점진적으로 근육의 이완을 도우며 인지요소에서는 창작활동을 통해 합리적인 자기대화 학습을 사용한다. 그럼으로써 불안을 조성하는 상황을 관리하고 인지적 재구조법을 사용하게 된다. 이 과정을 위해 "지금-여기"에서의 감정과 기억을 지면위에 표현하도록 안내는 것이며 이것은 바로 이 책에서 말하는 TIR의 방법론이기도 하다. 이것을 창작의 장으로 옮겨와 어떤 미술매체를 선택하고 어떻게 사용할지 탐색하고 선택한 매체를 가지고 무언가를 시도한다면, 감각적 조작이 일어나면서 기억의 상징화를 통해 지면에 조직화하는 과정이 진행된다. 결과물이 나타나면 작품에 언어화된 새로운 의미를 획득하게 되고 구체적인 자신의 상황을 확인하게 되며 문제가 상징화된 능력으로 서술되고 통합된다.

물론 이 책에서는 모든 과정을 그러한 매체와 이미지를 사용하지는 않았으며 TIR기법을 사용하여 시나리오를 만들고 이야기치료적 접근을 사용한 내용들을 여러 장에서 보여주고 있으며 이 책의 시작과 부분적인 장에서만 그림이미지를 사용하고 있다. 언어적인 접근에서는 이미지와 심상을 사용하더라도 외상기억을 지면위에 드러낼 수 없으며 마음속에 이미지화되므로 미술치료접근에서보다 강도가 낮다. 중요한 것은 TIR의 반복적인 회상법이 주는 의미를 수용하고 외상기억이 지면 위에 드러냄으로서 시각적인 결과물로 확인하게 하는 미술작업의 회상법을 통합적으로 받아들일 필요가 있다. 그러한 이미지작업이 주는 미술치료의 특성을 이 책 전반부에서 이미 보여주고 있어서, 미술치료가 이 책의 부분적인 내용이라 하더라도 그 의미의 중요성을 담고 있다고 볼 수 있다. 미술치료에서의 결과물은 후속적인 인지과정을 거쳐 물리적으로 조정되고 상징화되는 반복과정으로 가면서 재조직화로 가므로 다른 어떠한 접근법보다 훨씬 더 강렬하고 통합적인 결과가 가능하다는 것에 의심의 여지가 없다. 이 책의 전체내용은 총 3부로 나뉘고 아동, 청소년, 가족에 접근한 15장의 내용을 담고 있다. 제 1부에서는 도구와 기법에 대해서, 제 2부는 결과에 대해서, 제 3부에서는 배경과 이론에 대한 내용을 소개하고 있다.

이 책은 이미 오래전에 부분적으로 읽고 수용해왔던 내용들이었기에 이미경선생님의 1차 번역을 나의 경험으로 재번역하여 수정하고 원저자의 의도를 연결하고 모으는 데는 별 무리 없이 진행할 수 있었음에도, 여러 상황들이 마무리를 미루게 하여 늦은 감이 있지만 이제 끝무렵에 이르렀고 마지막을 정리하는 이 시간에 감사한다. 오랜 세월 신뢰관계로 함께 해 온 제자와 이 작업을 위해 내용을 공유하는 기회는 또 다른 특별한 의미이자 기쁨으로 다가온다. 더불어 이미경선생님이 이 작업을 기초로 앞으로 더욱 좋은 자료들을 소개하고 귀한 경험들이 모아져 미술치료영역의 전문성에 더 많은 기여를 하리라 기대한다.

그동안 신뢰와 믿음으로 도움주신 하나의학사의 오무근 사장님의 깊은 배려에 감사드리고 건강과 평안을 기원하며, 편집과 교정을 맡아주신 소정영 전무님께도 깊은 감사를 전한다. 치료관계에서 만난 수많은 인연들을 위해서 기도하고, 마지막으로 이 책이 임상현장에서 만나는 생활스트레스에 시달리거나 충격적인 외상을 경험했거나 외상후스트레스장애로 고통받고 있는 아동청소년과 그들의 가족을 돕는 모든 미술치료사와 상담사들에게 유용한 안내서가 되리라 기대하면서 마친다.

2015년 늦은 가을에

옥 금 자

감사의 글

스승께서 여행 중에 샀다며 보여주신 본 원서의 제목이 맘에 들었다. 임상 중에 만난 내담자들은 스스로가 이해할 수 없는 슬픔, 두려움, 분노, 부정적인 생각 등으로 인해 삶이 단절되고 피폐화되어 자신과 타인을 진정으로 받아들이기 어려워 불행한 경우가 많았는데, 그 근저에는 기억회로 깊숙한 곳에 숨어있는 크고 작은 트라우마가 생생하게 현실에 부정적 영향을 미치고 있음을 현장에서 많이 경험하고 있었기 때문이다. 외국 트라우마전문가들의 다양한 살아있는 경험을 번역하는 흥미진진한 이 작업은 트라우마치료에서 미처 알지 못했던 부분을 공부할 좋은 기회였다. 괴테의 희곡 〈파우스트〉에서 많은 경험을 하고 백 살이 된 파우스트는 눈이 먼 대신에 심안이 밝아져 마지막 숨을 거두며 '시간이여 멈추어라! 너는 참 아름답구나!'란 말을 했다. 트라우마를 치료하는 수많은 방법이 존재하지만, 임상에서 인지적으로 미술치료를 트라우마에 사용한 본서의 다양한 방식을 상황에 따라 적절하게 적용한다면 내담자를 옭매였던 슬픔과 고통이 치유와 변환과정을 이루어 가는 데 도움을 줄 수 있다고 본다. 그리하여 치료자와 내담자가 자신의 순간들에 파우스트처럼 '너는 참 아름답구나!'하고 외칠 수 있기를 기대해 본다.

한없이 부족하기만 제자가 치료사로서 부화하도록 기다려주고 품어주시며 성장의 길로 안내해주신 스승인 옥금자 교수님께 감사를 드린다. 뜻을 펼칠 수 있도록 지지해주시는 진정한 예술가자 학자이신 전북대학원의 임승택 교수님께 미처 말로 전하지 못한 감사의 마음을 전하고 싶다. 예술치료와 의학을 연계 통합할 수 있도록 가르침을 주신 원광대학원의 이상렬 교수님께도 감사드린다. 치료사의 길을 처음 같이 열어간 박은혜 선생님, 현명한 조언자 곽명희 선생님, 날카로운 안목의 김화선 선생님 그리고 언제나 따뜻하게 감싸 안아주는 박경희 선생님, 김정희 선생님, 손경희 선생님에게도 감사의 마음을 전한다.

어린 나이에 병을 극복하려는 놀라운 투지로 나에게 삶과 인간의 신비를 깨닫게 해주어 치료로 입문하는 계기를 준 아들 형우, 명랑 쾌활함으로 항상 웃게 하는 둘째 원규에게 고맙고 사랑한다고 전하고 싶다. 아내가 치료사의 길을 갈 수 있도록 긴 시간 묵묵히 안전한 울타리가 되어준 평생의 반려자 문명철님께도 마음 깊이 감사를 전한다. 또한, 지금은 어디선가 따뜻한 시선으로 현재의 삶에 충실할 임상현장에서 만났던 내담자들이 보여준 용기와 사랑에 감사를 전한다.

공동 역자 이미경

TIR의 적용

- 외상사건감소와 위급한 사건에 대한 스트레스 관리: 상호작용적 접근
- 아동과 외상사건감소: 창조적 인지적 접근
- 중독과 외상사건감소: 인간 중심적 접근

Loving Healing Press에서 나온 이 새로운 책은 유익한 정보와 TIR(외상사건감소)에 관한 일화와 클라이언트들에게 활용된 실천가들의 관련 기술들을 제공해주고 있다. 실제적인 경험담들은 TIR이 제공하는 치료에 대해 전하고 있다. 외상사건감소와 응용메타심리학(외상사건감소가 파생된 소재)이면에 있는 이론들에 흥미를 가진 독자들은 Loving Healing Press에서 나온 메타심리학 시리즈에 관한 탐구를 고려할 필요가 있다. 모든 출판물에 관한 정보는 www.tirbook.com에서 찾을 수 있다.

편집자인 Robert Rich 박사에 관해서

Loving Healing Press에서는 Robert Rich 박사를 TIR 편집자로 추천했다. 이 흥미로운 책은 현대사회에서 TIR과 외상사건감소와 메타심리학의 영향을 증명해 주고 있다.

이학석사, 철학박사, M.A.P.S., A.A.S.H.인 Robert Rich는 많은 경험을 가진 상담심리학자이다. 그의 웹 사이트 anxietyanddepression-help.com은 불안과 우울증을 앓고 있는 사람들을 위한 유용한 정보를 제공하고 있다.

Bob은 또한 소설과 비소설로 다수의 상을 받은 작가이며, 전문 편집자이기도 하다. 그의 작품은 www.bobswriting.com에 나와 있다. 그의 책 중 세권은 심리학적인 자조: *분노와 불안:감정과 공포증 관리하기*, *개인상담: 1회성 이메일 치료*, 그리고 *암: 자기만의 도전*을 위한 도구들이다. 그의 철학과 심리학적 지식을 바탕으로 한 이 세 권의 책은 국제적인 상과 많은 작은 상을 받게 되었다. Rich 박사는 현재 Wombat Hollow in Australia에 살고 있다.

감사의 말

임상에서 다뤄진 클라이언트들의 이야기를 우리와 함께 공유하고 시간을 내어주고 배려해준 기고가들에게 감사의 마음을 전한다. 도움을 준 분들은 알파벳 순으로 다음과 같다. Janet Buell, Renee Carmody, Tony DeMaria, Teresa Descilo, Anna Foley, Alex Frater, Patricia Furze, Frank A. Gerbode, MD, Brian Grimes, Jessica Hamblen, Jessica Hand, Hildegard Jahn, James Logan, Bob Rich, Victor Volkman.

특히 Miami 피해자서비스 트레이닝 매뉴얼 자료들을 이 책에 싣도록 허락해준데 대해서 감사 드린다. 또한, 한 편 이상의 기사를 제공해 준 Renee Carmody, Anna Foley, Patricia Furze에게 다시 한 번 감사드린다.

자신들의 이야기를 활용할 수 있도록 허락해준 클라이언트들에게도 고마움을 전한다. 많은 분들이 의견을 주고 수록하는 것을 허용해 주었다. 여기에 소개된 모든 아동들의 이름과 기타 확인 가능한 정보는 변경되었다.

1장과 9장에 나오는 아동들과 관련한 자료, 외상을 넘어서: TIR 2판(2005)을 증쇄하도록 허가해준 Loving Healing Press의 Victor Volkman에게 또한 감사를 드린다.

이 책에 나온 몇몇 이야기와 기사들은 응용메타심리학 국제/TIR 협회회보 2권과 3권 (ISSN 1555-0818)에 나왔으며 허가를 받아 활용하였다.

마지막으로, 관심을 가져준 여러 독자들에게 감사를 드린다.

어떻게 하면 이 책에서 더 많은 도움을 얻을 수 있을 것인가

TIR과 아동에 대한 소개

당신은 이 책을 탐구하면서 여러 저자들이 교육, 경험 및 실천양식에서 폭넓은 다양한 배경을 가지고 있다는 것을 알게 될 것이다. 어떤 사람은 개인적으로 실천하는 사람들이고 또 어떤 사람은 큰 기관에서 일한다. 다른 방법으로 훈련과 경험을 쌓아 TIR과 관련된 기술을 활용하는 사람도 있는 반면에 TIR관련 기술을 단독으로 사용하는 사람도 있다. 더욱 분명한 차이는 저자들에 반영된 신뢰와 태도의 다양성이다. 당신은 이들 중 한 특정 저자와 의견이 같을 수 있다.

이 책에 다른 특성을 가진 집단들을 함께 제시한 것은 아동과 성인들에게 TIR과 관련된 기술을 다양하게 적용하여 보다 효과적인 결과를 얻을 수 있었던 그들의 공통적인 경험을 독자들에게 전하기 위함이다.

이 책을 읽어가는 과정에서 여기저기 마음 가는 부분만을 읽든, 특별히 가장 흥미를 일으키는 부분을 읽든 연속적으로 통독을 하든 당신은 여러 가지 많은 아이디어와 기술들을 발견할 것이다. 만약 당신이 병원환경에서 일을 하고 있다면 아마도 13장을 읽고 싶을 것이다. 당신이 부모라면 자녀에게 필요한 도움을 위해 6장과 12장에 특별한 관심을 가질 것이다. 당신이 주제의 기초가 되는 철학적인 구조를 탐구하고자 한다면 14장이 유용할 것이다. 아동들에 있어서 PTSD의 원인론과 증상들에 관한 본질적인 배경은 15장에서 찾아볼 수 있다. 끝으로 우리는 당신이 TIR에 관한 더 많은 사례와 연구보고서들을 꼭 읽기 바란다(부록 C 참조).

우리는 각각의 장이 하나의 독립된 기사로서 가능한 한 읽기에 재미를 느끼도록 노력해왔다. TIR와 응용메타심리학의 주제들에 사용된 특유한 개념들은 부록에서 용어설명이 되어있으니 참조하기 바란다. 각 장의 모든 주석과 참고문헌들은 부록 바로 뒤와 찾아보기 앞에 함께 있으므로 참조하기 바란다.

먼저 각 장에서 제시된 내용의 구체적인 이해를 돕기 위해 간략한 개요를 제시하였다.

TIR과 응용메타심리학의 개발자인, Frank Gerbode의학박사는 도움을 위한 "조언"과 관련하여 "상담"을 원하는 사람에게 잘못된 것이 있다는 것을 "치료"가 암시할 수 있다는 이유로 "치료사"나 "카운슬러"라기 보다는 오히려 실천가에 대한 중립적인 용어인 조력자(촉진자)를 선택했다. 이들 중 어느 쪽도 인간중심의 중재 개념에 잘 맞지 않다. 이와 관련하여 어떤 TIR실천가들은 자격증을 가진 치료사들인 반면에 또 어떤 사람들은 성직자들이거나 다른 배경의 출신들이다.

우리는 클라이언트에 관해 언급하기 위하여 보는 사람(viewer)이라는 말을 사용하는데, 그것은 클라이언트 자신의 정신세계를 드러낸 각 회기에서 가장 중요한 일을 행하고 있기 때문이다. 조력자는 이 과정에서 돕는 역할을 한다.

이 책의 각 내용들에서 당신은 말하는 사람/저자의 관점에 의존하면서 서로 상호 교환할 수 있게 사용되고 있는 실천가, 치료사, 촉진자라는 말들을 종종 볼 수 있을 것이다.

(정확히 응용메타심리학이라고 하는)메타심리학은 TIR이라는 특수한 기술을 포함한다. TIR은, 클라이언트가 외상의 완전한 해결과 통찰을 불러일으키면서, 외상 관련한 스트레스를 경감시키기 위하여 외상경험들을 구체적으로 다루게 된다. 메타심리학 기술은 클라이언트가 어렵다고 생각할 수 있지만 그럼에도 처리하고 싶은 이슈들을 다루기 위하여 활용된다. 종종 이 기술들은 최근의 외상사건이나 관계문제 또는 원인을 알 수 없는 아픈 감정과 같은 당면한 일을 다루기 위하여 사용된다. 몇몇 실천가들은 더 많은 기술들을 활용하고, 삶의 각 주요부분에서, 하나의 이슈로서 클라이언트가 가져온 모든 것을 다룰 기회와 기술들을 소지하고 있다. 만족한 결론에 이르기 위한 전체적인 작업과정은 생활스트레스 감소로서 TIR을 포함한 모든 메타심리학기술들은 인간중심의 맥락에서 행해진다. TIR의 인간중심 접근은 Carl Rogers의 완전한 인간중심 작업형태와는 다른 클라이언트에게 자신의 의견에 주의를 요하는 생활양상을 탐색하는 능력을 제공하는 구조화된 기술 형태로 활용된다.

TIR의 인간중심의 맥락은 작업을 통해서 몇 가지 방법으로 수립되고 유지된다. 실천가는 오로지 클라이언트가 기꺼이 다루고자하는 그리고 흥미를 갖는 분야만을 취급하고, 논평과, 해석 및 충고를 삼가고, 회기가 끝나기 전에 만족한 해결이 된 것을 확인하기 위하여 클라이언트와 함께 의논한다. Alice Miller는 근본적으로 인간중심의 방법으로 모든 연령의 클라이언트들과 작업을 한다.

우리는 TIR과 그것에 관련된 기술들로 아동기외상이 성인기에 해결될 수 있다는 것을 증명할 수 있다. 한 가지 고려할 점은 그러한 해결이 확실히 가치있고 바람직하지만, 외상이나 충격적인 사건이 일어난 직후 개입하는 것이 더 효과적이라는 것은 의심의 여지가 없다. 많은 일화와 같은 증거가 있는 기술들의 효과성을 증명하기 위해서는 앞으로 많은 연구가 요구될 것이다.

TIR과 메타심리학 실천가들은 이러한 일의 영역을 유지하는 촉진규칙이라는 경계를 가지고 실천규칙들을 고수한다. 그들은 항상 완전히 주의를 기울이고 비 판단적이며 회기가 부드럽게 잘 진행될 수 있도록 강화하기 위해 실천가들의 훈련에 특수한 의사소통훈련을 포함한다.

각각의 기술은 어떠한 연령이라도 클라이언트의 만족한 종료시점에 적용되며, 회기는 전체적으로 사전에 결정된 시간에 제한하여 마치기보다는 오히려 필요로 하는 만큼 전반적으로 적절하다고 보는 시점에서 마무리하는 방식으로 활용된다. 당신은 이 책에서 대부분의 저자들이 아동은 성인들보다도 더 빨리 의미심장하게 종료시점에 이른다고 생각하는 경향이 있다는 것을 발견했을 것이다. 당신은 (비록 아동들과 TIR을 실천하는 대부분의 사람들이 상황에 적절하게 잘 직면하고 있다고 말할 테지만) 이것이 성인들보다도 아동이, 세상과 고통과 갈등에 덜 직면할 수 있기 때문이거나 외상을 덜 축적했기 때문에 종료시점에 더 빨리 도달한 것이라고 추측할지도 모른다. 치료이론에 집착하기보다는 클라이언트에 의해 제시된 그 날의 이슈가 무엇보다 의미있게 경험되도록 돕는데 초점을 둔다. 결과적으로 TIR은 클라이언트가 도움에 대해 만족상태에 이르게 하면서, 한 회기에서 다음 회기로 성공적인 진행을 거듭하게 하는 것이다.

어떤 치료환경에서나 아동을 효과적으로 다룰 수 없는 것에 관한 많은 견해들이 있다. 예를 들면, 언어습득 이전의 외상기억은 클라이언트로 하여금 회기내내 지속적으로 외상사건을 겪는 경험을 반복하게 하기 때문에 TIR과 함께 다루어질 수 없다고 믿는 치료사들도 있다.

그러나 언어습득 이전의 사건들은 더 뒤의 사건들만큼 쉽게 해결되기도 한다. 즉 클라이언트가 사건을 회기마다 조용하게 겪고 다시 경험하고 그리고 나서 무슨 일이 일어났는지 말할 때 이것을 이해할 수 있다. 아동은 성인들보다 더 짧은 시간을 경험했기 때문에 오히려 더 빨리 언어습득 이전의 사건들에 빠져드는 경향이 있다.

아동(혹은 성인)이 TIR을 활용할 수 있을지를 결정함에 있어서 가장 큰 요인은 다루어지고 있는 내용에 주의를 집중시킬 수 있는 능력이다. 성인과 마찬가지로, 아동의 고통이 강하면 강할수록 아동의 관심을 끌기가 쉬워진다. 더 쉽게 다가갈 수 있는 기술을 사전에 예비적으로 사용하는 것은 TIR을 구체화하기 전에 개인을 준비시키는 데 도움이 된다. 당신은 다음의 인터뷰 자료들에서 다양한 접근을 보게 될 것이다. 이 책에 수록된 아동의 이름과 기타 정보들은 모두 수정되었다는 것을 다시 한번 강조한다.

이러한 방법의 입증은 이 책에 소개된 사례의 결과들 속에서 확인할 수 있다. 우리는 다만 클라이언트들이 "나는 지금이 전보다 기분이 더 좋아요."라고 말하는 것을 보지 못할 뿐이다(물론 클라이언트는 사실 그렇게 말하기도 하지만). 당신은 아동들의 기분과 행동들이 TIR 경험 후에 더 나은 방향으로 변하는 것을 알게 될 것이다. 현실에서 주목할 만한 변화들은 이 작업의 효과이다.

아동과 함께한 TIR 실천가들의 지혜를 모음으로써, 아직 기회를 얻지 못한 사람들의 TIR 훈련을 위한 영감과 실천가들을 위한 유익한 자원을 창조하고 개발하는 것은 우리의 희망이다(훈련에 관한 정보에 대해는 부록 B를 참조하라).

2007년 1월 15일

– Marian Volkman

제 1 부

도구와 기법

제 1 장

이미지 사용하기(Head picture) : 트라우마 치료에 아동 참여시키기

By Anna Foley, Clinical Director,
Moorside Trauma Service, England

트라우마 치료에 아동을 참여시킨다는 말은 아동이 정신적 외상에 따른 증상이나 결과에 대해 스스로 이야기 하도록 돕는 것과 관련되어 있다. 연령에 적합한 방식으로 정신적·정서적 치료를 한다는 개념과 스트레스 반응에 대한 정보를 서로 나누는 것은 누구나 트라우마에 대한 공포를 가질 수 있고, 그리고 누구나 다른 사람을 도울 수 있는 사람이 될 수 있다는 사실을 보여 준다는 점에서 매우 중요하다. 이 장에서는 내가 "Head Picture"라고 부르는 한 기법에 대해 자세히 설명하고자 한다. 지난 10여 년간 나는 아동 및 성인클라이언트들과 함께 이 기법을 사용해 왔고, 또한 다양한 대상들에게 이 기법을 가르쳐 왔다. 이 기법은 아동과 가족들이 위기에 처해 있을 때 임상상황에서 그 정보를 받아들이는 방식을 향상하는데 결코 실패한 적이 없었다.

Head Picture에 대한 영감 얻기

나에게 Head Picture에 대해 처음 영감을 준 사람은 Redwood 미술치료연구소(Art Therapy Institute of the Redwoods-California)의 Linda Chapman이고 그다음으로는 Robert Pynoos와 Bessel van der Kolk이다.

지난 20여 년 동안 우리는 트라우마에 대한 수많은 신경생물학적 증거를 목격해 왔다. 이 증거들로 인해 그동안 내가 정신적 외상을 입은 아동들과 함께했던 실제적인 경험의 모든 면에 대해 의문을 갖게 되었다. 효과성의 증거로서 뇌의 변화를 보면, 정신적 외상을 입은 아동의 경우 언어와 연결된 뇌의 부위가 크기와 기능면에서 줄어들었다고 한다. 이 결과를 통해, 나는 트라우마를 겪은 아동과 그 가족과 소통할 때에는 반드시 언어적 영역을 넘어서는 방법을 포함할 필요가 있다는 암시를 얻게 되었다. 즉, 언어뿐 아니라 이미지를 사용하는 것은 그러한 공포 증상들에 대한 의문을 더 효율적이고 효과적으로 이해하기 쉽게 풀도록 도와준다는 사실을 깨달았다. 또한 나는 외상 후 손상된 기능들로 인해 아동과 가족들로부터 고지에 입각한 동의(의료적 처치에 앞서, 그것을 승낙하고 선택하는데 필요한 정보를 의사로부터 들을 수 있는 권리)를 어떻게 얻을지 고려하게 되었다. 종종 아동의 경우 동의를 얻기는 쉽지 않지만, 언어만을 사용한 고지에 입각한 동의는 두 배 이상으로 더욱 어렵다. 그러나 외상 후 스트레스반응과 치료를 위해 이미지를 사용하는 것은 클라이언트로 하여금 자신이 치료자로부터 이해받고 있다는 느낌을 갖게 할 뿐 아니라, 고지에 입각한 동의를 더욱 가능하게 한다. 뿐만 아니라 치료과정 중에 전문가와 의사소통하거나 아동의 치료진행과정을 측정할 수 있는 방법을 제공해 주는 매우 가치있는 접근법이다.

Gerbode(1995)의 모델에 따르면(14장 참조), TIR방법은 "...사실 그 의도에 있어서 주로 교육적"이라고 한다. 이는 치료 특히 질병이라는 전통적인 의료모델과는 다르다.

계속하고 싶은 욕구를 보일 때 시작하기 : 첫 번째 약속 정하기

만약 스트레스와 치료에 대한 개념을 이해하도록 아동을 돕고 싶다면, 우선 당신은 지식과 감정을 서로 나눌 수 있는 안전한 환경을 만들어야 할 것이다. 보편적으로 아동은 스트레스와 그로 인한 결과에 대한 구체적인 예에 매우 잘 반응하므로 안전한 환경이 제공된다면 자연스럽게 치료에 완전히 참여할 수 있을 것이다. 트라우마를 겪으면서 잃어버린 통제력을 회복하기 위해서 아동은 유용한 정보와 지식 그리고 그와 관련된 교육을 우리에게서 받아야 하며 그럼으로써 아동은 성인들처럼 외상후의 반응으로부터 자기 자신을 분리시킬 수 있게 된다. 만약에 아동이 외상 후 스트레스 증상을 가진 채 그대로 방치된다면, 그 아동은 스스로 회복하지 못한 자신의 무능감에 대해 자책할 것이다. 이러한 부정적인 생각은 아동의 자존감에 영향을 미칠 뿐만 아니라 문제가 해결되지 않은 채 방치됨으로써 왜곡된 믿음이 뿌리박히게 된다. 이 뿌리박힌 왜곡된 믿음은 정서적으로 치명적인 손상을 입히고 고통을 장기화시키고 치료를 힘들게 만든다. 따라서 이러한 심리교육은 아동의 외상 경험을 다루는데 매우 중요한 부분이 되고 있다.

첫 모임을 가지는 자리에서 나는 아동이 어떠한 방법으로 나와 의사소통하든지 이를 매우 환영한다고 말한다. 아동심리교육에 대한 또 다른 나만의 이해와 접근은 눈에 보이고 손에 잡힐 수 있는 그러한 것들로 제공되어야 한다는 것이다. 그들이 그린 그림은 "내면화된 중간대상"(많은 아동은 자신이 그린 그림을 가지고 집에 간다)으로서의 역할을 하며 또한 이 그림은 아동의 외상 후 증상을 외면화할 때도 사용될 수 있다.

그림 1-1 : 사고 후의 자화상(Head Picture)

'Head Picture'

이것은 내가 트라우마에 대하여 아동과 가족들과 함께 이야기하는 방법에 대한 예시이다.

우리가 펠트 펜(pen)을 고를 때, 나는 아동에게 원하는 펜의 색깔을 선택할 것을 제안한다. 주로 슬픈 표정을 지닌 단순한 그림을 제공하지만 아동이 자신의 감정을 잘 몰라서 조심스러워 하거나 난감해할 때는 단지 직선으로만 된 입 모양의 얼굴모형을 제공하기도 한다.

치료자 : "이 그림이 너라고 가정해 보자꾸나. 물론 이것이 실제 너랑 닮지 않았다는 것을 나도 잘 알지. 나는 그림엔 아주 젬병이야(이렇게 말하면 대부분 아동은 웃는다). 이것이 네가 ___________ 했던 일을 겪은 직후라고 상상해보렴"(그림 1-1 참조). 이 때 어떻게 표현하는지에 따라 아동 자신이 이 정신적 외상경험을 어떻게 생각하고 있는지 나는 확인할 것이다 : 아동은 "칼에 찔린", "총에 맞은", "호되게 얻어맞은", "공격당한" 등등의 단어를 사용할 것이다. 복합 외상에 대해 나는 아동에게 이것은 "너에게 그 일이 일어난 후"에 나타나는 스트레스라고 일반화시킨다.

아동자신이 그린 그림이 아주 단순하다는 것과 또한 이것이 완벽한 그림이 아니라는 사실을 알고 난 후, 아동은 자신이 정신적 외상치료를 받기 위해서 미술에 숙달될 필요는 없다는 사실을 깨닫게 된다. 나는 아동들이 주로 학교에서처럼 모든 걸 잘해야 한다는 선입견을 가지고 치료센터에 온다는 사실을 발견하곤 한다. 이때 나 또한 교사가 아니라는 사실을 아동에게 말할 좋은 기회가 된다.

이미지 사용의 장점은 아동이 첫 번째 치료 약속에 대한 긴장감과 증상에 대해 두려움이 있을 때, 무언가에 집중할 수 있는 수단을 얻을 수 있다는 점이다. 아동과 가족들은 눈에 띄게 마음이 진정되고, 스트레스를 이미지로 '우스꽝스럽게' 표현한 것을 보면서 치료에 더욱 좋은 반응을 보이게 된다.

이미지는 또한 트라우마 치료에 핵심이 되는 속도를 조절하도록 허락해 준다. 치료를 소개할 때 나는 아동이 지나치게 흥분된 상태인지 주의 깊게 살펴보기 위해 심장박동이 높아졌는지, 긴장감으로 인해 손에 땀이 나는지, 사소한 일에 지나치게 잘 놀래는지, 등등을 주의 깊게 관찰한다. 그리고 이 순간을 놓치지 않고 외상 후 흥분상태가 될 때 어떻게 스스로 진정시킬 수 있는지를 아동과 부모 및 양육자들에게 보여줄 기회로 삼는다. 치료는 아동이나 클라이언트가 견딜 수 있는 적절한 속도로 이루어져야 한다는 사실과 또한 내가 이러한 유형의 생리학적인 변화가 일어나기를 기대한다는 사실을 그들에게 알려주는 것이 매우 중요하다. 그러면

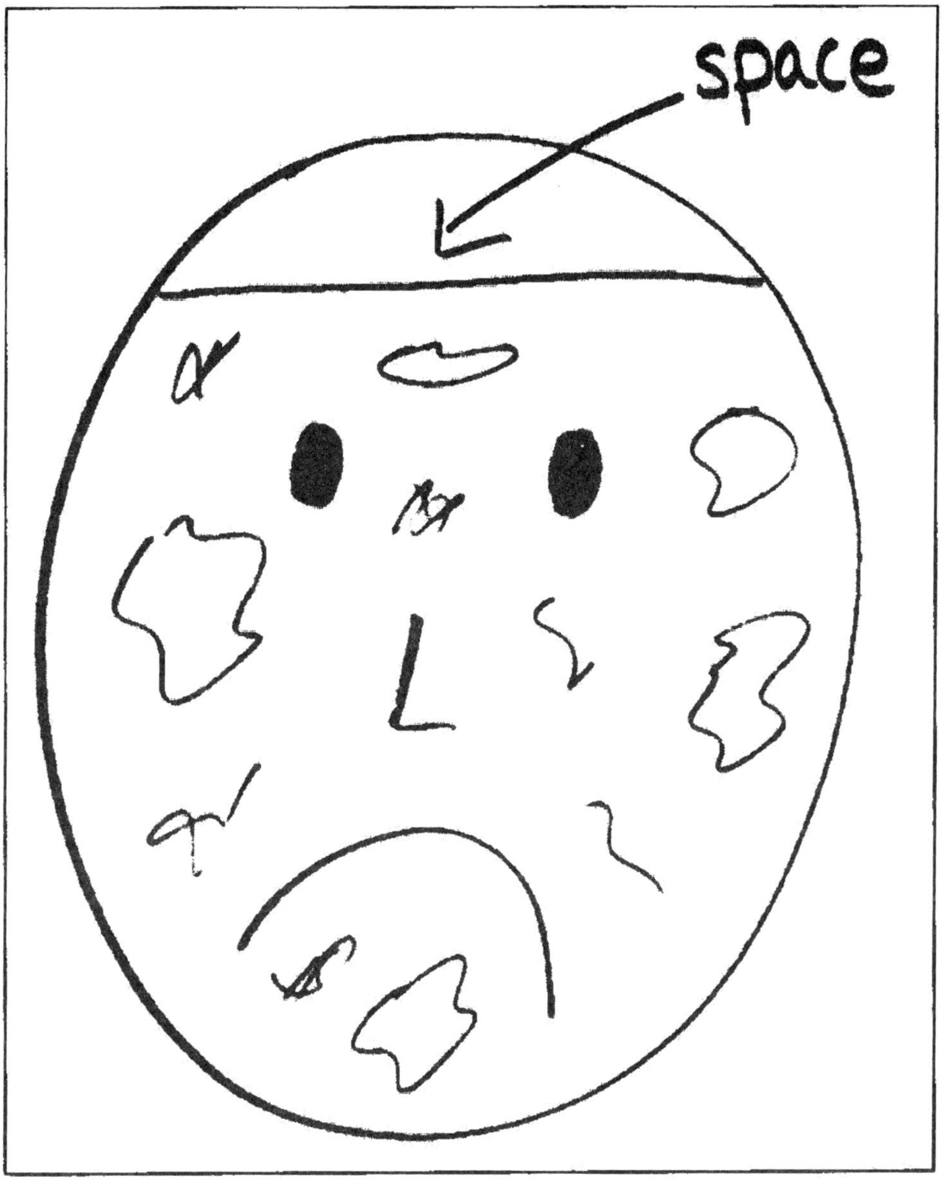

그림 1-2 : 공간의 부족 (Head Picture)

아동은 치료기간 중에 이러한 증상들에 대해 더욱 사실적으로 이야기 할 수 있게 된다.

사전에 이뤄진 심리교육의 결과로서, 우리는 앞으로 무엇을 행할지, 또 무엇을 기대할 수 있는지 아동에게 설명할 수 있고, 혹시 발생할지 모르는 사건이나 다른 유발요인에 노출될 경우 그의 "감정이 어떠할지 추적"할 수 있다.

치료자 : "어떤 사람이 너처럼 '공격을 당했을 때', 그들은 몸과 마음에 아주 많은 생각과 감정들, 기억들이 밀려옴을 느낀단다. 이 복잡한 생각, 감정, 기억의 조각들은 모두 다 서로 다른 것들이라고 가정해 보자(그림 1-2 참조). 어떤 것들은 작고 어떤 것들은 큰 모두 제각각인 모양과 크기들을 가지고 있고 또 모두 다르게 보이며 일부는 다른 것보다 더 나쁘게 느껴지기도 한단다." (보통 이 말에 아동과 부모는 고개를 끄덕인다.) "너의 경우는 어떠하니?"

나는 그들에게 대답할 용기를 갖도록 지지하고 이 시점에서 많은 정보를 공유한다. 이것은 아마도 그들 가족이 경험한 것들과 그들이 겪은 변화를 어느 정도 이해하기 시작할 수 있는 최초의 시점이었을지 모른다. 이 과정을 통해 나는 또한 가족구성원들 사이에서 있을 수 있는 어떤 과장된 의사소통들을 관찰할 수 있었고 이것은 심리 교육적 치료접근을 통해 극복 가능한 것들이기도 했다.

아 동 : "그래요. 내 머리 속엔 온통 쓸데없는 생각들로 가득 차 있어요."

치료자 : "너의 머리가 이 문제를 잘 해결하려고 바쁜 동안, 네 머리 최상부에는 채워지지 않은 작은 공간이 있단다. 네가 일상에서 해야 할 일들과 깊이 생각해야 할 일들은 오직 이 좁은 공간에서만 가능할 뿐이야. 엄마나 아빠 또는 어떤 사람이 너에게 방청소나 숙제를 하라고 강요할 때, 이 작은 공간은 금방 가득 차버리고 그래서 결국 너는 '꽝하고 폭발'해 버리지. 또는 네가 엄청나게 심술을 부리기도 하고…"

아 동 : "맞아요. 제 행동이 정확히 그래요!" (만약에 부모가 거기에 있다면, 그들은 자녀가 전에는 이렇지 않았는데 지금은 함께 살기가 너무 힘들 정도이고 아주 사소한 일에도 격분을 한다고 한결같이 말할 것이다)

치료자 : "당신이 보시다시피(부모에게), 아이가 일상적인 일을 해결할 공간은 이렇게 매우 작아요. 그래서 어떤 다른 일이 일어나면, 그 일은 이 작은 공간에 들어가 아무런 활동도 하지 못한 채 그냥 있게 되지요. 그 좁은 공간이 가득 채워지면, 꽝! 하고 부딪혀 버리게 될 거고요. 주로 이것이 분노의 첫 번째 반응이죠!" (물론 내 말은 아동이 숙

제를 하지 말아야 한다거나 가족규칙을 깨야 한다는 것이 아니라, 단지 현재로서는 그런 규칙을 따르기가 어렵다는 뜻이라고 덧붙여 말한다) "어느 정도는 그렇게 느끼시죠? 어머니도 분명 이 일을 다루기 위해서 많은 스트레스를 받고 있을테니까요."

주로 가족구성원들이 어떻게 반응하는지에 대한 논의가 이 시점에서 어느 정도 이루어진다. 경험에 의하면 외상을 겪은 후 아동들은 극도로 불안해하고 부모의 곁을 떠나려 하지 않고 전보다 더 자기 침대에만 틀어박혀 있으려 하는 경향이 있다.

그림은 그들이 머릿속에서 생각하는 모든 사소한 것들과 몸속의 어느 부위에서 어떤 감정과 느낌이 생기는지 알 기회를 준다. 또한 외상경험의 충격을 구체적이고 사실적으로 요약해

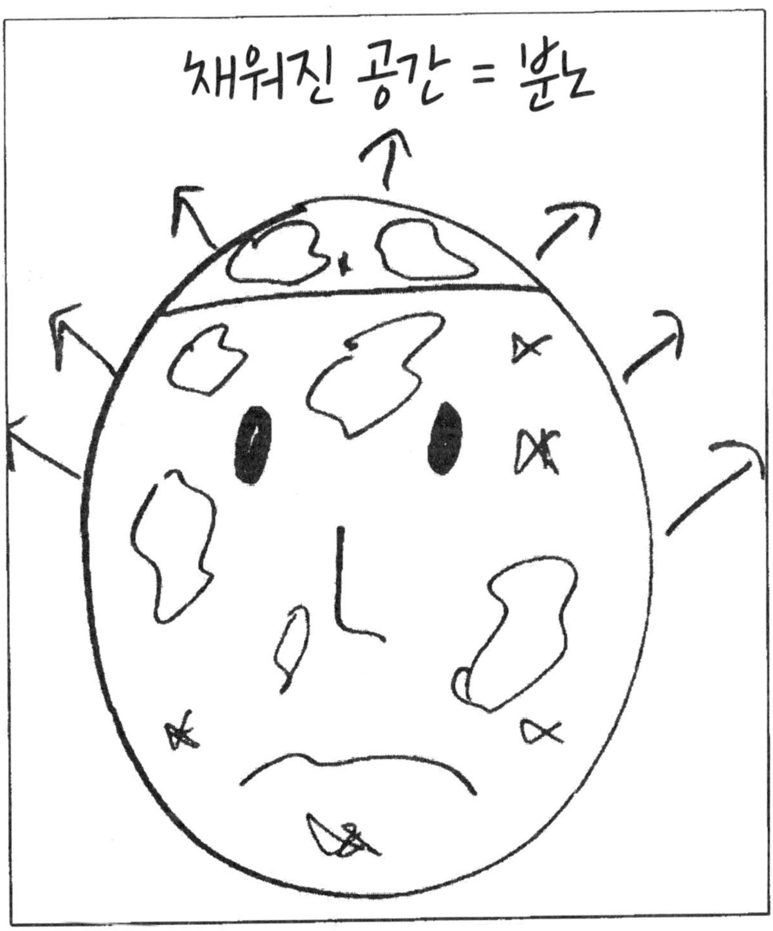

그림 1-3 : 불충분한 공간의 결과로 생긴 분노(Head Picture)

그림 1-4 : 첫 회기 치료과정에서(Head Picture)

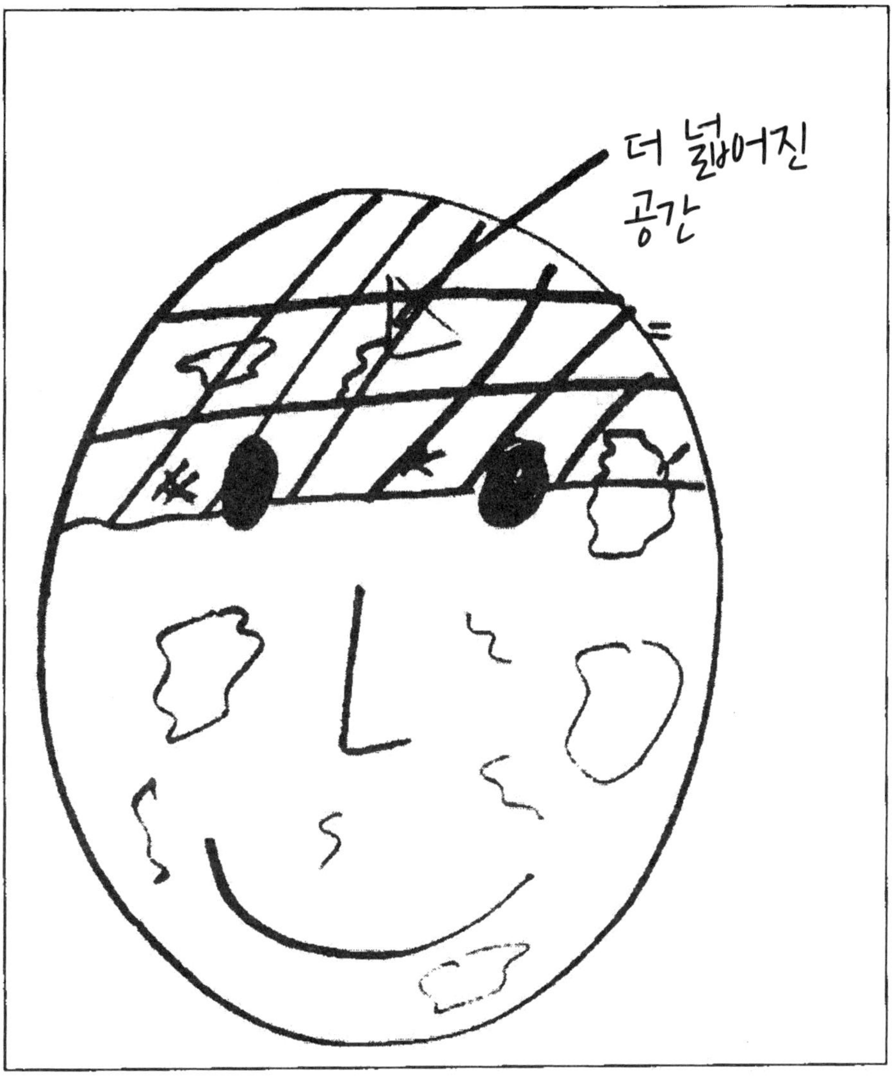

그림 1-5 : 첫 회기를 다 마친 후

내기 위해서도 매우 중요하다. 때때로 나는 몸 전체의 윤곽을 그리도록 안내하기도 한다.

치료자 : "이 그림은 너의 몸과 머릿속에서 느끼고 있는 것과 유사하단다. 너와 같은 어떤 사람이 나와 같은 치료자를 만나러올 때 우리는 이 다양한 것들을 어느 정도 들여다볼 수 있단다. 때로는 이것 중 두 가지 정도만 간신히 보거나 오직 하나 또는 심지어 단 하나의 일부분만 보기도 한단다. 하나를 봄으로써 또 다른 것이 우연히 사라지는 것처럼 보이기도 하고."

치료자 : "시간이 흐를수록 그리고 네가 몇 차례 더 이곳에 오게 됨에 따라 우리는 이 공간을 점점 더 크게 만들기 위해 함께 작업할 것이고 그럼으로써 너는 일상적인 것들이 점점 더 쉬워진다는 사실을 깨닫게 될 거야. 또한 너는 모든 일상적인 것을 다 할 만큼 점점 더 많은 공간을 가지게 될 거야"

주로 아이들은 그림 속의 복잡하게 구불거리는 것들이 그들에게 있어 무엇을 나타내는지 궁금해 한다. 그런 경우는 이 트라우마를 생활 속의 다른 스트레스와 연결시켜 바라보는 것이 용이하다. 이것은 주로 다른 트라우마적 사건이나 학교문제 그리고 부모와 친구들 간의 문제를 포함한다.

치료자 : "우리의 목표는 네가 일상생활의 모든 것을 쉽게 할 수 있을 만큼 많은 공간을 갖게 되는 시점에 도달하는 거야. 더불어 너에게 일어났던 그 끔찍한 일이 너의 머릿속 모든 공간을 차지하지 않도록 하는 거란다. 그것은 지금처럼 너를 두렵게 하고 아프게 하는 그러한 기억이 되지 않을 거야. 우리는 Head Picture를 바꾸어서 너를 위한 공간을 늘리고 끔직한 기억에 대한 공간을 줄일 수 있단다" (그림1-6 참조).

요약

만약 아동이 엄마 곁에서 떨어지는 것을 불안해하고 죽음과 악몽, 과거 회상, 과거 기억들에 대한 염려에 사로잡혀 있다면 아동은 당신이 지금하고 있는 말을 충분히 이해할 수 없을 것이다. 치료자는 아동에게 아직 치료할 여지가 남아있다는 사실을 알려야 하고, 또한 무슨 일을 겪고 있는지 이미 알고 있다는 사실을 알게 하며, 언어가 아닌 다른 방법으로 두려움을 극복할 방법을 제공하고 있다는 사실을 확신시켜야 한다. 치료자는 특정 트라우마의 반응을 증명할 확실한 일반적인 도구를 제공한다. 그것은 직접 내가 그곳으로 가서 이 논의를 지지할 수는 없을지라도 가족들이 스스로 어떤 것에 초점을 맞추고 함께 스트레스를 다룰 수 있는 방법을 제공해 준다.

아동의 평가도구로서 Head Picture

Head Picture는 또한 아동이 그들의 치료목적을 깊이 생각해 볼 수 있는 방법을 제공해 준다.

그림 1–6 : 단순한 기억(Head Picture)

이 그림은 아동과 나에게 평가도구를 제공해 주고 시간이 흐름에 따라 점점 변해간다. 그림에 표현되는 복잡한 형상과 크기는 변화되고 수가 줄어들지만 만약에 치료기간 동안 아동에게 또 다른 스트레스 요인이 있다면 그 복잡함은 더 많아질 수도 있다. 이처럼 스트레스 요인을 이미지 형태로 표면화시키는 것은 아동에게 성취감을 주고 감정표출을 자연스럽게 해주고 좀 더 안정적이 되도록 격려하는 것처럼 보인다.

아동이 종종 이렇게 말할 때,

아 동 : "제가 선생님에게 보여줬던 Head Picture 기억나세요?"

치료자 : "그럼, 기억나지"

아 동 : "지금은 이렇게 변화된 것 같아요." 아동은 몇 장의 종이를 움켜 쥐고 그 이미지를 다시 한 번 똑같이 그리는데, 그림 속에서는 분명히 문제가 감소되었음을 보여주고 있었다.

나는 이것을 항상 재확인하고 이렇게 묻는다:

치료자 : "그래 대단하구나. 우리는 이 그림이 텅 빈 것이 아니라는 사실을 알고 있지. 그렇다면 지금 이 그림 속에는 뭐가 있니?" 나는 단지 남은 것이 무엇인지 확인하는 중이었다. 그리고 또한 우리가 곰곰이 생각하거나 우리를 괴롭히는 것들을 일상적으로 얼마나 가지고 있는지 확인하기 위함이다. 그러나 그러한 일상적인 고민은 충격적인 외상과는 다르다.

폭력배들에게 집단 폭행을 당한 후 나에게서 치료를 받은 한 십대청소년은 치료가 끝날 무렵에 이렇게 말했다. "저의 아빠는 오토바이를 사주지 않을 거에요." "저런! 나는 괜찮은 치료자이지만 그 정도로 착한 것은 아니야. 그 문제는 너와 아빠가 잘 해결해야 할 거야"라고 나는 대답했다. 아동은 "유감이에요(수치감을 느끼며)··· 시도해 볼 만한 가치는 있었지만"라고 말하며 웃었다. 아동은 이제 트라우마 사건에서 벗어나 농담을 하기도 한다.

회기를 마치면서 나는 펜이 담긴 통을 아동에게 주고 그중 하나를 선택하여 트라우마 사건을 다시 그려보도록 권했는데 그것은 가장 작은 마크나 형태로서 표현되었다. 그 시점에서 나는 "이것은 단지 현재의 아주 작은 기억에 지나지 않지."라고 말하곤 했다.

몸의 윤곽 이미지

그림1-7은 13세 소녀가 같은 또래의 여자폭력배들에게 공격당하여 이가 부러진 사건으로 TIR(Traumatic Incident Reduction)에 의뢰된 후 그린 자화상이다. 이 이미지는 신체 여러 부분에 붉은 얼룩과 허리 주변의 벨트와 선이 두드러지게 표현되고 있어서 보는 사람으로 하여금 드러난 사건 외에도 더 많은 일이 소녀에게 일어났음을 느끼게 한다. 이 소녀는 TIR과정과 그림을 통해 대가족 속에서 사는 수년 동안 강간을 당해왔음이 밝혀졌다.

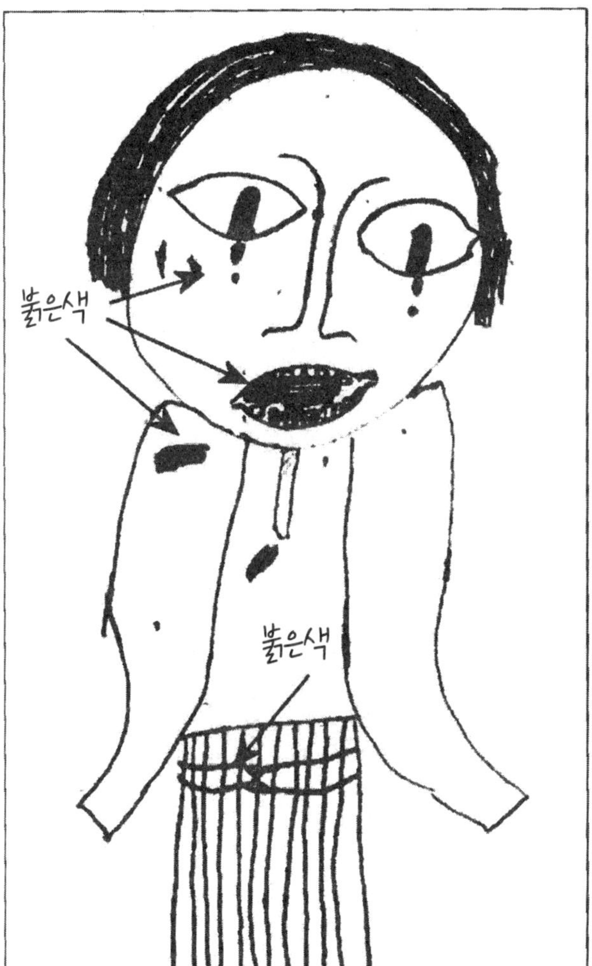

그림 1-7 : 13세 소녀가 폭력배의 공격을 당한 후 표현한 자화상

그림 1-8 : 13세 소녀의 치료 후 자화상

그림 1-8은 초기사건이 둔감해지고 더 오래된 사건들이 발견되고 해결된 후 소녀가 그린 자화상이다.

크고 작은 일 중에 자주 발생하는 공통적인 증상들에 대한 이해

우리가 어떻게 말로만 증상을 논할 수 있겠는가?

- 끊임없이 기억이 되살아남 : 마음속의 섬광이미지(번쩍 떠오르는 기억 또는 회상장면)
- 자율신경계의 과다 각성 : 심장박동 증가, 땀 흘리기
- 수면장애 : 잠이 잘 오지 않거나 악몽
- 공격성의 증가 : 더 많이 화를 내고 특히 가족에게 많이 냄.
- 분리불안 : 엄마나 다른 가족에게서 떨어지지 않으려고 함.
- 끔찍한 사건을 상기시키는 것들을 회피하기 : 아이들의 경우 자기 방의 침대를 벗어나지 않으려 할 수 있음.
- 미래에 대한 기대감 감소 : 잃어버린 무적의 방패
- 죄책감 : 아동이나 가족은 자신이 사건을 일으키는 데 어떤 영향을 미쳤다고 생각할 수 있음.
- 보복 환상 : 사건 직후 흔히 일어나는 것으로 아동에게 공포가 될 수도 있으며, 적어도 마음속에서라도 다른 사람에게 공포 분위기를 조장할 수 있다는 것을 보여주고자 함.
- 왜 하필 나야? 이 일이 일어난 것은 나의 무엇 때문일까?
- 만약 내가 총이나 칼을 가지고 있었더라면 트라우마가 생기지 않았을 수 있었을까?
- 만약에? : "내가 원래 지나갔어야 했던 그 길로 갔더라면, 내가 친구하고 갔더라면." 아동은 이 일이 왜 일어났는지에 대하여 이해하려고 노력함.
- 심리적 충격을 받은 가족 : 비록 단 한 명의 가족이 직접 사건에 연루되어 있더라도 모든 가족이 영향을 받는다. 아이들은 가족이 함께 일하는 방법에서 엄청난 변화를 겪고 이 변화는 그들의 고통을 한층 더 복잡하게 한다. 특히 강간이나, 성폭행의 경우에 더욱 그러함.

제 2 장 가정폭력피해 아동의 TIR

A Conversation with Renee Carmody
as Interview by Marian K. Volkman

마리안 : VSC(피해자서비스센터)마이애미에서 임상의가 되기 전 당신의 학력에 대하여 간략하게 설명해주시겠어요.

리 니 : 저는 Florida International University 심리학분야에서 문학사 학위를 받았고 Barry University에서 임상사회사업 석사학위를 받았어요. 수업과 인턴교육을 받기위해 Naples에서 Miami까지 2시간 동안 통학을 했는데 내가 교육을 받기위해 운전한 총 거리를 합하면 지구에서 달까지의 거리보다 더 멀 거에요. 교육에 대한 나의 동기는 오로지 아이들과 일하고자 하는 욕구뿐이었어요. 그것이 전부였지요… 그리고 그 이상의 계획은 가지지 않았어요.

마리안 : 당신의 현재 지위와 이 분야에서 일하게 된 계기에 대해서도 알려 주시기 바래요.

리 니 : 나는 지난 6년 동안 Miami 피해자서비스센터에서 Teresa Descilo, Shirley Hawkesworth에서 일해 왔어요. 이 기간 동안에 수석임상의와 수련감독자로 승진했구요. 피해자서비스센터에서 일한 경험은 나의 인생에서 가장 소중한 선물중 하나로 증명되었지만 내가 이 분야를 선택한 것이 아니고 이분야가 나를 선택했다는 생각을 하게 되네요.

나의 첫 번째 배치를 결정하기 위해 이 분야의 조언자와 처음 만나기로 예정된 날에 그는 부재중이었어요. 대신에 박사과정에 있는 한 젊은 학생이 자리에 있었지요. 면담을 마친 후 그가 했던 말을 결코 잊을 수가 없어요. 그는 내가 "먼 거리를 마다하지 않고 온 것" 때문에, 피해자서비스센터에서 일하는 것을 무척 원한다는 것을 알 것 같다고 말했어요. 당시에 나는 그의 말이 무슨 뜻인지 몰랐지만 이제는 이해할 수 있어요. 우리가 어떤 사람에게 줄 수 있는 가장 큰 선물은 우리가 그들 옆에 있어

주는 것이라는 것을 피해자서비스센터에서 배웠어요.

나는 TIR 워크숍에서 테레사가 제시한 방법에 완전이 매료 되었던 것을 기억해요. 또한 "어떻게 그게 가능할까" 라고 생각했던 것들이 기억나네요. 이 방법은 아주 단순합니다: "사람들이 자신의 이야기를 거듭거듭 반복하여 말 하도록 하면, 그들은 괜찮아질 것이라고…" 사람들이 왜 이 기법을 사용하지 않는지 나는 의문을 갖지 않을 수 없어요.

전체워크숍에서 가장 마음에 들었던 것은 "해석금지, 분석금지, 판단금지"라는 말이었어요. 이러한 주의에 따르기 위해 노력하는 것은 내 인생의 모든 인간관계를 향상 시켜왔지요. 그리고 그러한 훈련을 통해 영웅을 찾는 사람은 아무도 없고 그들은 단지 자신의 말을 들어줄 사람을 원한다는 것을 깨달을 수 있었어요.

마리안 : 힘든 상황에 처한 아이들이 당신을 만나러온 이유를 알 것 같네요. 가족이 해체되었거나 가정폭력에 노출되었던 그들이 당신과의 만남으로 인해 엄청난 변화를 경험했기 때문이겠군요. 어떻게 그러한 아이들을 치료에 참여시키고 치료에 집중할 수 있도록 돕고 있나요?

리 니 : 아이들을 올바르게 세워나가는 방법은 매주 토요일마다 그들을 만나는 것이죠. 우리는 오후 1시에서 4시까지 진행되는 아동그룹을 하고 있어요. 이 3시간 중에서 처음 한 시간은 미술과 공예를 위해 사용하죠. 그러나 우리는 지금 Karol (1991)이 쓴 '내 속에 있는 영웅 깨우기: 우리 자신을 발견하고 우리세계를 변화시키도록 도와주는 열두 가지 유형들'을 기초로 하여 상담을 하고 있어요. 그녀의 모델에서 모든 사람은 그들 내면에 있는 영웅을 가지고 있다고 해요. 순수한 사람, 고아, 전사, 양육자, ~을 추구하는 사람, 파괴자, 애호가, 창조자, 지배자, 마술사, 지혜로운 자 그리고 바보. 우리는 일주일에 두 가지 영웅을 아이들에게 제시해 주고 그들이 그런 영웅 중 하나였던 때가 언제였는지 생각해 보도록 합니다(양육자였던 경험). 그리고 그것에 대한 그림을 그리도록 하지요. 아이들의 그림을 보고 우리는 "너는 무엇을 이야기하고 있니?" "너는 무엇을 생각하고 있니?"라고 묻습니다. 이 방법은 매우 효과적이죠. 왜냐하면 아이들은 우리 앞에서 자기 자신을 보호하거나 자신의 말이나 생각을 바꾸지 않기 때문입니다. 그들은 정말로 자신이 생각하고 있는 것을 말하죠.

두 번째 시간은 댄스이고 세 번째 시간은 요가입니다. 모든 아이들은 그룹을 지어 활동하지만 만일 그들이 원치 않는다면 개인상담을 할 수도 있어요. 하지만 대부분의 아이들은 그룹 활동을 좋아합니다. 이 3시간 이내에 우리는 아이들을 개인상담으로 끌어들이죠. 이러한 전통적인 상담방법으로 우리가 할 수 있는 것 보다 두 배 이상의 많은 오후 활동시간을 가집니다. 당신도 알다시피 보통은 60분 동안 아이들을 만납니다. 그들에게 삼십분은 힘든 시간이고 삼십분은 재미있는 시간이에요. 그룹 활동을 하면서 우리는 힘든 삼십분의 일을 하고나서 즐길 수 있는 삼십분으로 들어갑니다. 그러므로 우리는 일대일 상담시간동안 실제 할 수 있는 일보다 두 배 이상 더할 수 있어요.

마리안 : 좋은 아이디어인 것 같군요.

리 니 : 그렇죠. 상담이 시작될 때 우리가 아동에게 무엇을 기대하는지 정확히 말합니다. 우리 기관이 무엇을 하는지 이해하지 못한 채 찾아오는 사람은 없어요. 우리의 상담 초점은 그들이 목격했거나 당했던 모든 끔찍한 것들에 대해 이야기하는 것입니다.

리 니 : 네... 아이들이 이 도움을 받아들이고 있는 것 같나요?

리 니 : 협약에서 가장 중요한 것 중 하나는 우리가 무엇에 대해 이야기할 것인가 입니다. 그들은 자신이 왜 이곳에 와 있는지 이해하지 못한 채 이곳에 있는 것에 대해 불행해하고 눈물을 흘리기도 합니다. 나는 이 아이들에게 체계이론에 대해 설명해줍니다. 체계이론이란 개인의 문제는 그 개인의 문제라기보다는 그 사람이 목격한 모든 나쁜 것들 때문이라고 보는 이론이죠. 체계이론을 토대로 그들에게 어떤 잘못이 있는 것이 아니라는 것을 우리가 믿고 있다는 것을 아이들이 이해할 수 있게 되면 그들의 마음은 편안해집니다. 나는 부모가 아이들에게 "너는 문제를 가지고 있고 이에 대해 뭔가를 해야 할 거야"라고 아이들을 비난했을 거라고 생각해요.

보통 아이들은 이 상황을 인식하지 못 합니다. 그래서 나는 항상 아이들에게 "네가 왜 여기에 와 있는지 알고 있니?"라고 질문을 합니다. 그러면 아이들은 한결같이 최소한 90%는 모른다고 말해요. 그럴 경우 "상담이 무엇인지 알고 있니?"라고 다시 묻게 되는데 그 또한 대부분은 모른다고 말하곤 합니다. 개인적으로 나는 내가 어렸을 때 '건강과 인간서비스'센터가 우리 가족의 삶에 관여했던 것을 기억하고 있어요. 나는 엄마에게 왜 우리가 이곳에 와야 했는지 물었는데 엄마는 "그들이 너를 미쳤다고 생각하기 때문이야"라고 했어요.

마리안 : 도움이 되었나요?

리 니 : 그곳에 있는 내내 나는 내가 미치지 않았다는 것을 보이기 위해 항상 말을 조심했죠. 그래서 우리 센터에 오는 아이들의 경험도 나와 비슷할 거라고 생각했어요. 왜냐하면 그 아이들 대부분이 이곳에 와야 한다는 것에 매우 속상해 하기 때문이죠.

마리안 : 고지된 동의에 관하여 그리고 그 비밀보장의 한계에 대해 어떻게 아동에게 전달하고 다루는지 이야기 해주시기 바래요.

리 니 : 아동에게 당신을 소개한 직후에 비밀보장의 한계에 대해 알려주는 것은 매우 중요합니다. 무엇이 비밀로 유지될 수 있고 무엇이 유지되지 않을 수 있는지에 대해 아동이 알 필요가 있어요. 당신이 아동에게 완전히 집중해 있고 그들이 당신이 한 말을 이해하고 있다는 것을 반드시 확인해야 해요. 만약에 비밀보장이 유지될 수 없는 문제에 대해 아동이 이야기 한다면 당신은 왜 이것을 보고해야 하는지 비밀보장의 한계에 대해 설득력 있게 설명하고 이해시켜야 합니다.

때때로 당신은 아동에게 최초의 상담가일 수 있기 때문에 신뢰를 심어주는 것은 매우 중요합니다. 비밀보장의 한계를 아동에게 충분히 이해시키지 못하는 것은 나중에 아동에게 배신으로 비추어 질 수 있고 특히 당신이 가족이나 친구에 의해 실제 혹은 의심이 가는 학대가 있다고 보고해야 될 상황에 처해지면 더욱 배신으로 여길 수 있어요.

이 과정에서 부모(우리는 가정폭력에 상황에서 주로 한쪽 부모와 이야기한다.)를 포함시키는 것이 중요한데, 그 이유는 당신에게 아동이 이야기할지 모르는 어떤 은밀한 문제들을 폭로하지 말아야 할 의무가 있는 동시에, 당신에게는 보고해야 할 의무가 있다는 사실 또한 이해하도록 확신시키기 위해서입니다. 플로리다주 법에서는 부모에게 아동의 상담시간에 대한 비밀보장을 보호하고 있다는 것과 보호할 수 없는 한계에 대해 알립니다. 이 개입으로부터 최대한 많은 것을 얻기 위해서는 아동 앞에서 부모에게 직접적으로 상담시간의 사생활을 보호할 수 있고 또 기꺼이 하겠는지를 물어보세요. 부모가 동의한다면 아동은 자신의 모든 경험을 당신과 공유해도 되겠다는 생각을 하게 될 것입니다.

마리안 : 상담회기의 세밀한 조사가 아이들에게 어떻게 작용하는지 설명해 주세요.

리 니 : TIR 과정을 설명하기위해 우리가 사용하는 방법은 그 연령에 적합해야 합니다. 이것

은 당신이 아동의 이해수준을 넘어서는 용어나 개념을 사용하지 않는다는 것을 의미합니다. 나이에 상관없이 모든 사람은 그 개념을 이해하는 것처럼 보입니다. "그것은 비디오테이프를 되감기하여 다시 보는 것과 같아요." 상처가 다 나을 때까지 외상에 대한 이야기를 계속해서 반복하게 될 거라고 말해주세요. 그럼으로써 아이들은 반복의 중요성을 이해하게 되고 정신적 외상을 갖게 한 경험을 겪는 동안 자신이 체험했던 모든 것을 다시 느낄 준비를 할 수 있게 됩니다. 당신이 제공하고자 하는 것에 대해 아이들이 이해하면 할수록 그들은 이 과정에 더 많이 참여할 수 있을 것입니다. 다음은 TIR을 설명하는 수단으로써 제시될 수 있는 한 대화의 예입니다.

"이미 말 했듯이 너는 자신에게 일어난 모든 나쁜 일 때문에 여기에 와 있단다. 앞으로 우리가 함께 할 일은 이 모든 나쁜 것들의 목록을 작성하고 한 번에 하나씩 그것을 해결 해 나갈거야. 그 경험에 대한 리스트를 만든 후 그 중에서 가장 먼저 해결하고 싶은 것을 선택할 수 있어. 그 다음에는 당시에 일어났던 일을 네가 회상하고 회상한 것을 드라마로 만들도록 너에게 요청할거야"라고 말합니다.

너도 알다시피 우리의 뇌는 상상과 현실의 차이를 구별 할 수 없어. 그래서 만일 네가 두 눈을 감으면 그것이 실제로 다시 일어나는 것 처럼 느낄 수 있을 거야. 하지만 그것은 사실이 아니지. 너는 지금 나와 함께 이곳에 있고 이곳은 안전한 장소란다. 내가 이곳에서 해야 할 유일한 것은 네가 자신의 이야기를 잘하도록 안내하는 것이고 나는 단지 듣는 거란다. 나는 네가 생각하는 모든 일들에 대해 다른 사람에게 말하지 않을 것이고 또한 실재로 일어난 일에 대해서도 말하지 않을 거야. 나는 네가 아니니까… 네가 회상하고 그리고 실제로 너에게 일어났던 일을 나에게 말해주기 바래.

그런 다음 다시 네가 회상에서 보고 일어났던 일을 나에게 말해달라고 너에게 요청할거야. 그러면 너는 이것을 계속 반복적으로 말해야할 거야. 네가 이 모든 것을 다 보고 또 이것이 더 이상 너를 귀찮게 하지 않는다고 생각될 때 까지 말이야. 네가 기억해야 할 것이 하나 있어. 만약에 그 사건이 일어났을 때 네가 복통을 경험했었다면 그 기억을 회상하게 되면서 다시 복통을 일으킬 수도 있어. 그러나 복통이 그리 오래가지는 않을 거야. 그러니 네가 느끼는 대로 편안하게 하렴."

청소년과 함께 할 때 그들의 이야기 속에 나타나는 일반적인 반응은 "똑같은 내용"인 것처럼 보입니다. 만일 그들이 똑 같은 이야기를 계속적으로 반복한다 할지라도 괜찮다고 말하세요. 왜냐하면 그것은 당신이 찾고자하는 것이 아닐뿐만 아니라 당신은 이야기가 싫증나지 않을 것이기 때문입니다. 당신은 그들이 매번 이야기할 때마다 모든 세부사항을 다 포함시키도록 지지하세요. 그것이 가장 중요한 것입니다.

마리안 : 나는 심지어 성인들조차도 "눈을 감으세요"라는 지시사항이 문제가 될 수 있다는 사실을 발견했어요. TIR은 최면요법이 아니기 때문에 반드시 눈을 감을 이유가 없어요. 우리 중 많은 이들은 무엇을 할 예정인지 설명을 할 때, 그 사건을 다시 회상하면서 그들이 원할 경우에만 눈을 감으라고 말해요. 아이들은 눈을 감으라는 말을 더 어렵게 생각 할 지도 모릅니다.

리 니 : 그런 것 같아요. 아동을 상담할 때 눈을 감아야 한다고 말하는 것은 불안감을 더욱 높여주고, 이 과정자체가 그 사건이 실제 일어났던 것만큼 무섭게 만들 수 있어요.

아마도 이것은 아이들이 사건과 연결된 감정과 현실을 분리해 내는 대처능력이 부족하기 때문인 것 같아요. 그들은 자신을 편안하게 하여 당시의 사건과 연결된 감정과 느낌 속으로 들어가는데 있어서 브레이크가 없는 것 같아요. 어떤 아이들의 경우 눈을 감는 단순한 행위자체가 그 순간으로 들어가게 하며, 그리고 너무 많이 빨리 들어가게 합니다. 만약에 아동이 눈을 감기 원하지 않는다면 그것도 괜찮다는 사실을 배웠어요. 그렇지만 아이들이 당신을 직접 바라보지 않는다면 이야기를 더 잘 할 수도 있어요. 눈을 감지 않은 채 당신이 받아 적을 정도의 속도로 이야기를 하게 되면 원래 의도했던 초점을 잃어버릴 수 있습니다. 그래서 눈을 감는 것을 원치 않을 경우에는 아동이 사건을 재 경험하는 동안 치료자와 마주보는 것 보다는 벽을 보도록 제안해도 됩니다.

마리안 : 그들이 압도되지 않고 집중할 수 있는 능력을 높이기 위해서 특정 기법을 사용하고 있나요?

리 니 : 아이들이 눈을 뜬 채 약간의 우뇌활동에 참여하게 하는 것은 정신적 외상사건에 대한 기억과 감정에 좀 더 천천히 접근하는데 도움이 됩니다. 어린 아동은 인형의 집에서 놀거나 농장에 동물을 배치시키는 것을 좋아해요. 좀 더 나이든 아동은 비즈공예품을 만드는 동안 이 과정을 더 잘해 나가요. 만약 한 청소년이 아무것도 하지 않

으려 한다면 나는 회기 중에 가지고 놀 고무찰흙 같은 것을 줍니다. 그들이 사건을 기억하는 동안 그것을 잡아당기고 비트는 것은 불안을 제거해 주고 그 사건에만 집중할 수 있도록 도와주는 것 같습니다.

아동이 사건 당시와 동일한 마음상태에 도달할 때 우리가 관찰한 흥미로운 점은, 아동이 이 과정을 반복할 때 어느 특정지점에서 자신이 하던 행동을 멈추고 눈을 질끈 감고 어깨를 움츠리며 경직된 채 그 자세를 유지하며 사건을 회상한다는 점입니다. 그리고는 갑자기 눈을 크게 뜨고 다시 노래를 하며 이야기가 끝날 때 까지 계속 반복하죠. 다음은 이 과정이 어떻게 일어났는지 보여주는 사례입니다. 예로 들은 행동들은 다양한 연령대에서 남아와 여아 모두에게 반복되는 행위였어요.

예 시 : 8세 소녀가 가족의 친구에게 성추행 당한 후 기관에 보내어졌습니다. 장례식 리무진에 타 있는 동안 아이는 가족의 친구무릎에 놓여 졌어요. 장례식장에서 묘지로 이동하는 동안 그 남자는 아동의 옷 속으로 손을 넣고 애무했습니다. 이 때 일어나는 일을 설명할 때 아동은 4회기 상담시간 동안 인형의 집을 가지고 놀았어요. 5회기에 아동은 자신이 하던 행동을 멈추고 눈을 굳게 감고 어깨를 움츠렸고 이야기가 끝날 때 까지 계속 그러했습니다. 그 다음에도 이 자세를 유지하고 동일하게 했지요. 7회기에 눈을 크게 뜨고 놀이를 다시 시작하며 사건을 회상했습니다. 10회기가 지난 후 그 아이는 피식 웃으며 이렇게 말했어요, "이것은 더 이상 나를 괴롭히지 않아요." 마침내 상담이 끝난 거죠.

마리안 : 예를 들어 주셔서 감사합니다. 당신은 아동에게 잘못된 행동에 대한 직설법을 사용한다고 들었습니다.

정 의

암시 : 사람의 사건이나 개성 그리고 상황이나 상태에 관련된 어떤 것에 대하여 내리는 의도적인 주장

잘못된 암시 : 어떤 사람의 자기개념과 진실에 대한 인식을 부적절하게 취급하고 무가치하게 평가하여 진술하는 것

(잘못된 암시의 문제는 TIR 워크숍 2단계에서 설명된다.)

리 니 : 주로 우리는 잘못된 암시가 형성되었던 사건에 대하여 TIR을 시행합니다. TIR을 통해 아동들은 그것이 진실인지 아닌지에 대하여 스스로 알아차리게 되지요. 내가 만일 그것이 사실이 아니라고 그들에게 말한다면 나는 단지 "그것은 사실이 아니야"라고 말하는 또 다른 성인에 불과할 것입니다. 그러나 TIR를 사용하면 그들 스스로 문제를 찾아낼 수 있고 이를 통해 그들의 능력을 회복하게 됩니다.

마리안 : 이 아동들은 주변 사람들로부터 어떤 잘못된 암시를 듣나요?

리 니 : 종종 회복중인 중독자들이 그러하듯이 한 소녀가 할머니에게 맡겨져 양육되고 있었어요. 나는 이해할 수 없지만 할머니는 자주 이렇게 말했지요. "너는 자라서 너의 엄마처럼 창녀가 될 거야" 그것은 잘못된 암시였고 아동에게는 치명적이죠. 나는 이 문제를 해결하려고 그들에게 수차례 조언을 했어요. 분명 양육기술의 부족이었지만, 할머니는 아이에게 겁을 주어 그 행동을 하지 못하도록 하고자하는 나름의 노력을 했나 봅니다. 하지만 그것은 결과적으로 아이를 돕는 것이 아니라 파괴하고 있었어요.

마리안 : 그것이 아이를 돕고자 하는 노력이었을지 몰라도 분명 적질한 방법은 아니었네요.

리 니 : 그렇죠! 절대 아니죠. 잘못된 암시가 언어 이외의 다른 방법으로 이루어지고 있어요. 그것의 주 원인은 아동이 자기의 연령에 적합하게 사건에 대한 전체이야기를 듣지 못하기 때문이에요. 그래서 어떤 일이 일어나면 결국 그들은 자신의 상상력을 사용하게 되고 스스로 잘못된 암시를 만들어내지요. 이것을 아동청소년의 자기중심적 사고와 결합시키면 모든 것이 자신의 잘못이라고 믿게 됩니다.

마리안 : 아동에게 충격적인 사건을 어떻게 설명해야 할까요?

리 니 : 연령에 맞게, 그러나 전체이야기를 다해야지요. 가장 흥미로운 사례 중 하나는 엄마와 아동이 함께하는 것입니다. 나는 부모와 자녀 모두와 함께하는 것을 좋아하는데 그 이유는 동일한 사건에 대해 그들 각자의 이야기를 들을 수 있기 때문이지요. 다음은 플로리다의 비행청소년 교정시설에 수감되어 있는 한 소년의 이야기입니다. 그곳은 폭력금지 시설이지만 아이들이 몸싸움을 벌였고 그 사건이 있은 후 시설은 폐쇄되었지요. 그 당시 소년은 16세였고 비행청소년이자 고등학교 중퇴자로 약물을 사용하고 있었어요. 소년의 엄마는 그를 교정시설에서 이 기관으로 데려왔어요. 소년이 처음 상담실에 왔을 때 나는 이렇게 물었어요. "가장 먼저 다루고 싶은 것이 무엇이니?"

"글쎄요. 내 여동생이 죽었어요."라고 소년은 말하면서 "나는 동생에 대해 아무것도 듣지 못했어요."라고 말해서 다시 내가 물었지요.

"여동생이 죽었을 때 너는 몇 살이었니?"

"두 살이요."

"아 그렇구나, 이것부터 시작해 보자."라고 나는 말했어요.

왜냐하면 소년은 나쁜 기억에 사로잡혀 있었고 시간이 흘러갔음에도 여동생의 죽음에 대해서는 여전히 아무도 이야기를 해 주지 않기 때문에 그는 자신의 잘못으로 여동생이 죽었다는 믿음(자기 자신에게 잘못된 암시를 줌)을 가지고 있었기 때문이지요. 당시에 소년은 두 살 때의 기억을 가지고 있었고 그것만으로도 나에게는 이 사례가 매우 매혹적이었어요. 그 소년이 기억했던 세부사항들을 나는 지금도 잘 기억하고 있습니다. TIR 첫 회기에, 소년은 그 당시 자신은 바닥에 누워있었고 6개월 된 여동생은 자신의 배위에 누워 손가락을 빨고 있었는데 동생이 갑자기 경련을 일으켜 병원에 가서 죽었다는 것을 기억하고 있었어요.

그 일이 있은 직후에 소년은 멀리 있는 조부모에게 보내어졌고 아무도 그 사건에 대해 이야기 하지 않았다고 해요. 동생이 죽은 것이 자신의 잘못이라는 믿음을 한층 더 강화시키게 된 것은 여섯 살 때 자신과 엄마가 소파에 앉아 사진을 보고 있을 때와 관련이 있어요. 소년이 엄마에게 "이 아기는 누구죠?"라고 물었고, 엄마는 "너의 여동생이야"라고 말하고 울면서 방을 뛰쳐나갔는데 이 사건은 자신이 무언가를 잘못했다는 믿음을 한층 더 강화시켰던 것 같습니다.

여러 차례 TIR을 반복한 후 상황은 바뀌기 시작했어요. 소년은 거실에 있었지만, 아기는 그의 가슴위에 있지 않았어요. 아기는 아기침대에 있었고 그는 TV를 보고 있었어요. 그 때 엄마가 직장에 있는 아빠에게 전화를 해서 집으로 오라고 했던 것이 기억났어요. 네 명의 가족 모두 병원으로 갔지요. 원래의 사건이 일어나는 동안 그것을 기억하든 하지 못하든 그는 언젠가 아기의 심장에 바늘구멍이 있어 수술이 필요하다고 들었어요. 그러한 이유 때문에 부모가 병원에서 지내는 동안 소년은 조부모와 살도록 보내졌던 거지요. 다음에 그가 엄마를 본 기억은 모든 사람이 검정색 옷을 입고 울고 있을 때였습니다. 소년은 꿈과 상상력으로부터 현실까지 이동해가며 이야기를 하면서 이것이 자신의 잘못이 아니라는 것을 깨달았어요. 그가 얼마나 안도했는지! 아마도 당신이 이 소년의 얼굴을 보았더라면 이렇게 생각했을 거에요. "불쌍한 이 아이에게서 비친 안도감을 볼 때만큼 내 인생에서 그렇게 뿌듯한 시간은 없었을 것이다"라고...

이후에 나는 소년의 엄마에게 이렇게 말했어요. "부모가 함께 참여하지 않는다면 우리는 아이를 제대로 도울 수가 없습니다. 예외는 없지요" 만약에 부모가 "이젠 괜찮아요"라고 말하면 나는 그들에게 2차적인 트라우마에 대하여 설명합니다. 이런 경우에는 "이 사건을 통해 당신 아들의 폭력에 대하여 살펴봅시다"라고 말하죠. 결국 엄마는 상담에 참여하게 되었고 나는 그녀에게 "당신 아들의 폭력사건에 대하여 해결해 볼까요?"라고 말했는데 그녀는 "나의 딸이 죽었을 때의 일부터 시작하고 싶어요"라고 말했습니다. 결국 엄마와 아들 모두 그 사건에 고착되어 있었어요. 물론 나는 그렇게 하자고 말했지요.

초기면담을 하는 동안 그녀는 "그 아이는 다른 사람들과는 달라요"라며 아들에 대해 반복적으로 말했어요. 나는 그녀에세 "아들이 언제부터 변한 것 같았나요?"라고 물었어요. 그녀는 두 살 때라고 답했고 나는 속으로 생각했죠. "그때는 여동생이 죽었던 나이인데" 라고. 우리는 엄마의 관점에서 딸의 죽음이라는 사건을 다루면서 TIR를 시행했습니다. 딸이 죽은 후 엄마가 조부모님 집에 갔던 이야기를 하면서 그녀는 처음으로 깨달았죠. "나는 아들이 어디에 있는지 몰랐어요. 전에 아들을 안고 있었다는 사실도 기억하지 못하고 있었어요. 아들을 누가 돌보고 있었는지도 생각이 안나요." 그녀는 단지 자신의 슬픔에 빠져서 이 사건이 아들에게 어떠한 영향을 미쳤는지 깨닫지 못하고 있었어요. 그래서 그 이후 14년 동안 그들의 삶이 변하게 되었고, 그 원인은 오랫동안 부모의 부재와 아들이 이해할 수 있도록 연령에 맞게 사건에 대해 이야기해 주지 않았기 때문입니다. TIR을 시행하기 전에 그들의 이슈는 매우 다른 수준에 있었기 때문에 서로 의사소통을 할 수가 없었어요.

또 다른 아들과 엄마의 사례가 있는데 이 둘은 좀 더 나이가 많았습니다. 그 아이의 엄마는 "아들이 6-7세 경에 변화를 보이기 시작했는데 그 당시 아들이 너무 차가워보여서 타인과 정서적 교류를 할 수 있을지 염려되었다"고 말했어요. 그녀의 아들과 TIR을 시행한 결과 밝혀진 사실은 아들이 6~7세 때 그의 개가 죽었고 엄마는 거기에 없었다는 사실이었어요. 그즈음에 엄마가 이혼을 하고 대학에 다시 진학했으며 개가 죽었을 때 엄마는 시험공부에 집중하고 있었다는 사실을 엄마로부터 들었습니다. 이전 사례와 이것은 의사소통의 결핍과 부적절한 의사소통으로 아들이 잘못된 암시를 얻게 되었던 거죠.

마리안 : 당신은 꽤 일찍 아동의 TIR을 시행한다는 것으로 들리는군요.

리 니 : 매우 일찍 시작하는 편이지요. 아동들은 대부분 이것을 하기를 간절히 원했어요.

마리안 : TIR에 적합한 연령대는 언제인가요?

리 니 : 나는 5세 이하의 어린이에게는 TIR를 시행하지 않으려 합니다. 적어도 아동이 외상사건을 계속해서 반복적으로 이야기해야 한다는 사실을 이해할 수 있어야 하니까요. 그들은 또한 복통이나 다른 불편한 감정이 생길 수도 있다는 사실을 이해해야 해요. 그러한 발달수준에 도달하지 못한 아동에게는 TIR을 시행할 수가 없어요. 적절한 연령대에 도달한 아동에게 우리가 제공하는 것은 그들로 하여금 그 경험을 이끌어 내어 이야기하게 만드는 것이지요. 그런 다음 이 사건이 그들에게 가벼워진다고 느껴질 때까지 되풀이 하도록 하는 거에요. 5세 이하의 아동들은 마음속 이야기를 드라마로 만들고 계속해서 되풀이하는 것이 어려울 수 있어요. 내가 TIR을 실제로 적용했던 아동들 중 겨우 한 명만이 4세였어요. 5세의 아동은 잠재적으로 TIR을 이해할 수 있고 6세부터는 정확히 이해하게 되죠.

마리안 : 성인과 아동이 TIR에 반응하는 방식에 있어서 차이가 있나요?

리 니 : 네. 아동과 TIR을 시행하는 평균시간은 20분에서 30분이에요. 아동은 단순하기 때

문에 사건에 집중할 수 있는 능력이 훨씬 뛰어나요. 어른들처럼 사건을 분석하고 해석하는 단계가 없지요. 당신은 아동에게 새로운 방향을 지시해주면 됩니다. 아이들은 사건을 보고 일어나는 대로 말하지요. 그리고 다시 사건을 보고 다시 일어난 대로 말하게 되어요.

마리안 : 그렇다면 그들은 사건을 분석하거나 그 의미가 무엇인지를 이해하려고 애쓰지 않는다는 말인가요?

리 니 : 네 맞아요.

마리안 : 그것 참 흥미로운 진술이네요. 내가 만난 다른 치료자들에 의하면 아동은 성인만큼 TIR을 수행해내지 못한다고 했거든요.

리 니 : 제 생각에 그 논리는 옳지 않은 것 같아요. 아동들은 매우 잘합니다. 사건이 무엇이었는지는 상관이 없어요. 많은 아동은 가정폭력의 목격자이자 희생자입니다. 우리는 부모 중 한명이 살해되는 광경을 목격한 살인사건 생존자들을 상담했었어요. 회복중인 중독자들의 자녀를 많이 만나왔는데 그들이 살아온 이야기는 끔찍해요. 아이들은 엄마가 금속제 무기와 칼로 폭력을 당하는 것을 목격해온 아이들이지요.

마리안 : 당신은 거기에서 어떠한 결과를 얻었나요?

리 니 : 그 질문을 예상하고 과거 TIR회기의 종료시점을 찾아보았어요. 첫 번째는 16세 소년의 사례로 그의 엄마는 소년을 출산하다가 죽었지요. 엄마가 죽은 후 정신분열증으로 판정된 아빠가 아이의 양육을 맡게 되었어요. 소년은 TIR에서 그 당시 아빠의 양육방법으로 8시간 동안 아무것도 깔지 않은 현관 앞 차도에 무릎을 꿇게 했던 이 사건을 반복해서 말한 후에 그는 말했지요. "이제는 아무런 느낌도 없어요. 기분이 좋아졌어요."

마리안 : 이 사건을 다루는데 얼마나 오래 걸렸는지 기록을 했나요?

리 니 : 그의 연령대와 비교하면 평균 정도였지요. TIR회기를 마치는데 30~40분정도 걸렸어요.

두 번째는 쉼터에 있었던 16세 가출소년의 사례였어요. 그는 "나의 개가 죽었어요"라고 반복적으로 말하면서 울었어요. 나는 이 아이가 "얼마나 감수성 깊은 아이인가..." 생각했어요. 우리는 이 사건에 TIR을 시행하기로 했어요. 그에게 개는 가장 절친한 친구였지만 당시에 나는 그 사실을 알지 못했어요. 그 개는 소년이 학교 가는 길에 감전사했어요. 종료시점은 청소년이 "어쩔 수 없지 그런 일은 얼마든지 일어날 수 있는 일이야 자연의 법칙을 아무도 바꿀 수는 없지"라고 생각하고 말할 때였어요.

세 번째 사례는 칼부림사건을 겪은 또 다른 소년으로 범죄조직에 연루되진 않았어요. 소년과 그의 여동생은 길을 따라 걷고 있었고 지나가던 한 남자는 여동생에게 무언가를 말했어요. 그 결과 논쟁이 발생했고 그 사람은 소년을 때리고 여동생을 찔렀어요. 소년은 그 일로 인해 비행청소년이 되었고 대안학교로 전학을 갔지요. 학교에는 벨 소리로 상담이 방해받지 않을 수 있는 조용한 장소가 전혀 없었어요. 그래서 우리는 학교의 허락을 받아 트럭을 타고 학교 밖으로 나갔고 야구장에 주차한 후 거기서 TIR을 시행했어요. 그의 종료시점은 "이제는 그 사건에 대해서 생각하지 않기 때문에 훨씬 더 가벼워진 것 같아요. 제가 좀 괜찮아진거 같아요."라고 말할 때였어요. 종료과정에서 소년은 "이제 평안해졌어요. 선생님이 사람들을 위해 하는 일은 단지 듣고 그들로 하여금 그 사건을 계속 반복하게 하는 것이지요?"라고 말하면서 안도의 웃음을 웃었고 "이제 마음이 후련해요" 라고 했어요. 네 번째 사례의 8세 소녀는 "이젠 더 이상 아프지 않아요" 라고 말할 때가 종료 시점이었어요.

다섯 번째 사례는 범죄조직들에 의해 강간당한 15세 소녀였어요. 종료 시점은 "그것은 내 잘못이 아니에요 이제는 그 사건들을 생각하지 않아요"라고 말한 때였지요.

마리안 : 당신의 이야기를 들으니 참 기쁘군요. 제가 TIR을 시행한 아동은 6세였는데 당시에 나는 그 아이가 매우 똑똑한 아이였다고 생각했어요. 당신의 이야기를 다 듣고 나니 이제 그 기록이 바뀌겠는걸요.

리 니 : 그들이 TIR을 이해 할 수 있다면 드라마화한 내용을 반복해서 이야기할 것이고 종료시점까지 그 일에 열중할 거예요. 최근에 살인사건을 목격한 4세 소녀의 사례도 있었어요. 사촌은 아이가 보는 앞에서 총에 맞았고 엄마도 얼굴에 총을 맞았지만 죽지는 않았어요. 그 당시에는 아동의 나이가 너무 어려서 TIR을 시행할 수 없었죠. 하지만 가장 중요한 것들 중 하나는 내가 집단치료시간에 그 부모들에게 사건과 관련한 결과로서 문제의 핵심요점을 교육하게 되었다는 것이죠. 주제는 "가정폭력이 아동에게 미치는 영향"이었어요. 그들에게 나는 '의사소통훈련(용어해설참조)'을 가르쳤는데 아동은 부모가 다룰 수 있다고 생각하는 것 만큼만 부모에게 이야기한다는 사실입

니다. 나는 아이의 아빠를 만났고 곧 새엄마가 될 여자를 만났죠. 부모에게 나는, 아이와 TIR을 할 수는 없지만 아이를 위해 내가 할 수 있는 최선의 방법은 당신이 아동의 이야기에 귀 기울이도록 준비시키는 것이예요. 부모로서 당신들은 이것을 연습해야하고 아이가 그것에 대해 이야기하고 싶을 때 마다 할 수 있게 해주어야 한다고 교육했어요.

이 소녀는 자기가 겪은 모든 것을 극복했다고 생각하지는 못했을 것입니다. 소녀는 엄마와 엄마의 남자친구 사이에서 일어나는 엄청난 가정폭력을 목격해왔지요. 센터에서 집까지 태워다 주는 5시간동안 소녀는 자동차 뒷좌석에 앉아 있었어요. 소녀는 아빠의 얼굴과 그의 반응을 볼 수 없었고 그래서 아빠에게 모든 이야기를 다 털어 놓을 수 있었던 거지요. 아빠는 나에게 "내가 울고 있다는 것을 아이가 잘 볼 수 없는 밤에 아이를 차로 데려다 주어서 참 다행이었어요. 나는 아무 말도 하지 못했고 딸은 그때 일어났던 모든 일을 나에게 말했죠"라고 말했어요. 소녀는 아빠의 반응을 보지 못했기 때문에 자신의 이야기를 멈추지 않고 할 수 있었던 것 같아요. 그것은 그들에게 일어날 수 있는 가장 건강하고 훌륭한 일인 것 같아요.

소녀는 그 끔직한 사람과의 당시 기억을 그림으로 그렸으므로 소녀와 나는 그림을 통해 소통할 수 있었어요. 내가 가족의 그림을 그려 달라고 요청하자 소녀는 도화지 한 켠에 자신과 엄마를 표현했어요. 소녀는 그림을 잘라 붙여서 표현하는 것을 좋아했어요. 소녀는 나를 바라보며 "도화지의 다른 쪽에 아무개 씨를 그려 넣을 거에요"라고 말하더니 곧 바로 끔찍한 그 사람을 그려 넣었고 그 옆에 아기도 한명 그렸지요. 내가 "그가 아기를 가지고 있는지 몰랐는데"라고 말하자 "아니에요. 이것은 가짜에요. 그렇지만 그에게 한명의 아기를 주겠어요"라고 했어요.

그 후 우리는 가정폭력과 그것이 법에 위반된다는 것에 대해 이야기했고 왜 엄마가 아닌 사람이 아빠와 살아야하는지 이해를 돕고자 했어요. 그리고 그녀의 엄마는 다른 사람의 도움이 필요하다는 것도 설명함으로써 소녀를 이해시키려고 노력했지요. 2~3주 후 소녀는 오려붙이기를 하면서 이렇게 말했어요. "혹시 여전히 아무개 씨의 그림을 가지고 있나요?"라고 질문을 해서 나는 그렇다고 대답했어요." 소녀는 다시 "나는 그에 대하여 더 이상 나쁜 꿈을 꾸지 않아요. 그는 감옥에 있어요."라고 말했어요. 그래서 나는 "아 그거 잘 됐구나"라고 말하고, 그 사람이 그려진 그림을 가져다주었지요. 그림을 본 소녀는 남자의 주변에 원을 그려넣고 거기에 창살을 표현함으로써 감옥을 만들고 그 곳에 그를 가두었어요. 나는 소녀가 이 시점에서 상담을 종료해도 된다고 생각했어요. 그것은 꽤 멋진 일이었지요.

마리안 : 사전평가와 사후평가관점에서 당신은 어떤 조치를 취하나요?

리 니 : (TIR 이전에)아동과 함께할 때 우리의 첫 번째 관심은 아이가 어떻게 느끼고 있는지 그리고 잘 이해하는지에 초점이 맞추어져 있습니다. 하지만 우리가 가끔씩 잊고 있는 것은 비록 아이가 신체의 어느 부위에서 그러한 감각을 가지는지 알고 있을지라도 그것을 무엇이라고 부를지 알지 못할 수도 있다는 점이에요. 그래서 우리는 Gerbode(1995) [삽화와 함께 그림 2-1에 나와 있는 감정척도, Ed] 에 기초한 감정차트를 제공하고 각 상태에 대한 예시를 제시합니다. "네가 가진 감정이 무엇이니" 라고 묻고 아이들이 분명하게 이해할 수 있도록 좌절, 분노, 행복, 흥분, 놀람, 긴장 등에 대해 예를 들어줍니다. 그런 다음에 신체의 어느 부위에서 그것을 느끼는지 물어보면, 그들의 이해수준과 감정의 정도를 알 수 있어요.

의기양양
열정
쾌활함
보수주의
자아도취
만족감
양면성
적대감
분노
억울감
감추어진 적대감
불안
두려움
슬픔
무관심

그림 2-1 감정척도

그림 2-2(54쪽 참조)는 만다라의 예를 보여준다(만다라란 불교용어로 인간세상을 원형의 그림으로 나타낸 것이다). 만다라는 아동이 이미 경험했던 감정을 찾아내는데 도움을 주고 또 그 감정을 묘사하기 위해 사용되는 용어를 가르쳐주는 좋은 도구이다. 우리는 아동이 찾아낸 모든 것을 받아 적지만 여기에는 옳고 그른 정답이 없다. 감정에 대한 예시가 포함될 수 있지만 한계가 정해진 것은 아니다. 예를 들면 행복한, 슬픈, 미친, 화난, 긴장한, 흥분된, 아무것도 없는 등의 모든 표현은 개인의 취향이므로 우리는 아동에게 감정이 무엇인지 가르칠 수 없고, 단지 그들 자신의 용어를 사용하도록 허락할 뿐이다. 목록을 완성한 후 우리는 아동이 각각의 그 감정을 나타내는 색을 선택하여 이름 옆의 원형을 채우도록 했다. 이 과정이 끝나면 원이 아동 자신이라고 상상하도록 하여 그들 자신이 얼마나 화가 났는지, 얼마나 많이 '아무것도 아니라고' 자신의 감정을 무시하고 있는지 등에 대해 이야기하도록 지지한다. 일단 만다라가 완성되면 이것은 아동의 감정리스트를 완성하는 훌륭한 도구가 된다. 그러므로 우리는 "네가 몹시 화난 것에 대해 말해줄 수 있겠니?", "네가 행복했었던 때를 말해주겠니?"라고 물어봄으로써 상담에 적극적으로 참여할 수 있게 할 수 있다.

많은 아이들은 그들이 설명할 수 있는 것 보다 더 잘 도표화할 수 있다. 예를 들어 그들의 75%는 겁에 질려 있고, 25%는 긴장하고, 심지어 여기에 나온 어떤 감정도 없을 수도 있다. 이 외에도 우리는 VSC마이애미에서 사전평가, 중간평가 그리고 사후평가에서 다양한 척도를 사용한다.

- 외상 후 증상에 대한 아동보고서(CROPS) (Greenwald and Rubin, 1999) - with a clinical-off of 19
- 우울증에 대한 자기평가척도(Birleson, 1981)-13
- 아동에 대한 자기개념척도(Lipsitt, 1958), 청소년 대체능력지수(McCubbin, Thonpson, Elver) – 수용 가능한 범위 – 91.8에서 95.3

이 모든 것들은 일반적으로 Likcrt 척도이다(응답자들이 구체적인 정도를 선택해야 하는 정신분석학적 척도로서 "자주", "항상", "전혀 아닌" 기타 등등). 이 척도에서는 일반적으로 집중할 수 있는 능력, 얼마나 잦은지, 얼마나 잘 초점을 맞출 수 있는지에 대한 내용을 포함하고 있다.

마리안 : 이 척도의 효과성에 대해 말해 줄 수 있나요?

리 니 : 새 아빠와 엄마 사이에 가정폭력을 목격한 11세 여자아이가 있어요. 사전평가에서 소녀는 높은 우울감과 낮은 자아개념 그리고 높은 PTSD척도를 보였어요. 이 시점에서 우리는 그 아이가 목격한 최악의 사건들 각각에 대해 오직 단 한번의 TIR을 할 수 밖에 없었어요. 첫 번째 사건은 소녀의 엄마가 임신한 상황에서 새아빠가 엄마를 바닥에 세게 밀쳤고 집안의 물건을 파괴한 것이예요. 우리는 또 다른 비슷한 사건에 대해 이야기했고 그 후 총 6시간의 상담 후 소녀의 중간평가를 해 보았지요. TIR 결과 그 시점에서 PTSD증상 모두가 사라졌어요. 그러나 자기개념 점수는 감소하였고 우울감은 여전히 높았어요.

"여기에서 무슨 일이 일어났는지 내가 이해할 수 있도록 말해줄 수 있겠니?"라는 질문에, 소녀는 "나는 뚱뚱하고 못 생겼어요"라고 말했지요. 우리는 소녀가 자신을 못생겼다고 생각하게 된 왜곡된 믿음이 언제 처음으로 형성되었는지에 대해 탐색해야 했습니다. 물론 그 아이는 다소 통통했지만 못생기지는 않았고 11세 연령에 매우 적합한 모습을 가지고 있었어요. 나는 "네가 못생겼다고 생각하게 된 때가 언제부터였니?" 라고 물어본 뒤 그 문제에 대해 함께 다루었어요. "성인들은 항상 나에게 뚱뚱하지 않고 예쁘다고 말하지만 친구들이 말하는 것은 달라요. 친구들이 나를 괴롭혀요"라고 소녀는 말했어요. 다음 회기에서 자기를 못생겼다고 말한 친구들의 사건을 다루는 TIR을 사용하였는데 그 과정에서 소녀는 "그들이 어리석었다"는 의미를 담은 표현을 했던 것으로 기억해요. 이 평가는 부정적인 믿음을 갖게 한 사건에 관한 것으로 매우 흥미로운 소재에요. 아이들은 충분한 회기과정을 경험한 후 성인들만큼이나 효과적이고 성공적인 결과를 보여준다는 것을 알 수 있었어요.

아이들은 성인들만큼 많은 "생각이나 사건"을 가지고 있지는 않아요. 제가 말한 의미가 무엇인지 이해되는지요? 아이들은 큰 사건에 대해 단지 3~4회기의 상담을 한 후 매우 좋은 시간이었다라고 말합니다. 그러나 아동 모두가 비슷한 사건들을 가지고 있는 것은 아니에요. 대부분의 아동은 5회기 또는 6회기 동안에 생활스트레스를 감소시킬 수 있고 기꺼이 일상생활로 돌아갈 수 있어요.

마리안 : 더 말씀해주고 싶은 것이 있나요?

리 니 : 우리는 아이들과 함께 미래계획을 세울 때 TIR을 사용합니다. 아이들 중 일부는 엄마에게 폭력을 가하여 질식시키고 죽음에 이르기까지 갈 뻔한 아빠를 만날 예정이

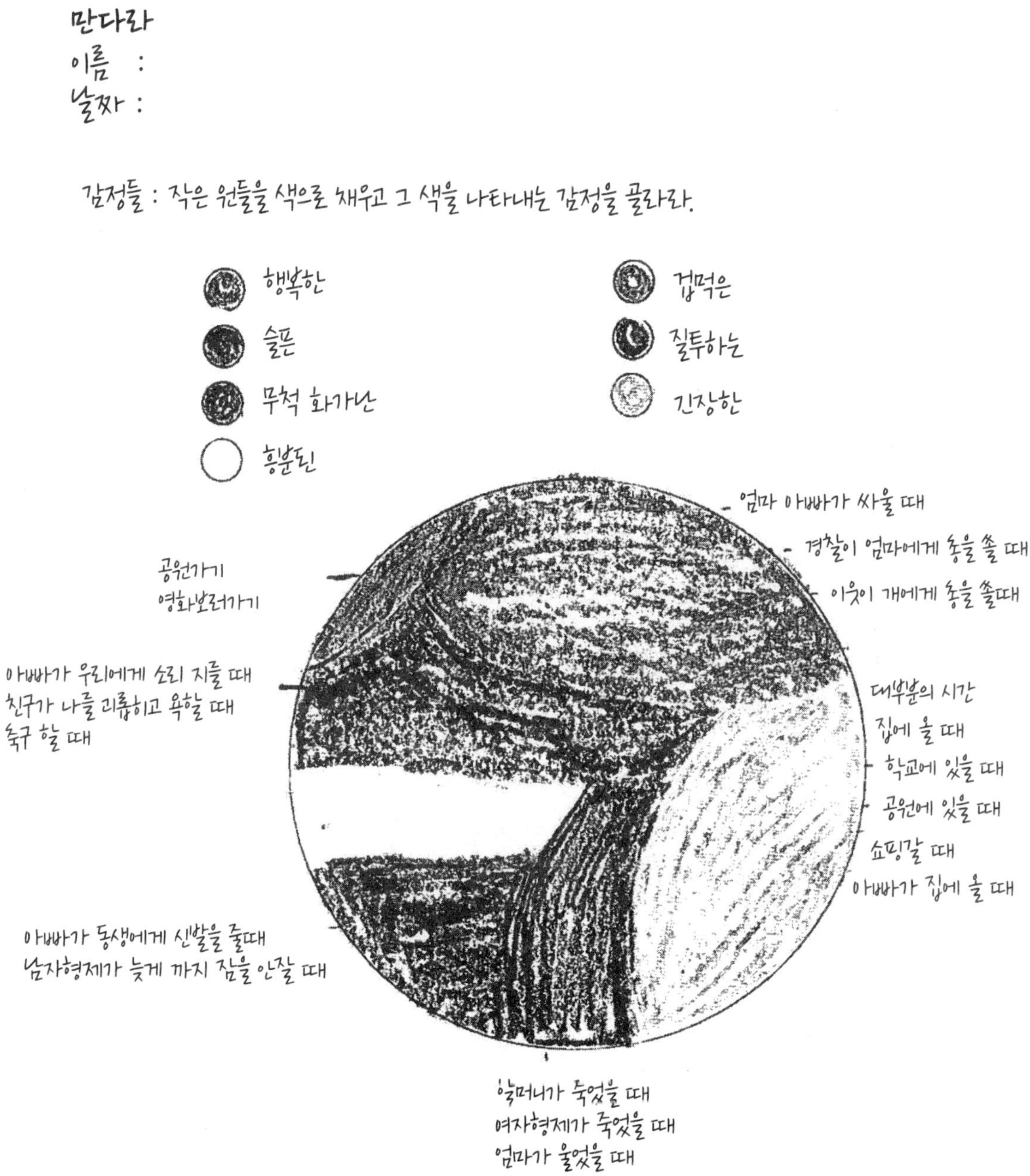

그림 2-2 : 아동의 정서 상태를 보여주는 만다라 도식

므로, 그들의 두려움은 현실적인 당면문제로서 우리는 TIR로 그들이 '안전계획'을 세우도록 돕습니다.

한 사례에서 나는 소녀(8세)를 밖으로 데리고 나가 거리의 간판을 읽는 법을 가르치고 엄마의 직장전화번호를 외우게 했어요. 소녀가 아빠를 본 시기는 3-4세경이었으므로 그 당시는 자기보호를 할 수 없었지만, 이제는 자기 자신을 훨씬 더 잘 보호할 수 있는 나이가 되었지요. 이 어린 소녀의 두려움은 아빠가 자신을 납치할지도 모른다는 것이었어요. 소녀의 아빠는 몇 년 동안 아이를 만날 수 없도록 법적으로 통제되어 있었지만 이후 법원으로부터 자녀를 방문할 권리를 받았답니다.

우리가 가장 먼저 해야 할 일은 아동에게 "할 수 있다"는 자신감을 갖도록 한 후, 일어날 수 있는 최악의 상황에 대비하는 Future TIR을 행해야 합니다. "미래에 일어날 수 있는 최악의 일은 아빠가 학교에서 너를 데려가는 것이야."라고 말하고 앞으로 어떻게 대처해야 할지에 대해 이야기하는 것입니다. 그리고 "너는 괜찮을거야" 라고 말해야 합니다. 그리고 너는 아빠와 논쟁하지 않을 거야"라고 말해 줍니다. 그런 다음 "만약에 그런 일이 실재로 일어날 경우 어떻게 할 것인지에 대해 이야기를 만들어 보자"고 합니다.

예를 들어 "여동생과 나는 뒷좌석에 있고 나는 아빠에게 목이 말라요"라고 말하면 아빠는 '우리가 캘리포니아에 갈 때까지 기다려'라고 말해요. 그러는 동안 여동생은 계속 울고 있어요. 나는 소녀에게 '괜찮다고 말해'라고 합니다. 그러면 소녀는 '우리는 괜찮아요'라고 말하지요." "납치된 지 2~3주가 지났어. 아빠는 학교 창밖에서 우리를 지켜보고 있어서 우리에게 일어난 일을 어느 누구에게도 말 할 수 없어. 그러던 어느 날 아빠는 직장으로 돌아가기로 결심하게 되었고 이제 나는 학교에 혼자 있을 수 있게 되었어."라고 이야기를 만듭니다. 그런 다음 우리 아빠가 나를 납치했어요. 이것이 우리 엄마 직장 전화번호예요"라고 선생님에게 말해요.

이러한 방법으로 앞으로 일어날지도 모르는 최악의 상황에 대한 드라마를 만들고 소녀로 하여금 반복해서 이야기하게 합니다. 이렇게 함으로써 소녀는 앞으로의 계획을 세울 수 있게 되었을 뿐아니라 상황을 긍정적이게 만들 수 있다는 자신감으로 편안한 상태를 유지하게 됩니다.

마리안 : 리니, 시간을 내주고 멋진 인터뷰를 해주셔서 감사합니다.

TIR 그리고 아동과 함께 작업하기 : 훈련을 위한 목록

Teres Descilo, MSW
Victim Services Miami

다음의 내용은 "TIR 그리고 아동과 함께 작업하기"라는 프로토콜 문서에서 인용한 것이다. 특히 이것들은 클라이언트인 아동과 함께 작업하는 것과 관련된, TIR 이외의 것들에 관한 내용이다. 스트레스에 대한 주관적 단위(SUDs)의 사전평가와 사후평가, TIR에 적합하지 않은 어린아동을 위한 기본적이고 간단한 기법, 그리고 옳지 않은 행동다루기 등이다. 우리는 이 내용을 여기에 싣도록 허락해 주고 최선을 다해 피해자사업을 하는 Miami에게 깊은 감사를 드린다. 이러한 기법으로부터 이상적인 결과를 얻기 위해서는 최초의 훈련단계인 TIR워크숍 레벨1을 추천한다.

자각적 고통척도

사건에 대해 지금 생각해보면 당신의 감정은 어느 정도인가?

"0에서 10까지의 척도 중 0은 불쾌감정이 전혀 없음이고, 10은 최악의 감정이다. 그 사건에 대해 생각할 때 지금 현재의 감정은 어떠한지 그에 알맞은 숫자를 하나 골라 동그라미로 표기하세요"

0 – 1 – 2 – 3 – 4 – 5 – 6 – 7 – 8 – 9 – 10
(불쾌감정이 전혀 없음) ······························· (최악의 불쾌 감정)

그림 2-3 : 주관적인 고통의 정도

감정의 주관성 때문에 그림 2-3이 아동들에게 제시되었다. 감정의 정도에 따라 그에 맞는 숫자를 선택하고 또는 그 사건과 연관된 감정이 현재 전혀 없을 경우 0에 체크하면 된다. 그러나 아동과 함께 상담을 할 때 어떤 아이들은 척도에 함축하고 있는 개념을 이해하기 어려운 너무 어린나이일지 모른다. 그러나 당신은 TIR 이전에 그 사건이 아동에게 얼마나 고통스러웠는지 보여주는 특정도구를 가져야 하고, 또한 이 과정을 통해 그러한 감정이 얼마나 많이 변화되었는지 측정할 도구 또한 필요하다.

좀 더 어린 아동의 경우는 두 팔을 쭉 벌려 이렇게 물어볼 수 있다. "이것이 현재 너를 얼마나 많이 괴롭히고 있니?" 아이들은 그 개념을 이해할 수 있고 당신의 두 팔 사이의 간격을 통해 그 사건이 지닌 고통의 정도를 나타낼 수 있다. 당신은 과정 전체에 걸쳐 이 척도를 계속 사용할 수 있다.

일반적으로 우리는 성인들에게 이렇게 질문한다. "이 사건이 이전보다 좀 더 가벼워지거나 더 무거워 진 것 같나요? 아니면 똑 같나요?" 어린아이들은 당신이 하는 말의 의미를 이해하지 못하고 때로는 10대들도 잘 이해하지 못할 수 있다. 감정의 심각도가 높은지 낮은지의 개념을 정하기 위해 우리는 아이들과 함께 노력해야 한다. 청소년들은 "더 가볍거나" "더 무겁다는" 단어를 "더 쉽거나" "더 어렵다는" 단어로 대체하기도 하는 것 같다.

예 시 : 10세 누나가 아버지로부터 성추행 당했다는 사실을 알고 난 후 트라우마를 가지게 된 5세 아동의 사례이다. 불행하게도 엄마가 이 어린 소년에게 누나에 대한 자세한 이야기를 다 했고 이것을 시각화했을 때 아동은 도저히 이해할 수 없었으며, 이 사건은 아동에게 트라우마가 되었다.

TIR이전에 아동은 자신이 느끼는 언짢음의 정도가 양팔을 최대한 벌릴 만큼 크다고 했다. TIR회기가 지속됨에 따라 그는 팔을 이용하는 것을 멈추고 집게손가락과 엄지손가락 사이의 간격을 이용하여 자신의 언짢음에 대한 정도를 나타내기 시작했다. 그리고 겨우 4분의 1인치 정도의 간격을 보여줄 만큼 줄었고, 마지막 표현을 남겨놓았을 즈음에는 이미 그 공간이 완전히 사라졌다. TIR을 다 끝낸 후 소년은 "내가 아빠를 더 이상 좋아하지 않아도 괜찮죠?" 라고 질문했다. "네 마음이 내키는 대로 하렴"라고 나는 대답했는데, 소년은 "그를 더 이상 아빠로 생각하고 싶지 않아요. 이제 나는 좋은 아빠를 얻었거든요."라고 말하면서 회기가 끝났다.

아동과 잘못된 믿음들

만다라가 완성되고 아동이 경험했던 사건에 대한 자신의 감정을 더 잘 이해한다면 아동은 사건을 탐색할 수 있다. 이야기를 시작하면서 아동은 분노와 격분, 자살사고 또는 우울, 사실이 아닌 믿음, 잘못된 암시와 해석이 있을 수 있으므로 잘 살펴보고 다루어야 한다. 아이들은 항상 다음과 같은 방식으로 희생양이 된다. 예를 들면 "너는 어리석어", "너는 아무것도 하지 못할 것이야", "너는 아무 쓸모가 없어", "너는 나를 불행하게 만들어" 등등. 아동이 자살에 대한 생각 또는 시도, 심각한 격노 또는 급작스러운 우울을 나타내는 경우, 그런 식으로 느끼게 된 것이 언제였는지 생각해 보라고 아동에게 요청하고, 누가 아동에게 잘못된 믿음과 잘못된 암시를 주었는지 확인하여 적절한 방법으로 각각의 문제를 다룬다.

아동들은 또한 자신에게 초능력을 줄 것처럼 보이는 일종의 마술적인 생각을 한다. 이 초능력을 가지고 형제를 죽이려는 총알을 막을 수 있고 또는 엄마가 살해된 현관문 밖으로 엄마가 나가지 못하도록 막을 수 있다고 믿는다. 아동이 어떻게 이 일을 성취해내는지에 대해 살펴볼 필요가 있다. 역할극을 통해 아동들로 하여금 그 장면을 재현해 보거나 그들 자신이 겪었던 각 단계를 표현해 보도록 한다. 아동들의 생각은 꽤 구체적이므로, 만약에 그들이 물리적인 현실과 명확히 연결될 수 있다면 더 성공적으로 문제를 해결할 수도 있을 것이다.

대부분의 아이들은 TIR을 수행하는 것을 매우 불안해하므로, 만약 아동이 상담자체를 거부 한다면 다음의 기법을 사용해볼 수 있을 것이다.

정 의

비 블록화 : 어떤 문제에 대한 수많은 정신적 블록들을 반복적으로 다룸으로써 결국 그 문제에 대한 모든 마음의 짐이 줄어들게 하는 과정(전체적인 내용은 196쪽 참조)

개인과 가족의 활동그림

이것은 자기 이미지와 가족역동을 측정하기 위해 사용될 수 있는 또 다른 진단적 도구이다. 개인과 가족이 활동하는 그림은 아동과 함께하는 각 회기의 초기단계에 할 수 있다. 이 도표는 "자신과 가족 모두가 무엇인가를 하는 그림을 그려보세요"라는 문구가 적힌 빈종이 한 장이다. 따라서 무엇이 옳고 그른지에 대한 해석은 없고 모든 것은 클라이언트에 의해 자발적으로 그려진 것이다.

그림 2-4와 2-5는 가정폭력 피해자인 8세 여아와 15세 소년의 사례이다.

그림 2-4 : 개인과 가족행동 도식

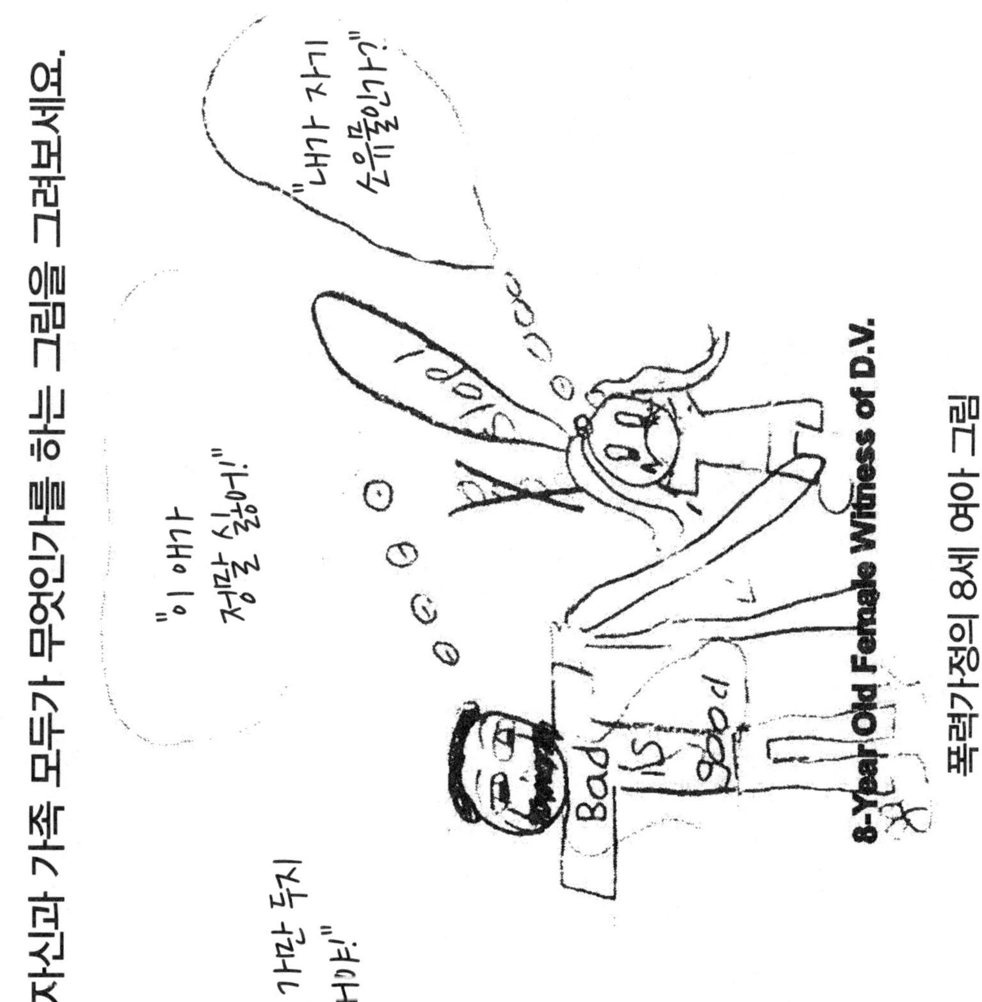

그림 2-5 : 개인과 가족행동 도식

아동을 돕기 위한 기본 원리

어떤 경우 당신은 아동의 이야기를 꺼내기 전에 다음 중 이것의 일부를 하고 싶을지도 모른다. 이 기법은 아동이 다음과 같이 느끼도록 돕는다.

- 상담자와 함께하는 것을 편안해하기
- 통제받는 것에 안전하게 느끼기
- 자기통제를 발휘할 수 있다고 느끼기

TIR과 비 블록화를 시행하기 전에 아래의 사항들을 필요에 따라 혼합하여 사용할 수 있다.

A. 탐구하라 : 치료이전의 상황과 이후의 결과를 비교해 보기 위해 치료에 대한 희망과 목표에 초점

[탐구란 미리 정해진 패턴 없이 질문하는 것을 의미하며 개인중심이어야 하고(여기서 우리가 의미하는 대로) 다루어지고 있는 주제에서도 벗어나면 안 된다–Ed.]

B. "떠오르는 사람이 있는가?" 만약에 있다면 :

1. 00과 나의 유사점은?
2. 00과 나의 차이점은?

(1, 2, 1, 2, 와 같이 두 부분으로 된 순환고리 형태로 계속된다)

C. 1. "저기에 있는 __________을 보아라" (방에 있는 물건)

2. 이것에 대해 안심이 되는 점은 무엇인가? (아동이 '안심'이라는 단어를 이해하고 있는지 살펴보아야 하고, 또는 "너를 기분 좋게 느끼도록 도와주는 것은(물건) __________무엇이니?"와 같이 아동이 이해 할 수 있는 질문을 사용한다)

(다양한 물건을 가지고 사용하되 종료시점까지 반복한다)

D. "__________(물건)에 대해 흥미로운 점은 무엇인가? (다양한 물건을 가지고 사용하되 종료 시점까지 반복적으로)

E. 1. "지금 자신이 있는 곳은 어디인가?"

2. 있고 싶지 않은 곳은 어디인가?(종료 시점까지 반복적으로)

F. "이곳에서 취할 수 있는 대안은 무엇인가?" (종료 시점까지 반복적으로)

G. 안전에 대한 세 영역의 질문내용
1. 존재하기에 안전한 곳은 어느곳인가?
2. 행동하기에 안전한 곳은 어느곳인가?
3. 소유하기에 안전한 곳은 어느곳인가?
(세 부분의 내용을 종료 시점까지 반복적으로)

아동을 대상으로 한 비행관련 질문: 이론

아동에게 지시를 내릴 때 다음과 같은 방법을 사용하라. 일반적으로 이 목록은 아동이 문제행동을 가지고 있거나 남을 탓하는 태도를 가지고 있을 때 사용될 수 있다.

아동의 안전한 참여를 보장하기 위해 먼저 회기과정에서 다루거나 드러난 내용을 다른 사람에게 이야기하지 않을 것이라는 사실을 아동에게 알리는 것이 중요하며, 더불어 어떠한 사건에 대해서는 치료팀에서 우리가 보고해야 할 책임 또 한 가지고 있다는 사실을 아동에게 알려야 한다. 가장 강조되어야 하는 것은 우리가 상담에서 다룬 내용을 아무에게도 이야기하지 않을 것이라는 사실을 알리는 것이다. 그러나 만약 다른 누군가와 공유해야 할 일이 발생한다면 사전에 아동에게 알리고 말해야할 것이다. 그리고 부모의 반응을 다루기 위해 필요한 도움을 제공할 수 있도록 당신이 함께하겠다는 사실을 알려야 하나 이 문제를 강요하지는 않아야 한다.

아동이 했을지 모르는 일에 대해 일련의 질문을 할 예정이라는 것을 아동에게 알려라. 치료자은 이렇게 설명할 수 있다. 네가 여러 차례 누군가를 해치는 방식으로 행동하고 화내서 불행하다면 이것은 너 스스로를 나쁘게 느끼도록 하는 어떤 것을 행했기 때문이야. 우리는 이것에 대해 이야기를 하고 네가 안정을 찾도록 도울 거야."라고 말한다.

이제 몇 가지 질문을 할 것이고 그 질문에 대해 답을 해야한다는 사실을 아동에게 알리고 각질문에 대한 아동의 반응에 주목한다. 만약 아동이 "아니요"라고 답했지만, 눈빛이 불안해 보이거나 또는 시선을 마주치지 못하고 아래를 내려다보거나 긴장하는 태도를 보인다면 실제 속마음은 "예"일 것이다. 그럴 경우 당신이 여기에 있는 것은 판단하려고 있는 것이 아니라고 아동을 안심시킨 후 자신의 대답에 확신하는지 아동에게 다시 한 번 질문할 필요가 있다. 만약 아동이 말한 내용이 변하지 않는다면 그 문제를 더 이상 언급하지 않는 것이 좋다.

아동이 긍정적인 대답을 할 때 최대한 많은 정보를 얻어라. 즉 언제, 어디서, 몇 번이나, 누구와 함께, 누가 모르는가, 누가 알아야 하는가, 그 정보에 대해 최대한 끌어낼 수 있는 기타 모든 질문을 하라.

만약 아동이 계속해서 부정적인 대답을 한다면 그와 같은 일을 행한 다른 사람을 알고 있는지 비슷한 행동을 한 적이 있는지 질문하라. 그렇다고 대답한다면 필요한 모든 자료를 수집할 수 있을 것이다.

비행관련한 구체적인 질문

1. 학교를 결석 한 적이 있는가?
2. 다른 사람을 먼저 때린 적이 있는가?
3. 어떤 것을 훔친 적이 있는가?
4. 고의로 무언가를 파괴한 적이 있는가?
5. 다른 사람의 물건에 페인트를 하거나 낙서를 한 적이 있는가?
6. 다른 사람의 감정을 다치게 하려고 한 적이 있는가?
7. 다른 사람을 곤란에 빠뜨리기 위해 거짓말을 한 적이 있는가?
8. 마약이나 약물을 복용한 적이 있는가?
9. 술을 먹어 본 적이 있는가?
10. 담배를 피운 적이 있는가?
11. 현재 흉기를 소유하고 있는가?
12. 흉기를 써 본적이 있는가?
13. 동물을 학대해 본 적이 있는가?
14. 동물을 죽인 적이 있는가?
15. 가게에서 훔쳐 본 적이 있는가?
16. 시험 중 컨닝을 해 본 적이 있는가?
17. 성공적으로 복수를 시행한 적이 있는가?
18. 엄마나 아빠가 당신에 대해 모르고 있는 것이 있는가?
19. 내가 당신에게 물어서는 안 되는 질문이 있는가?

부모를 대상으로 한 잘못된 양육에 관한 질문

[부모들은 자녀에게 고의로 또는 실수로 해가 되는 행동을 한 자녀에 대해 비판적 혹은 부정적인 태도를 가질 수 있다. 이러한 잘못을 직접적으로 다루는 것은 부모가 이것을 중단하고 문제행동을 하는 자녀에 대해 더 긍정적인 양육태도를 갖게 한다. 자녀의 이름을 적어 빈칸을 채운다.]

1. __________에게 무언가를 숨긴 적이 있는가?
2. __________를 위협한 적 있는가?
3. 가족으로부터 __________을 따돌린 적 있는가?
4. __________을 복수하기 위해 자녀에게 무언가를 한 적이 있는가?
5. 자녀가 해서는 안 되는 것을 하라고 __________을 강요한 적 있는가?
6. 자녀가 기분 상해하거나 화났을 때 __________을 무시 한 적이 있는가?
7. __________의 염려나 관심사를 무시한 적이 있는가?
8. __________을 때린 적이 있는가?
9. __________의 몸을 강하게 마구 흔든 적이 있는가?
10. __________에게 악담을 한 적이 있는가?
11. __________의 목을 조른 적이 있는가?
12. __________을 함부로 끌어당긴 적이 있는가?
13. __________을 밀친 적이 있는가?
14. __________에게 뭔가를 집어 던진 적이 있는가?
15. __________를 세게 때린 적이 있는가?
16. __________에게 무기를 사용한 적이 있는가?
17. __________을 위험에 빠뜨린 적이 있는가?
18. __________에게서 무언가를 빼앗은 적이 있는가?
19. 당신에 관하여 알지 못하는 __________ 한 사실이 있는가?

제 3 장 미술치료와 TIR

A Conversation with Anna Foley as Interviewed by Victor Volkman

빅 토 : 아동을 치료할 때 미술치료와 TIR를 병행한 것에 대해 말씀해 주시겠어요?

안 나 : 더 적절한 아동개입을 하기 위해 미술치료와 TIR 이 두 가지를 약간 변형시켰어요. 나는 이 두 가지 접근방법을 훈련받았고 임상적 필요에 따라 두 가지 방법을 결합했지요. 트라우마 분야에서 10년 동안 일을 해 왔고, 그중 6년 동안은 범죄피해자 지원서비스 체계에 있는 아동들를 돕는 임상의로 일해 왔어요. 이 두 가지의 결합은 내가 사용할 수 있는 가장 효과적인 방법이었어요.

안 나 : 처음에 나는 놀이치료를 했어요. 1993년 배치된 임상처는 San Francisco에 있는 University of California Medical School이었어요. 그 곳에서 3개월간 인턴쉽을 마쳤고, San Francisco 종합병원에 근무하는 미술치료사인 Linda Chapman을 만났어요. 그녀는 미국 미술치료학회에 등록된 이사회의 멤버로 그곳에서 미술과 놀이치료프로그램을 운영하고 있었어요. 그 다음해 그곳으로 돌아온 나는 그녀에게서 신경발달 미술치료기법을 배웠어요. TIR 훈련을 마친 후 나는 King's의과대학에 들어가 그곳에서 많은 미술치료훈련을 받았습니다. 그리고 2001년에 그 과정을 졸업했어요.

빅 토 : 그 기관에 들어간 후 당신에게 의뢰된 아이들을 위한 프로그램을 결정하기 위해서 어떻게 하셨나요?

안 나 : 우선 아동뿐 아니라 가족 모두의 증상에 관한 목록을 만듭니다. 가족구성원들에게 무슨 일이 일어나고 있는지 그들 자신에 대해서 나에게 말할 기회를 제공하고자 해요. 그 과정에서 가족은 주로 그들이 보기에 아동의 어떤 점이 변해왔는지, 변화에 대해 그들 스스로가 어떻게 느끼는지에 대해 나에게 말하곤 합니다. 그들의 이야기를 통해 나는 왜 이 시점에서 도움을 요청하고 있는지, 무엇이 필요한지 확인하게 됩니다. 범죄

피해자지원서비스는 일반적인 임상과는 다르게 트라우마 사건 직후 신속하게 의뢰된 아동을 만날 수 있었어요. 이 아이들은 칼에 찔리거나 총에 맞은 상처가 생긴 지 일주일이나 한 달 이내에 만나게 되는 반면에, 임상의학 범주에 있는 아동의 경우는 처리해야 할 장기적인 문제를 다루게 됩니다. 면담과정에서 나는 그 증상들이 얼마나 심각한지 확인하려고 노력합니다.

빅 토 : 일반적으로 상담시간에 다양한 방법들이 어떻게 서로 어우러져 영향을 미치는지요?

안 나 : 나는 트라우마에 대한 심리교육을 하고 전체가족을 위한 개입을 시행합니다. 스트레스 또는 트라우마적인 스트레스가 일상적인 기능에 어떻게 영향을 미치는지 보여주기 위해 이미지를 사용합니다. 대부분의 가족들은 그들이 정상적인 대처기제를 넘어서게 될 때 나에게 오게 되며 이들을 만날 때 단순한 내용으로부터 시작합니다. 아이들은 단지 자신의 이야기를 말하기 원하기 때문에 이야기는 빠른 속도로 잘 진행됩니다. 이러한 경우 장황한 평가는 역효과를 낼 수 있으므로 기본적으로 이미지를 사용하여 TIR회기를 진행하고, 각 회기에 표현된 이미지에 대해서는 그것이 평범하지 않고 고통스러운 경험의 정상적인 반응이라고 말하기도 합니다. 그 이유는 이들이 보이는 반응은 일상적인 반응이 아니라 보기드문 사건에 대한 당연한 반응이기 때문이지요.

빅 토 : 맞아요. 그들은 아무 잘못이 없어요. 그것은 단지 그 순간이 아닌가요?

안 나 : 그럼요. 절망을 보편적인 증상이라고 일반화시킴으로써 스트레스를 경감시킬 수 있지요. 일단 절망이 줄어들면 새로운 선택을 만들 기회를 얻게 되고 그 후 미술심리치료나 TIR개입을 받아들이게 되죠. 그전의 많은 증상들은 극복하고자 하는 그들의 처절한 시도일 뿐일 것입니다.

특히 트라우마 분야의 임상의로서 나에게 중요한 것은 아동이나 아동의 가족이 경험하고 있는 공포를 담아낼 수 있는 그런 사람이 되는 거에요. 그들의 두려움에 대해 공감하고 담아냄으로써 마침내 그 공포에서 벗어날 수 있도록 돕는 것이 내가 해야하는 중요한 역할이니까요.

빅 토 : 좋은 지적이에요.

안 나 : 일단 심리교육을 마친 후 내가 말한 것을 그들이 이해했다고 느껴지는 표현은 대부분의 가족들이 고개를 끄덕이며 "그럴 것 같군요." 라고 말할 때 입니다. 가족들이 이해했다고 생각되면 "다음 단계로 넘어갈 준비가 되었나요?"라고 그들에게 말하지요. 장

기적인 평가에 대해 다소의 논쟁이 있음을 알고 있지만 정신적인 흥분이 완화되는 것이 가장 중요하다는 것을 발견하곤 합니다. 이러한 점에서 배후사정의 평가는 치료과정 동안에 함께 이루어질 수 있습니다. 그것은 나의 변함없는 실천적 관례에요. 첫 번째 회기에서는 희망을 주는 것입니다. 내가 사용하는 미술치료방법은 TIR의 영향을 받습니다. 나의 진정한 영감은 이 두 가지 기법에서 나온다고 말할 수 있어요. 다시 말하면 TIR자체를 있는 그대로 적용한다는 말은 아닙니다. 또한 이것은 내가 미술심리치료를 그 자체로 적용하고 있었던 것도 아니라는 의미이기도 합니다.

때때로 "나는 이 사건이 언제 일어났는가?" 라고 묻지 않습니다. 왜냐하면 지난 십여 년 간의 경험을 통해 깨달은 것이 하나 있는데, 그것은 바로 아동이 그날의 경험에 대해 너무 많은 가정과 연관성을 세워왔기 때문에, 그 사건자체보다 먼저 일어난 어떤 일이 있었을지 모른다는 것입니다. 우리는 TIR로 그것을 나중에 발견할지도 모릅니다. 그래서 문제를 더 빨리 해결하도록 돕기 위해 그날 하루의 시작시점에서 그들에게 가장 먼저 생각나는 기억이 무엇인지 묻습니다.

치료초기에 효율적인 방법은 지금부터 우리가 할 일은 만화책을 읽는 것과 거의 비슷하다고 그들에게 말하는 것입니다. 왜냐하면 각각의 기억은 만화책의 그림처럼 고정된 틀 속에 저장되어 있기 때문입니다. 만약에 당신이 떠올릴 수 있는 많은 이미지를 가지고 있다면 그것은 당신의 기억 속에 있는 만화책의 한 그림조각과 같거나 영화의 한 장면과 같습니다. 그들은 대부분 "그래요, 정확히 그와 같지요. 그런데 그 장면이 머릿속에 계속 떠오르는 것을 멈출 수가 없어요. 그것이 너무 무서워요"라고 말하곤 합니다. 그래서 나는 그들에게 말해요. "나는 네가 기억하고 있는 것을 그대로 그려보기를 원해"라고 말이에요. 아동이 표현한 그림의 각 장은 서로 다른 한 장면이기 때문에 이 작업을 하기위해서는 대충 30장의 도화지가 필요할 수 있고 또는 40장이나 50장이 필요할 수도 있어요. 적게는 10장이 필요할 수도 있겠지요. 그러나 몇 장이 필요하든 도화지의 양이 중요한건 아니에요. 어떻게 하든 괜찮습니다. 무엇을 그려내든 한 조각의 지면에 각각의 기억을 나타낼 수 있도록 지지하는 것이 중요하지요.

빅 토 : 사건의 마무리에 도달할 때 쯤 아이들이 연필이나 크레파스를 내려놓는다면 그것을 끝났다는 것으로 이해해도 되나요?

안 나 : 기본적으로 그것은 TIR조력자가 되는 것과 비슷해요. 제가 하는 말은 단지 "그 다음에

무슨 일이 있어났는가?"입니다. 그래서 아동이 표현한 것에 긍정적인 반응으로 지지하는 거죠 : "잘했어! 참으로 그 이미지를 잘 표현했구나. 그럼 그 다음에 무슨 일이 일어났는지 이야기해 볼까?" 그리고 나는 도화지를 넘깁니다. 그림을 그린 도화지를 받아 순서대로 쌓아놓고 다음 이미지로 바로 넘어가요. 그들은 대부분 이 과정을 중단하지 않고 지속하지요: 아동이 이러한 이미지 만들기 과정 중에 잠시 망설이는 것은 당신이 사건의 가장 부담이 되는 부분으로 들어갈 때 우리는 그 시점에서 가장 큰 문제일 수 있는 부분에 도달했다는 것을 짐작할 수 있게 되지요. 그러한 현상은 그 상황을 잘 말해주는 징조가 됩니다.

빅 토 : 그들은 어쩌면 그림을 더 느리게 그리거나 어떤 정서를 보이면서 시작하겠군요?

안 나 : 사건의 가장 부담스러운 부분에 도달 했을 때는 옷을 입었음에도 불구하고 그들의 심장이 마구 뛰는 것을 종종 느낄 수 있습니다. 또한 손이 축축해지고 눈은 도화지의 한 측면에서 재빨리 움직이거나 얼음처럼 몸이 굳어버리기도 하죠. 그들은 이렇게 말하기도 합니다. "좋아요 이것을 어디에다 놓을까요?" 그러한 모습들을 통해 나는 그들이 이 이미지가 무엇인지 알고 있다는 것을 느낄 수 있어요. 그러나 사실 사건을 외면화하고 이 세상 밖으로 끄집어내는 것은 매우 어려운 일입니다. 지난 10여 년 동안 내가 함께한 모든 아이들 중에서 이 이미지조각을 세상 밖으로 끄집어 내지 못한 사람은 단지 한 아이뿐이었어요. 그 한 아이로 인해 이 기법이 효과적이지 못하다고 말할 수는 없지요.

빅 토 : 첫 번째 이미지에서 마지막이미지로 가는 데 까지 걸리는 시간은 일반적으로 얼마나 되나요?

안 나 : 성인들의 경우는 어디에서 심각한 외상 후 증상을 나타내는지 여러 가지 예시 속에서 알 수 있어요. 첫 번째 연습은 한 시간 반 정도가 걸려요. 아이들의 경우는 TIR과 함께할 때 처럼 상담시간을 연장해서 스케줄을 정하지요. 이 사건을 처음으로 이미지화하는 동안 나는 아무 말도 하지 않아요. 그림을 그리라고 요청한 후 무슨 일이 일어나는지 말하라고 하지 않지요. 단지 아이들은 그림을 그릴 뿐입니다. 아이들의 기억 속에 그것이 어떻게 저장되어 있는지 접근하는 이 과정은 매우 유용한 것 같아요. 두 번째 시간에 나는 아이들에게 "무슨 일이 일어났는지 말해 줄 수 있겠니?"라고 질문해요. 이때 만약 아이들이 "내가 여기에 서 있었고 그 때 버스가 이 길로 들어왔어요."라고

답했다면 "기억나는 어떤 냄새라도 있니?" 또는 "기억나는 색깔이 있니?"라고 묻곤 합니다. 그렇게 접근함으로써 아이들이 그림을 그려가도록 돕고 때로는 이 과정을 통해서 우리가 알고 있었던 것 보다 아이에게 더 많은 짐이 되고 있는 것들을 찾아낼 수 있어요. 아이들과의 이 과정에서 나는 암시하거나 해석하는 것이 아니고 단지 생각을 끌어내어 전체이야기를 할 수 있도록 돕는 것 뿐이에요.

빅 토 : 당신의 요지는 그림을 해석하지 않는다는 것이지요? 예를 들어 "이 빨강색 브로치는 당신이 피를 두려워한다는 이야기군요"와 같이 맘대로 해석하지 않는다는 말이군요.

안 나 : 네. 물론이에요. 해석적 접근을 하지 않고 사건에 대해 아이들과 이야기하는 것만으로도 이해할 수 있어요. 이 아이들이 그려내는 그림은 흔히 집이나 학교를 나타낼 때에는 네모난 박스를 그리고 사람을 나타낼 때에는 막대기 그림(머리는 원, 다리와 몸통은 선으로 그린 그림)으로 아주 간단하게 그려내곤 하지요. 그림을 얼마나 잘 그렸는지는 중요치 않아요. 중요한 것은 그것이 어떻게 겉으로 표출 되었는가 이지요. 나는 모든 감각을 사용하여 무슨 일이 있었는지를 찾아내고자 합니다. 만약에 어떤 아이가 강간을 당했다면 "무슨 소리가 들렸니?" "무엇을 몸으로 느꼈니?" 또는 "그 카펫은 어떤 느낌이었니?" 라고 물어요. 그럴 경우 아이들은 벽지를 잘 기억하는 것 같아요. 또한 카펫색깔이 무엇이었는지 어떤 냄새가 났는지에 대해서도 잘 아는 것 같아요. 그들에게 그림을 자세히 표현하도록 지지하고 회상을 잘하도록 도움으로써 증상이 사라지는 성공가능성도 더 높아지는 것 같아요.

빅 토 : 첫 번째 시간은 그림을 그리고, 두 번째 시간에는 여기에서 무슨 일이 일어났고 거기에서 무슨 일이 일어났는지 등에 대해 묻는다는 것이죠?

안 나 : 나는 그날 맨 처음 무슨 일이 일어났는지 묻고 "그 다음에는 무슨 일이 일어났지?" 라는 질문으로 넘어갑니다. 그러면 대부분 아이들은 "나는 신발 끈을 매고 있었어요." 또는 "아침을 먹고 있었어요." 등과 같이 답하게 되므로 이로써 대화를 시작할 수 있게 됩니다. 두 번째 시간에는 그 다음에 무슨 일이 일어났지? 라고 사실적인 방법으로 물어요. 우리는 페이지를 넘기면서 각 장면으로 들어갑니다. 미술치료에서 내가 받은 교육에 의하면, 세 번째 시간에는 그들이 어떤 느낌이었는지 물어야 한다고 해요. 그러나 내가 수년간의 경험을 통해 발견한 사실에 의하면 아이들은 자신이 생각하는 것과 느끼는 것 사이에 많은 연관성을 가지고 있어서 이 두 가지 모두를 동시에 질문할 수 있

고 아이들 역시 대답을 잘할 수 있을 뿐만 아니라 생각과 느낌사이에 놀라운 연관성을 만들어낼 수 있다는 사실이에요.

7세의 한 어린 소년이 자전거를 도둑맞고 호되게 얻어맞은 사건이 있었어요. 첫 만남에서 나는 그 아이에게 기억나는 첫 번째 장면이 무엇이냐고 물었는데, 구두끈을 맨 것이 기억난다고 말했지요. 그래서 그 아이가 그린 첫 그림의 운동화가 중요한 이미지라고 생각되었어요. 운동화그림은 어쩌면 아무 의미가 없을 수도 있지만 나는 그 운동화의 중요성이 무엇인지 궁금했어요. 그날 아침 운동화 끈을 맬 때 그에게는 뭔가 정말 나쁜 일이 일어났을 거라는 예감이 들었거든요.

빅 토 : 종료시점을 어떻게 처리 하나요?

안 나 : 일반적으로 우리가 마지막 이미지에 도달했다는 느낌을 가질 때 종료를 생각하게 되는데, 보통은 아이들의 어깨가 내려오고 지나치게 각성되어 있던 증상들이 누그러지는 태도의 변화를 볼 수 있어요. 이 때쯤이면 대부분 안도감을 느끼고 눈 마주침이 많이 일어나지요. 정말 무서운 기억의 조각이 방출될 때 그들은 "뭔가가 끝난 느낌이에요." 또는 "점점 좋아지는 것 같아요"라고 말하는 듯이 나를 바라봅니다. 그럴 때 나는 공감적 자세로 아동을 지지하는데 그들이 안도감을 느끼는 것도 이 시점이에요.

다루어야할 것이 여전히 많이 있더라도 우리는 이것을 "flat point"라고 불러요. 아이는 많은 고통의 조각들을 다 처리했고 훨씬 더 좋아진 다음 내가 "잔해"라고 지칭하는 것, 다시 말해서 실제 경험이라기 보다는 그 경험과 연관된 우리가 발견하지 못한 기억의 조각을 찾아가는 탐색과정으로 들어가게 돼요. 다음 회기에도 계속해서 이 기법을 사용하지요. 우리가 놓쳤을지도 모르는 것을 토대로 다시 한 번 그 과정을 반복합니다.

빅 토 : 일주일 정도 지난 후 추적조사를 하고 그들이 어떻게 지내는지 확인하나요?

안 나 : 보통은 그래요. 사실 나는 그들의 상황과 요구에 대처하여 순비하고 개입하는데 그 기간은 최소한 6주정도 걸려요. 그래야 가족과 아이들이 이젠 괜찮다고 확신할 정도의 시간이 되지만, 꼭 그래야 한다거나 그 이상이 걸려서는 안 된다는 것은 아니에요.

빅 토 : 의미 있다고 느끼는 초기의 사건을 발견한다면 메모를 했다가 나중에 다시 살펴보나요?

안 나 : 그들이 나에게 왜 의뢰되었는지 알려주는 일이라면 메모를 하지요. 증상이 수그러들지

않으면 그 다음 회기에서 일어난 사건을 먼저 해결하는데 초점을 두게 됩니다. 그렇게 하는 것이 더욱 효과적이죠.

정말 다루기 힘든 어떤 느낌을 이미지로 표현한 후, 우리는 그것을 살펴보고 이야기를 나누죠. 그런 다음 나는 아동에게 "상황을 향상시키기 위해 이 그림을 어떻게 바꿀 수 있겠니?"라고 질문해요. 나는 그것이 효과적이라는 것을 경험을 통해 깨달았어요. 아이들이 정말 무섭고 위험한 것에 대한 새로운 이미지를 만들어낸 후 나중에 그것을 기억해 보도록 하면 대부분 아이들은 이것을 다시 동일한 방법으로 기억해내지 못해요. 이 사실이 나는 매우 흥미로웠어요. 일단 그들이 이 같은 일을 할 준비가 되었다고 느끼면 또는 우리가 실제사건을 둔감 시키지 못하고 있을지라도, 여전히 우리는 무언가 할 수 있는 일이 있을거에요. 사실 기억속의 그림을 제거하거나 코끝에서 나는 그 냄새를 바꾸지는 못할 거에요. 그래서 다음에 하는 일은 그 이미지를 가지고 작업하는 거예요. 예를 들어서 그들이 폭행을 한 사람의 얼굴이미지를 기억하고 있다고 할지라도 사실 그것은 어떤 사물에도 해당하지 않는 거예요. 그러한 경우 나는 "어떻게 그것을 바꿀 수 있을까?"라고 다시 질문하지요. 그러면 아이들은 그것을 다시 시도해 보고 정말 무서운 사람의 몸을 광대나 요정과 같은 우스꽝스러운 것으로 변형시킬지도 몰라요.

흥미롭게도 강도를 목격하고 9개월째 회복되지 못한 아동의 사례가 있었어요(아이의 증상들은 감소되지 않았다). 아동은 그 사람을 목격했고 몹시 겁에 질려있었어요. 그러나 미술작업에서 그 사람의 사진을 매우 우스꽝스러운 것으로 변형시켰지요. 몸의 일부는 "SPICE GIRL(걸 그룹 이름)"이고, 다른 일부는 동물과 같은 모습으로 변형시켰는데, 일주일이 지난 후 다시 확인해 본 결과 강도의 이미지는 아이의 기억 속에서 이미 사라져있었어요.

빅 토 : 당신의 이야기를 듣고 보니 아내가 가끔 사용하던 창의적인 방법이 떠오르는군요. "스팀 롤러로 그것들을 날려버리거나" 또는 "그것들을 바다 속으로 쳐 넣는 것" 등. 어떤 사람이 무기력하다고 느끼는 상황에 처했을 때 이런 종류의 창의적인 기법을 통해 클라이언트는 상상력을 사용하게 되고 마음속에 갇혀있던 두려움과 분노를 분출하게 됩니다. 이를 통해 안도감과 웃음을 찾게 돼요.

안 나 : 정말로 그래요. 그것은 내가 종종 사용하는 기법이에요. 외상 후 증상이 그들 마음속

에 트라우마로 억압될 때 나는 그들에게 보복환상을 경험해보도록 안내합니다. 아이들에게 보복환상을 가지게 하면 정말 안전한 방법으로 보복이 이루어지죠. 자기에게 충격적인 정신적 외상을 준 사람이 교수형에 처해지거나, 사막에서 굶어죽거나, 차에 치이거나, 총에 맞거나 또는 아이들이 실제 할 수 없는 것을 하게 해요. 이것이 그 아이들에게 힘을 가지게 합니다.

빅 토 : 당신이 상담하는 아이들은 주로 어느 연령대인가요?

안 나 : 주로 7세부터 18세까지 입니다. 그 이하의 아동에게도 이것을 사용할 수는 있지만 제약이 있어요. 살인사건을 목격한 5세 아동과 함께 했던 적이 있는데 자신이 경험한 것을 세부적으로 그리는 방법이 그 아이에게는 적절하지 못했어요. 그래서 우리는 장난감을 진열해 놓고 "그때 무서운 사람이 무엇을 했니?"라고 물었지요. 그리고 같은 유형의 질문을 했어요. "무슨 소리를 들었니?" "비명소리를 들었을 때 무슨 생각이 들었니?" (물론 이 아이는 자신도 살해될 거라고 생각했지요) 기타 등등.

빅 토 : 그 시점에서 놀이치료를 하는 군요?

안 나 : 네, 그러나 직접적인 방법으로 하고 있어요. 간접적인 방법으로 전통적인 놀이치료를 아이들과 함께할 수도 있지만 트라우마를 가진 아이들에게는 덜 유용할 수 있기 때문이죠.

빅 토 : TIR을 적용한 아동상담이 얼마나 효과적이었나요?

안 나 : 1994년에 TIR을 교육받았고 지금까지 멈추지 않고 사용하고 있는 나에게는 매우 의미로운 접근방법이에요. TIR은 내가 사용하는 모든 기법에 깊이 침투되어 있고 지금 하고 있는 일의 중심을 차지하고 있지요. 이 훈련은 놀랍게도 나로 하여금 많은 것들에 눈을 뜨게 했어요. 또한 내가 할 수 있는 것 보다 상담자로서 더 많은 일을 할 수 있다고 느끼게 해 주었답니다. TIR을 배경으로 한 접근은 나의 모든 임상활동을 유용하게 한다는 것입니다. 10년 동안 이 일을 한 이후로 나는 TIR과 서로 뗄 수 없는 관계가 되었고, 훈련을 끝마쳤을 때에는 트라우마를 겪은 성인과 아동의 위기에 대해 더 잘 이해할 수 있게 되었답니다.

제 4 장 치료에서 아동이 관심 갖는 매체의 가치

Marian K.Volkman

인정받는 많은 치료자들은 치료과정에서 매체(클라이언트 자신의 몸을 포함해서)또는 공간을 사용한다. 미술치료와 동작치료는 아동과 성인 모두에게 사용되는데 놀이치료와 모래상자 놀이치료는 주로 아동과 함께할 때 흔히 사용된다(놀이치료에 대해 내가 아는 최고의 책은, Donvn과 McIntyre가 쓴 '상처받은 아이 치료하기'이다).

물론 응용메타심리학의 주제에서, 우리는 실증적 기법이라 부르는 것을 활용한다. 이 방식에는 클라이언트가 물리적인 환경에서 여기저기 움직이거나 관찰하거나 만지거나 사물을 움직이는 것들이 포함된다. 여기에서 내가 깊이 다루지는 않지만, 주관적인 작업을 하는 동안 클라이언트가 만지거나 다룰 수 있는 물체를 사용하는 것에 대해 탐구해보고 싶다.

사람들은 클라이언트가 자신이 해야 할 중요한 일들에서 스스로 벗어나기 위해 매체를 가지고 놀이를 하는지 안하는지 물어보지만, 사실 여기에는 완전히 다른 문제가 있다. 치료상황에서 재료를 사용하는 것은 클라이언트로 하여금 그 이전의 상황으로부터 해방되게 한다. 클라이언트와 치료자 사이에 친밀관계를 재형성하기 위해서는 시간과 관심이 요구된다. 그리고 어떤 효과적인 일이 성취되기 전에 클라이언트가 다시 작업을 하도록 해야 한다. 이 장에서는 매체를 사용하는 것이 클라이언트로 하여금 부담이 되는 마음의 짐을 돌아보게 하는 능력을 높이는데 도움되는 각각의 다른 현상을 이야기하려고 한다.

나는 클라이언트의 의자 옆에 있는 선반위에 수많은 흥미로운 재료들을 보관하고, 종종 모든 연령대의 사람들이 이야기하는 도중에 이 재료를 가져다가 가지고 노는 것을 관찰하기 좋아한다(이것은 TIR에서는 좀처럼 일어나지는 않지만, 클라이언트가 그 재료를 탐구하거나 또는 다른 편안한 방법을 선택하여 마음속의 생각을 정리하고, 인식하고 느끼는 감정을 분류할 때 하는 행동과 비슷하다). 나는 치료시간에 클라이언트들이 가까이 놓여진 재료를 가지고 놀 때 생기는 유익한 결과가 무엇인지 관찰한 수많은 치료자들과 인터뷰 함으로써 놀이에서 무슨 일이 일어났는지 구체화하고자 했다.

재료를 클라이언트 가까이에 두는 것이 주관적 기법 즉 표현, 초점, 위안/기초 지식과 같은 세 가지 맥락에서 효과를 보여주는 분명한 이유가 있다. 한 번의 치료시간에 이 기능들 중 한 가지 이상이 결합될 수도 있지만 여기에서는 각각 하나씩 살펴보기로 하겠다.

표현

표현에 대해서 먼저 살펴보기로 하자. 이것은 위에 언급된 치료기법들과 가장 유사하기 때문이다. Elina Falck(밴쿠버지역에서 함께 한 TIR동료)은 발음이 분명치 않은 클라이언트를 만났는데, 그는 정서적으로 또는 언어적으로 자신을 표현하는데 어려움이 있었다. 그러나 그들이 이야기를 나누면서, 손으로 조작할 수 있는 물리적 속성을 가진 매체나 진흙을 가지고 놀 때 훨씬 더 잘할 수 있었다고 말했던 기억이 새롭게 떠올랐다(어떤 사람들은 자신의 생각과 느낌을 표현하는 것을 어려워하기도 하는데, 이들은 좀 더 시각적으로나 운동감각적으로 소질이 있는 이들이다). 확실히 그들이 눈에 보이고 손으로 만질 수 있는 매체를 사용함으로써 자신을 표현하는 것이 더 쉬워진다는 것은 의미있는 이야기이다. 물론 놀이치료와 미술치료에서도 클라이언트들이 자신을 표현할 수 있는 방법으로 여러 가지 활동이 의도적으로 사용되고 있다. 클라이언트가 어떠한 매체에 관심을 갖게 하기위해 치료자가 도울 필요 없이 주관적으로 작업을 할 때 또는 단지 매체를 거기에 가져다 놓거나 건낼 준비를 하는 것만으로도 사실 이 활동은 당연히 인간중심의 활동이 될 수 있다. 매체를 집어 들것인지 말 것인지 또는 그 매체를 어떻게 가지고 놀거나 이용할지는 참여자인 클라이언트의 선택이다.

초점

초점영역에서 우리는 집중하는 능력에 대해 이야기하고 있는데, 어떤 사람들에게는 집중력이 문제가 되기도 한다. Dr. Gerbode는 사물이나 패턴을 확인하기 위해 자신의 정신세계를 쉽세 이동해 다닐 수 없는 사람을 묘사하기 위해 "인지적 문맹"이라는 용어를 사용한다. 이러한 활동을 위해서는 집중하거나 사물을 찾아내거나 물건들 사이에 유사성을 알아보거나 그 차이점을 알아보는 능력이 요구된다. 인지적 능력은 집중할 수 있는 좋은 능력이 없을 때 손상된다. 아동과 성인 중 일부는 주의력결핍 과잉행동장애(ADHD)라고 불리는 특성을 가지고 있으며 그로 인해 상황을 적절하게 이해하지 못하는 경우가 많다. 많은 전문가들의 의견에 따르면

ADD/ADHD가 지나치게 과장되어 진단되고 있다고 한다. 과장된 진단이든 아니든 또는 어떤 사람이 실제적인 장애로부터 고통당하고 있든지 아니든지, 주변에 가지고 놀 물건이 있을 때 훨씬 더 마음이 안정되는 효과가 있다. 이 경우 아무런 가지고 놀 것이 없는 것에 비해 어떤 사물에 주의를 집중하고 초점을 맞출 수 있는 능력이 더 증가되고 주관적인 일을 더 쉽고 효율적으로 할 수 있게 된다. 무언가 가지고 놀 물건이 있어야만 편안해지는 사람들은 종종 습관적으로 머리카락을 꼬거나 손톱을 물어뜯기도 하는데, 그에게는 무엇이 되었든 외적인 물체를 가지고 노는 것이 더 유용하고 만족스럽기 때문인 것 같다.

위안과 그라운딩(grounding)

TIR을 시행 할 때 회기의 끝 무렵에 필요하다면 우리는 그라운딩을 사용한다. 특히 클라이언트가 정말 열심히 참여하고 있고 flat point에 도달하고 있지만 너무 지쳐서 계속하기 힘들고 "지금–여기"로 완전히 돌아오지 못할 때 우리는 그라운딩을 사용한다. 그라운딩은 회기가 끝나기 전 현재와 물리적 환경을 클라이언트와 재결합시키는 것을 도와주는 것으로, 만약 완전한 종료시점까지 이 행동을 취한다면 저절로 일어나기도 한다.

어떤 클라이언트들은 회기의 다양한 지점에서 약간의 그라운딩이 필요하다고 느낄지 모른다. 만약에 손으로 만질 수 있는 어떤 물체의 이용이 가능하다면 클라이언트는 그것들을 손으로 집음으로써 자신을 그라운드 시킬 수 있다. 그라운딩과 위안은 밀접하게 연관되어 있다. 우리는 그러한 관점에서 부정적인 것과 긍정적인 것 사이에 균형을 유지하는 것이 매우 가치있다는 것을 알고 있다. 사실 회기 중에 클라이언트가 하는 것들 중 많은 부분이 우리가 종종 부담스럽고 또는 짐이라고 느끼는 손상당한 에너지와 정신적 부담감을 감소시키거나 배출시키는 결과를 가져온다. 마음의 짐을 제거하는 것은 확실히 의미있고 바람직한 일이지만 그렇다 할지라도 그러한 부담감의 해소가 공허한 감정을 남길 수도 있다. 물리적인 재료들을 가지고 놀도록 허락된 클라이언트는 그러한 공허한 감정을 자발적으로 해결할 수 있다. 마음에 부담을 줄인 결과 클라이언트의 정신세계에 남겨진 이 새로운 공허한 공간은 클라이언트 스스로가 만족할 수 있도록 재배치되어야 한다. 많은 사람의 경우 가지고 놀 장난감을 가지고 있다는 것은 그가 그것이 가장 필요한 순간에 위로와 그라운딩을 제공받을 수 있다는 의미이기도 하다.

내가 이러한 현상에 관심을 가지게 된 것은 정말 우연한 기회였다. 나는 화석, 조개껍질,

광택이 나는 돌덩어리를 매우 좋아했기 때문에 이것을 선반에 놓아두었다. 클라이언트들은 이야기를 나누는 동안 그것들을 집어다가 다양하게 재배열하곤 했는데, 이로 인해 나는 눈으로 보고 손으로 만지고 이동시킬 것들을 선반에 가져다 놓은 것이 매우 가치 있다는 것을 알게 되었다. 몇 년 전, 두 명의 어린소년 중 한명은 꽤 분명하게 발음했지만 다른 한 아이는 제대로 발음을 하지 못했다. 나는 이 아이를 보면서 테이블에 무언가를 가져다 놓아야한다는 직감이 들었다(초기면담을 할 때와 정기적인 첫 회기에 늘 그랬다). 이것은 강한 자석으로 된 받침이 있고 그 위에는 다이아몬드 형태를 한 작은 금속으로 만들어진 특별한 장난감이었다. 말이 어눌한 한 아이는 회기 내내 이것을 가지고 놀았고 이것이 그 아이의 사건보기를 촉진시키는 것 같았다. 가로가 25센티정도인 나무틀 모양의 이 자석은 늘 테이블 위에 있었기 때문에 거의 모든 연령대의 클라이언트들이 자주 가지고 놀았다.

그림 4-1 : "자석처럼 끄는 느낌" 3D 조각상모형

위의 그림처럼 "자석느낌"의 매체는 창의적인 방법으로 계속해서 반복적으로 사용될 수 있는 동일한 탁상용 모형이다. 원래의 버전은 "Magnetic CRDL"으로서 Google이나 eBay에서 이에 대한 다양한 자료를 찾을 수 있다. 찰흙에 비해 자석으로 된 장난감의 유익한 점은 클라이언트들이 손을 더럽히지 않고 놀 수 있고 영구적으로 사용할 수 있다는 점이다.

제 5 장

Future TIR : 외상 스트레스를 경험하고 있는 불안한 아동에게 주는 선물

Patricia A. Furze, MSW, RSW

지역병원의 정신건강분야에서 9년 넘게 아동과 일하고 있는 나의 과제 중 하나는, 아이들이 정신적 외상을 초래할 정도로 충격적인 스트레스 요인에 대처하도록 돕는 것이다. 이것의 필요성은 일찍이 인정되어 왔다. Marian Volkman이 개발한 TIR의 한 변형된 형태인 Future TIR은 불안이 많은 아이들에게, 부정적 사건을 예측하고 두려워하는 마음을 그들 스스로가 잘 처리할 수 있는 집중적이고 효율적인 방법을 제공한다. 두려운 사건들은 종종 아이들의 미래에 영향을 미치게 된다. 이 장에서는 이 변수를 탐구하고 이것이 아이들에게 어떻게 사용되었는지 그리고 트라우마 치료에 미치는 엄청난 영향과 다른 TIR회기를 준비할 때 Future TIR이 어떻게 사용되는지 살펴보겠다.

트라우마를 겪은 아이들은 종종 다음과 같은 증상을 겪는다. 다양한 정도의 정서불안, 수면장애, 대인관계의 어려움, 섭식장애와 소화장애, 집중력장애, 행동장애 등의 정서적 불안은 우울 또는 높은 수준의 불안공포로 나타난다. 타인과 환경에 대해 전반적으로 증가된 민감성은 그들로 하여금 병에 취약하거나 노출되게 만들고 개인의 행동을 통제하지 못하게 만든다.

불안은 인지된 위험에 대해 우리를 경계하도록 만드는 신경계의 건강한 생리학적 반응으로서, 우리는 불안을 느끼는 순간 화학적 신경학적 반응에 의해 싸우거나 도망치거나 꼼작하지 않고 가만히 있는 등 대처를 위한 다양한 태도로 준비하게 된다. 외상스트레스에 영향을 받은 아이들의 경우는 신경체계가 과잉작동하고 다른 사람에게 위험하지 않은 사건이나 상황이 그들에게는 위험으로 인지된다. 이러한 신경계의 자극으로 인해 많은 아이들은(성인도 포함) 그들의 반응에 있어 꼼짝없이 고착되거나 덜 융통성있게 되도록 만든다. 꾸물거리거나 회피하는 행동은 예상치 못한 두려움을 줄이려고 할 때 또는 스스로 통제하려고 시도할 때 표면으로 드러나게 된다.

불쾌한 감정과 느낌에 대해 회피하려는 아동의 심리에 영향을 미친 서구문화의 한 측면은 우리로 하여금 아동교육에서 어떠한 일로 인해 아동을 화나게 만드는 것이 있으면 주의를 돌려 기분전환을 시키도록 가르쳐왔다. 이것은 단기적으로는 효과가 있지만 억압은 감정과 느낌을 몰아내어 의식적 인식 밖으로 나가게 한다. 그러므로 이 감정들은 휴면상태에 놓이게 되고 아동의 선택에 지속적으로 영향을 미치게 된다.

이러한 결과, 어떤 아이들은 심리적 외상이 되는 사건과 경험을 다시 떠올리는 것을 거부하는 반면에 미래의 두려움에 대해 세부적으로 논의하는 것은 기꺼이 하려고 한다. 이와 같은 미래에 대한 두려움은 인지적으로 수많은 왜곡을 초래하게 되고, 발달단계에 따라 이 두려움은 왜곡된 환상요소들로 채워지게 된다. 따라서 환상속의 미래사건은 원래의 외상사건이나 경험의 두려움 속에 뿌리박히게 된다. Frank A. Gerbode에 따르면, "TIR은 사람들이 어떤 것들에 대해 원치 않는 반감을 가지도록 만드는 부정적인 감정을 다스리고 해결하는 것"이라고 한다(Volkman, V. 2005).

그러한 아이들의 경우 Future TIR은 놀라운 원천이 된다. 이전에는 꺼리고 두려워했던 아이들이 좀 더 자발적으로 Future TIR에 참여하기로 동의하는 것을 나는 목격해왔다. 이는 그다지 잘 일어날 것 같지 않은 일뿐 아니라 자주 일어날 것 같은 일에도 효력이 있다. 미래의 두려운 사건에 대한 사람의 생각 속에는 고정된 믿음과 비합리적인 두려움이 담겨있는데, 이러한 것들은 Future TIR의 응용을 통해 그 강도가 줄어들거나 둔감하게 되거나 훨씬 더 유순하게 변할 수 있다.

Future TIR을 이용하여 치료를 할 때, 우리는 해결해야 할 문제 중 개인(아동 또는 성인)이 생각하는 최악의 시나리오를 가장 먼저 시작한다. 어느 정도의 탐구를 마친 후 시작점을 확인하고 매개변수를 설정하기 위해 기간을 정하며 각 기간은 아동이 더 이상 흥미를 가지지 않을 때까지로 정한다. 이 시점에서 아동은 좀 더 나아진 시나리오를 상상하고 사건을 다시 한 번 살펴보고 점점 더 나아진 시나리오를 만들어 간다. 즉 아동은 그 시나리오에 흥미를 가지거나 흥미를 잃어버림으로써 또 다른 시나리오로 기꺼이 옮겨가게 된다.

이 일을 하는 동안, 클라이언트는 가능한 자원이나 도움을 주는 기존의 또는 새로운 방법을 인식하게 된다. 이 회기는 아동이 처음에 두려워했던 사건이나 상황에 대해 더 이상 고통을 당하지 않을 때 종료된다. 아이들은 무시무시한 사건을 잘 해결할 수 있다고 느끼면서 안정감을 되찾게 된다. 무서움이 감소되거나 좀 더 가능한 변화가 이루어지고 회복가능성은 점점 더 증가되어 보다 더 고양된 정서적, 인지적 유동성을 가지게 된다.

걸음마기 아동부터 청소년에 이르기까지 Future TIR이 사용된 방법들의 예시는 다음과 같다.

마이클의 미래에 대한 두려움

마이클은 매우 정서적으로 불안하고 다소 미성숙하고 민감한 10세 소년으로, 또래에 비해 체격이 크지만 두려움이 많았다. 1학년 때부터 그는 친구들로부터 비웃음을 받거나 모욕을 당하며 따돌림을 당하는 사건들을 경험했다. 시간이 지날수록 언어적 괴롭힘은 더욱 심해졌고 나중에는 신체적 괴롭힘도 있었다. 친구들은 그를 밀치거나 쿡쿡 찌르거나 걸려 넘어지게 했다. 마이클은 어린 시절 언어치료를 받았지만 여전히 자신에 대해 언어로 자신감 있게 표현하지 못했다. 마이클은 늘 혼자 있고 사람의 눈에 잘 띄지 않으려했지만 그의 큰 체격은 울거나 숨으려는 경향을 오히려 더 두드러지게 만들었다.

마이클이 나에게 도움을 받으러 왔을 당시 그는 모든 사회적 접촉을 피했고 매일 많은 아이들로부터 괴롭힘을 당하고 있었다. 그런 친구들의 태도에 마이클은 점점 타인을 믿지 못하는 성격으로 변해갔으므로 마이클을 도와주려는 친구들도 그를 도울 수가 없었다. 마이클은 이러한 모든 어려움이 시작되었던 1학년 때의 사건을 넌지시 내비치기는 했지만 이에 대해 자세히 이야기하는 것은 원치 않았다. 그러나 다음날 2회기에 걸쳐 TIR과 변형된 Future TIR이 소개되었고 이것을 시도해 보기로 동의했다. 마이클은 학교에 가는 것에 대한 두려움과 지속적인 복통을 가지고 있었고 집으로 귀가할 때는 부모에게 전화해서 데리러 오라고 했다.

마이클은 학교에 가기 싫어하는 증상을 가진 아이들의 유형에서 볼 수 있는 모든 특성을 가지고 있었으므로 우리는 이 문제를 감소시키기 위해 가능한 빨리 Future TIR로 넘어가기로 결정했다. 회기시작에서 마이클은 소극적이고 긴장된 태도로 시작했지만 일단 시나리오에 들어간 후에는 이 과정에 완전히 몰입할 수 있었다. 마이클은 첫 번째 시나리오를 세 차례 반복했고, 좀 더 좋은 시나리오를 만들어 보라고 권유받는 과정을 거치면서 1학년 때의 일을 말할 수 있을 정도로 변화가 일어났다. 그 이후에 7번의 시나리오를 경험하면서 점점 덜 긴장하고 타인의 행동에 더 많은 눈물을 흘리거나 부끄러움을 느끼고 차분해져 가는 특징적인 변화들이 일어났다. 마이클은 좀 더 좋은 또 다른 시나리오를 작성해 보라고 권유 받은 후, 두 차례 더 반복하더니 안도의 깊은 한숨과 미소를 지었다.

다음 회기에서 마이클의 엄마는 그동안의 변화에 대해 이야기하며 한껏 들떠있었다. 이제는 좀 더 쉽게 학교에 갈 수 있게 되었고, 주 중에 나쁜 꿈도 꾸지 않았고, 학교로 데리러 오라는 전화도 하지 않았다. 마이클의 선생님이 교실에서 보이는 아이의 자신감 있는 행동을 발견하고 이야기해 올 정도로 변화가 있었다.

시간이 지나면서 마이클은 더욱 자신감 있게 행동하기 시작했으며 나를 만나러 올 때도 활짝 미소를 지으며 들어왔고 상담에서도 보다 더 안정된 모습을 보였다. 다른 친구들이 더 이상 자신을 괴롭히지 않는 것과 자신의 긍정적인 변화에 대해 나와 시선을 마주치며 이야기하곤 했다. 마이클은 TIR을 할 준비가 되어있음을 보여주는 두 가지 사건들을 이야기했고 이제는 친구들을 집에 데려와 함께 놀 미래계획에 대해서도 이야기했다. 괴롭히는 행동과 관련된 주제별 TIR을 완성한 후, 마이클은 이러한 상황을 만드는데 있어 자신도 기여하는 점이 있다는 사실을 인식하고 자신의 개인적인 힘을 키우기로 결심하였다.

4개월 동안 마이클은 또래들과 아무런 어려움이 없었다고 보고했다. 이제는 자신이 겪었던 괴롭힘에 대해 새로운 시각을 갖게 되었으며 더 이상 혼자 있지 않았고 다른 사람들로부터 괴롭힘을 당하지도 않았다. 그는 더 이상 수치심이나 무력감이 생기지 않았고 문제해결능력은 증가했다. 다른 사람들에게 도움을 요청하기도 하고 자신과 타인 모두를 위해 긍정적인 관계를 유지하고자 하는 노력에 대해 말하기도 했다.

마이클의 학교출석은 규칙적이 되었고 학습에 대한 집중력 또한 향상되었다. 학교성적도 좋아졌고 친한 친구도 한명 사귀어 그 아이 집에서 놀 계획도 세웠다. 마이클의 사교성도 점차 개발되었고 독립성 또한 적절하게 증가했다. Future TIR회기는 만족스럽게 1학년 때의 사건을 통합시켰고 그 결과 그에게 엄청난 안도감을 주었다.

트로이의 분리불안

주로 원치 않는 감정은 TIR을 통해 지접적으로 디루어질 수 있으나 때때루 클라이언트의 관심은 시나지게 미래에 초점이 맞추어져 있을 수 있는데, 이때가 Future TIR을 시작하기에 가장 좋은 때이다. 두려운 미래의 사건을 다루는 것은 마음의 짐을 덜어주는 것을 의미하며, 이전에는 접근할 수 없었던 과거의 사건을 명백하게 볼 수 있는 수준에 도달할 때 까지 변화하는 것을 의미한다. 11세인 트로이는 친구와 밤샘파티(함께 자며 놀기)를 함께할 때 일어나는 강한 불안감을 성공적으로 해결하기 위해 Future TIR을 사용하기로 했다. 그는 또한 학교에서 주최하는 여행을 갈 때 집을 떠나야 하는 불안감이 있었는데, Future TIR을 통해 그 또한 떨쳐버릴 수 있게 되었다.

분리불안은 버려지는 것에 대한 두려움을 회피하고자 하는 정서이다. 분리불안을 해결하고자 몸부림치고 있는 아동과 치료회기를 가질 때, 치료자가 불안을 공유하고 있는 부모의 이슈를 찾아내고 문제를 해결하는 과정에 부모를 참여시킬 때, 아동은 가장 큰 도움을 받을 수 있다. 그러나 부모가 그들 자신의 역할을 완수함으로써 아동을 도울 수 있다는 사실을 충분히 깨닫지 않고서는 TIR참여가 쉽지 않으므로, 부모의 자발적인 참여를 위해 이해를 돕는 과정이 우선이다. 다음의 이야기는 이 과정을 잘 보여준다.

트로이는 예민한 성격을 가진 소년으로 엄마와 매우 가까웠다. 트로이의 엄마 역시 알코올중독자이자 약물 중독자였던 그녀의 어머니(트로이의 외할머니)로부터 버림받았다고 느껴왔다. 트로이의 엄마 자신이 버려질 것에 대한 두려움에 사로잡히게 될 때, 즉 엄마가 정서적 결핍을 느낄 때에 트로이는 버려지는 느낌을 갖게 된다고 했다. 트로이의 미래에 대한 염려가 해소되자 트로이와 엄마는 서로를 잃어버릴지도 모른다는 공통된 두려움을 해결하기 위해 TIR를 사용하기로 동의했다. 그들이 해결하기로 결정한 사건은 트로이가 처음으로 유치원에 간 날이었다. 트로이는 자신을 학교에 내려줄 때 엄마가 느꼈을 고통과 두려움을 의식했다고 말했다. 이것이 매우 혼란스럽고 트로이로 하여금 경계심을 갖게 하며 자신의 불안감과 두려움에 기여한다는 것을 깨달았다. 그 회기의 과정은 빠르고 쉽게 전개되었고 종료 시간이 다가오면서 트로이는 진정되고 회기를 잘 마무리할 수 있었다.

트로이의 엄마상담은 유치원에서 트로이와 작별인사를 하는 시점에서 시작했고, 트로이는 버려짐의 공포라는 주제를 가진 이전의 수많은 사건들로 거슬러 올라갔다. 이것은 훨씬 긴 치료과정이었고 성취하는 것 또한 많았다. 트로이의 엄마는 남편과의 헤어짐과 할머니의 죽음 그리고 유년 시절 외할머니의 중독증세가 나타날 때 트로이의 엄마를 정서적으로 신체적으로 방임했던 반복적인 사건들에 대해 종지부를 찍을 수 있었다. 이것이 트로이에게 미치는 영향은 즉각적이었다. 트로이는 감정적으로 마음의 부담이 줄어들었고 더 자주 행복감을 느꼈다. 긴장감이 감소하고 더 자발적이 되었고 일상생활에서도 자신감을 더 얻는 것처럼 보였다. 마지막 접촉시점에서 트로이의 엄마는 또 다른 치료자와 함께 그녀의 중요한 트라우마 역사에 대해 이야기하면서 더 긍정적이 되어갔다.

Future TIR은 또한 사회적 불안문제도 성공적으로 다룰 수 있다. 수업시간 중 질문에 답하기, 레스토랑에서 주문하기 위해 웨이터에게 접근하기, 전화 받기, 휴일에 놀러 갈 계획세우기, 연설준비하기와 같은 상황은 Future TIR을 가지고 아이들의 문제를 성공적으로 해결해왔다.

Future TIR은 미래에 대한 불안에 떨고 있고 과거를 기억하기 싫어하고 두려움에 떠는 아이들을 위해 매우 효과적인 접근방법이다. 좀 더 나이가 많은 아동의 경우는 차단된 곳을 뚫어주는 Unblocking기법이 효과적일 수 있다. 하지만 나의 경험에서 볼 때 Unblocking은 좀 더 어린 아동의 경우 너무 느리게 진행되고 인지적으로 어려울 수 있는 경향이 있다.

정 의

비 블록화 : 어떤 문제에 대한 수많은 정신적 블록들을 반복적으로 다룸으로써 결국 그 문제에 대한 모든 마음의 짐이 줄어들게 하는 과정(196쪽 참조)

Future TIR은 아이들의 관심을 끄는 지점에서 접촉되고 문제를 만날 수 있게 해준다. 미래에 대한 두려움을 해결하면, 아동은 안전감을 얻고 자신에 대해 높은 신뢰감을 갖게 되며 과거의 사건을 탐색하는데 있어 더 많은 자신감을 갖게 된다.

제 6 장 부모와 양육자가 아동의 트라우마를 효과적으로 다룰 수 있도록 힘 지지하기

제 2부의 12장과 이 장에서는 부모가 아이에게 이 기법을 사용하여 성공한 사례 중 두드러지는 예와 부모들이 사용할 수 있는 몇 가지 정서적 응급처치 방법을 제공한다.

본질적인 상담에서는 보통 이중적인 관계를 피하지만, 이 책 전반에 걸쳐 설명된 특별히 구조화된 유형의 치료적 영향은 클라이언트와 상담자가 이중관계 또는 다중관계를 가지는 그러한 상황에 매우 적합하고 또한 이전의 전통적인 치료모델보다 훨씬 더 효과적이다. 이 책의 도입부분에서 이미 논의되었고 앞의 여러장에서 언급되었던 “의사소통훈련과 용이한 규칙”은 안전에 대한 구조의 틀을 제공한다. 즉 두 가지 역할을 분리할 능력이 없다면 아무도 그러한 이중적인 관계를 취할 수 없다고 한다.

의료적 위기상황에서 어린아동 또는 유아에게 사용할 수 있는 기법

Jessica Hand-DeMaria

이것은 유아트라우마에 대해 내가 언급했던 몇 가지 진술과 우리의 아동사례 중 톰과의 경험에서 얻은 실증적(객관적)인 기법에 관한 것들이다.

[실증적기법이란 클라이언트의 관심이 내면의 정신세계보다는 물리적인 세계에 기울어지도록 하는 기법이다.]

유아의 실체는 애착에 기초를 두고 있다. 양육자와 유대감을 형성하고 유지하는 것은 영유아세계의 기본이 되는 측면이다. 아기에게 무슨 일이 일어나든지 간에 스트레스 기간에 가장 중요한 양육자로부터 분리되는 것은 트라우마를 촉발시키거나 추가시킬 수 있다. 아기는 혼자서는 생존할 수 없다. 아기는 이미 그것을 잘 알고 있다. [이 책의 주요부분에서는 특정 남자아이를 가리켰기 때문에 여기서는 그녀라는 용어를 사용하겠다. 물론 이것은 양쪽 모두의 성을 가진 아동에게 다 적용된다.] 그러므로 아기에게 생존은 자신의 생존에 헌신하는 사람과 가까이에 접촉할 수 있느냐 못하느냐에 달려 있다. 일반적으로 트라우마 기간 중에 아기는 신뢰할만한 양육자와 함께 있는 것에 의존한다. 아기에게는 "나중에"라는 것은 없다. 아기는 일정시간동안 혼자 남겨질 때 양육자가 곧 돌아올 것이라는 것을 알지 못한다. 트라우마 상황이 무엇이든 간에 친근한 사람이 항상 곁에 있어야만 한다. 아기는 자신을 스스로 보호할 수 없으며 다만 자신의 생존을 돌봐 줄 사람이 함께 있다는 것을 알 때 무시무시하고 압도적인 모든 일들이 해결될 수 있다.

톰은 생후 12일째 되는 날 처음 병원에 입원했다. 심장이 좋지 않다고 진단되어 수술을 기다리고 있었다. 그 동안 토니와 나는 아기요람 옆 의자에 앉아 교대로 아기를 돌보았다. 톰을 안아줄 방법이 없었고 또한 눈 마주치기를 할 정도로 깨이있지도 않았다. 이 과정에서 갓난아기는 자궁에서 들었던 목소리를 선호한다는 사실이 입증되고 있었다. 톰은 너무 어려서 눈으로 우리를 알아보지 못했지만 목소리는 알아들었다. 우리는 몇 시간 동안 톰에게 부드럽게 노래를 불러주었고, 아기는 우리의 노래 소리에 진정되는 것이 눈에 띄게 보였다. 심지어는 아기에게 말을 걸면 목소리가 들리는 그쪽 방향으로 고개를 돌렸고 마음이 안정되어가는 효과를 보였다.

톰은 수술이후 몇 주 동안 신체적으로 제약되고 대부분의 시간동안 거의 의식이 없는 상태에서 생명 유지 장치를 착용하고 있었다. 튜브와 테이프, 거즈, 와이어로 덮여있었으므로, 우리가 의사소통을 유지할 수 있는 유일한 방법은 단지 앉아서 아기의 발에 손을 올려놓는 정도였다. 토니와 나는 5주 동안 매일 12시간씩 교대로 톰 옆에 앉아있었다. 그 시간동안 대부분을 우리는 톰의 발에 한 손을 올려놓고 부드럽게 말했고 때로는 톰 옆의 의자에서 꾸벅꾸벅 졸기도 했다. 이러한 가장 단순한 의사소통 방법조차도 톰을 안정시킬 수 있었다. 나는 정상적인 상호작용 없이 몇 주를 보냈기 때문에 톰이 우리를 낯선 사람으로 여길까 두려워했지만 톰과 단순하고 지속적인 의사소통을 해온 결과는 주목할 만했다. 톰이 우리를 원한다는 것은 즉각적으로 나타났다. 튜브와 와이어를 제거한 순간 톰은 안도감을 가지고 우리 쪽으로 몸을 기울였고 작은 원숭이처럼 매달렸다. 어떤 다른 사람이 자기에게 접근하면 울고 긴장하고 불안해했다.

집으로 돌아온 후 톰은 대부분의 아기들이 주위환경과 상호작용을 시작하는 한 살 된 아기의 모습과는 다소 다른 모습을 보이는 것 같았다. 톰은 신체에 대한 물리적인 개입과 고통에 압도되어 다른 정상적인 아기의 호기심과 주변을 탐색하는 모습을 보이지 못했다. 톰은 팔을 흔들지 않았고 손을 뻗어 물건을 집지도 않았으며 물건 쪽으로 관심을 가지지도 않았다. 신체적으로는 충분히 그러한 행동을 할 수 있을 정도였지만 그 사실조차도 알지 못하는 것 같았다. 그래서 우리는 톰이 현실을 느끼도록 돕기 위해 매우 단순하고 객관적인 기법을 사용할 계획을 세웠다. 아기와 함께 하는 객관적인 기법은 창의적이고 누구에게나 실제적인 의사소통 수준에 기초하고 있어야 했다. 그래서 우리는 톰이 배가 부르고 편안한 상태일 때 언어적 소통을 시도해 보기로 했다. 먼저 좋은 시각적 의사소통인 눈 마주치기와 같은 방법으로 아기가 내 얼굴에 주목하도록 유도했다. 톰이 나와 함께 있다고 느낄 때 나는 한 단어로 된 "오우" "아하" 같은 소리를 내면서, 그것이 지금까지 내가 말한 것 중 가장 훌륭한 것 인양 그 단어를 말하고 기대감을 가지고 톰을 바라보았다. 종종 톰은 눈썹을 치켜들고 무언가를 느끼듯 되돌아보았다. 그러한 반응을 보일 때마다 나는 "고마워"라는 말로 인정해주었고 종종 땡큐라는 말로 지지해 주었다. 그런 다음 나는 "오우"라는 소리를 냈고 이것이 마치 세상에서 가장 멋진 소리인 듯 그리고 모든 즐거움이 그 단어 속에서 흘러 들어오듯이 말했다. 톰은 내가 하는 소리를 흉내 내기 시작했고 똑같은 소리로 대답했다. 물론 그럴 때마다 톰이 반응한 소리를 적극적으로 칭찬해 주었다. 우리는 항상 톰에게 말을 걸었지만 톰이 모방할 수 없는 많은 소리들은 톰이 다룰 수 있는 한 음절로 된 소리와는 다른 영향력을 가졌다. 한음절짜리 단어는 톰을 매혹 시켰다. 때때로 여러 차례 이 단어를 연습한 후 톰은 내 소리의 높이까지 완벽히 모방했다. 톰은 내가 "오우, 와우" 그것은 대단한 소리인데 하고 말할 때 엄마가 자신의 소리를 듣고 있다는 사실을 알아챘다. 그것은 톰의 얼굴에 드러나기 시작했고 몸 전체로 퍼졌다. 박수를 치고 발을 움찔움찔 움직였고 얼굴에 많은 미소와 주름을 만들어냈다. 그러고 나서 톰은 "오우, 아"를 연속해서 만들어 내기 시작했고 그럴 때마다 무언가를 기대하는 표정으로 우리를 바라보기 시작했다. 톰의 모든 반응에 우리가 귀 기울이자 톰의 눈은 호기심과 흥미로 반짝였다.

톰이 선호하고 애정을 느꼈던 또 다른 간단한 실증적인 기법은 토니가 한손에 하나씩 톰의 발을 잡고 조깅하는 모습으로 발을 움직이는 것이었다. 토니는 "거리를 내려가다가 만난 사람에게 나는 안녕이라고 말했지, 그리고 그 다음에 울타리를 점프했지"라는 노래를 불렀다. 점프라는 가사에 맞추어 톰은 작은 발을 재빨리 흔들었고 마치 길에서 어떤 장애물을 점프하는 것처럼 한쪽으로 조심스럽게 움직이면서 무척 좋아했다. 팔을 들고 "아아"라고 소리치며 웃었다.

10개월쯤 되었을 때 톰은 "까꿍 놀이"를 좋아했다. 진정제를 맞아야 하는 짧은 치료과정이 그 달에 이루어졌다. 토니와 나는 톰이 진정제로부터 깨어나는 순간 옆에 있으면서 위로를 주고 그를 지켜보는 것이 매우 중요하다고 느꼈다. 톰이 눈을 뜨고 우리를 바라보며 미소를 짓고 "바보"라고 말할 때 우리가 얼마나 놀랐을지 상상해 보라. 그러한 농담과 함께 톰은 이를 드러내놓고 웃었다. 두 달 후 중요한 심장개복수술 이후 톰은 눈을 뜨고 사려 깊게 우리를 바라보다가 눈을 감으며 "Key Ee Kah"라고 단호하게 말했다. 이것은 우리가 수술 전 마지막으로 배웠던 단어 "Kitty Cat"였다. 토니와 나는 그것이 톰이 우리에게 한 "난 괜찮아, 나 여기 있어, 그러니까 걱정하지마" 라는 표현으로 이해했다. 톰은 아마도 우리를 안정시키려는 완전한 의사소통 방법으로 그 단어를 선택했던 것 같다. 톰은 우리에게 마지막 말을 한 이후 24시간 동안 무의식상태에 있었다. 우리는 그 시간동안 내내 너무 걱정이 되어 몸이 아플 지경이었지만 견뎌낼 수 있었다.

톰의 수술을 기다리면서 무척이나 걱정스러웠던 하루 동안, 우리는 여러 차례의 "힘을 실어주는" 실증적 기법들을 사용했다. 우리의 좋은 여자 친구이자 톰의 수호천사는, 시련을 겪는 동안 톰에게 힘을 실어주는 것은 톰이 직면한 모든 압도적인 자극에 대해 가장 유용하게 반응하는 것임을 우리에게 알려주었다. 그것을 마음속에 새기고 톰에게 통제감을 줄 수 있는 창의적인 방법을 개발함으로써 수술 전날을 무사히 잘 보냈다. 톰은 정맥으로 들어가는 막대기에 연결되어 있었고 큰 수술 전 8시간동안 음식과 음료를 금지해야했다. 톰은 우리가 아무리 즐겁게 해주려고 애써도 웃지 않았다.

우리는 선물가게에서 작고 부드러운 공을 찾아냈다. 톰은 무언가를 반복적으로 떨어뜨리는 것에 매혹되는 한 살 나이였다. 토니와 나는 공을 떨어뜨리는 놀이를 했고 다른 한명이 그것을 찾아서 되돌려주는 놀이를 했다. 우리는 진지하고 흥미 있는 척 했고 한 사람에서 다른 한사람으로 공을 전달하며 주고받는 활동을 했다. 톰은 이 놀이에 매료되었다. 우리가 공을 건네면 톰은 공을 받는 즉시 다시 떨어뜨리고 우리가 반응하기를 기대하는 하는 듯이 우리를 바라보았다. 우리는 달려가서 공을 집어와 그것을 다시 돌려주었다. 이러한 공놀이의 반복과정에서 톰은 다시 스스로를 완전히 통제하고 있었다. 단지 작은 공을 떨어뜨리는 것만으로 의사소통을 회복했고 그 아이를 현재에 존재하도록 했다. 이것은 톰이 잃어버렸던 통제력이었고 회복하기 원하는 통제력이었다. 톰의 정서적 수준(그의 눈과 표정에 전반적으로 드러나는 기운)은 즉시 향상되었다. 게임에 싫증이 나기 전까지 톰은 수 십 번의 공을 되돌려 받았다고 생각된다.

게다가 우리는 "너무 강해"라고 말하는 다소 실증적인 기법을 사용했다. 톰은 우리의 팔을 꼬집거나 쿡 찌르거나 꽉 눌렀고 우리는 그의 힘에 완전히 압도되었다. "너무 강해!" 우리는 진짜 놀라서 소리치곤 했으며 병원바닥에 쿵 나가떨어질 정도로 무척 놀랐다. 톰은 이러한 놀이적 환경에 영향을 받은 것 같았고 스스로 그러한 효과를 만든 것이 기쁜 것 같았다. 톰은 더 큰 효과를 만들어 갈수록 더욱 좋아했으며 이 모든 일에 전율을 느꼈다. 톰이 단 한번 세게 꼬집었을 때 엄마가 어안이 벙벙해지며 "너무 강해"라고 말했던 것에 매우 신났던 것 같다.

우리는 톰이 잠들 때 까지 온종일 함께했다. 나중에 엄청나게 강력하고 무서운 것으로 기록될만한 것들이 사실 완전히 간과되거나 잊혀졌다.

이 사례에서 기억해야 할 핵심은 개입목표에 어떤 도움이 되느냐 아니냐는 부모가 아동의 현실에 주목하고 걱정해주고 애착을 느끼는지 아닌지에 달려있다. 아이의 의사소통 수준과 목표가 자연스럽게 연관성을 가질 때 그때 효과가 있을 것이다. 나는 톰을 매료시키는 모든 상호작용은 이 목표에 자연스러운 기초를 두고 있어야 한다는 것을 발견했다.

종료시점이 지난 이후에는 이 기법을 계속 사용하지 않는다. 아기는 자신이 의사소통을 끝냈을 때를 정확히 안다. 아기와 의사소통할 때에는 항상 아기의 신호를 당신의 가이드로 삼을 필요가 있다. 아기의 통제의식은 당신이 아기의 반응을 얼마나 이해하고 귀 기울여 주는가에 달려있다.

톰을 업거나 안아주고 흔들어주거나 달래주는 것과 같은 평범한 바램을 요구하는 것처럼 보일 때 단순하고 실증적인 의사소통은 톰을 안심시키고 적응시키는 매우 유용한 도구가 된다는 사실을 깨달았다. 이것은 특히 의료적 상태나 치료법 때문에 전혀 톰을 안아줄 수 없을 때 더욱 그러했다. 이것은 매우 직관적이고 "끊임없이 활동하는" 기법으로, 톰에게 관심을 끌만한 실제적인 것들을 토대로 우리가 함께 만들어낸 기법이었다. 한 아이의 관심을 사로잡는데 효과적인 방법이 다른 아이에게는 효과가 없을지 모른다. 만약 당신이 이 상황에 처한 부모라면 아기에 대한 사랑과 지식을 쌓아야 한다. 주의를 기울이고 아기가 보내는 신호를 잘 읽어야 한다. 아기는 당신이 노력하고 있다는 사실을 잘 알고 있으며 또한 누군가가 자기를 지지해주고 사랑해주고 도와주기 위해 항상 거기에 있다는 것도 잘 안다. 당신이 아기를 돕거나 의사소통하기위해 할 수 있는 것이 아무것도 없는 것처럼 보일 때조차도 당신이 단순히 아기 옆에 존재하는 것만으로도 큰 차이를 만들 수 있다. 당신이 스스로는 말도 못하고 질문도 못하고 아무것도 할 수 없는 아동의 세계에 있다고 상상해 보아라. 누군가가 옆에서 눈을 떼지 않고 잘 보살펴 주며 항상 도울 준비가 되어있다는 사실을 아는 것 그것이 바로 가장 큰 차이를 만들어준다.

만지고 놓아주라.

Renee Carmody가 만든 신속하고 훌륭한 정서적 응급처치법

이 기법은 그 이름만큼이나 간단하다.

1. 치료자 : "__________를 만져라."(한 물체를 가리키고 이름을 불러라)
2. 아 동 : (그 물체를 만진다)
3. 치료자 : 인정해주는 말을 해라. 예를 들어 "굿", "오케이", "좋아"
4. 치료자 : "__________을 놓아라."(물체의 이름을 말하라)
5. 아 동 : 손을 떼서 물체를 놓는다.
6. 치료자(위에서처럼 인정해 주는 말을 한다)
7. 감정척도에서 어떤 정서적 변화가 감지될 때 까지 또는 아동이 이 활동에 흥미와 관심을 잃을때까지 반복하라.

이 기법을 사용한 사례 중 가장 기억나는 두 가지 사건이 있다. 한 사건은 12세 소년으로 그는 아빠의 사업장에서 함께 있는 동안 아빠가 총에 맞아 살해되는 것을 목격한 사례였다. 소년은 아빠의 초상화가 걸려있는 방에 들어가지 않으려고 했다. 나는 상담시간에 그 집을 방문하여 소년에게 아빠의 초상화를 만져보고 놓아주라고 했다. 처음에는 이 행위가 소년에게 매우 어려운 일이었지만 끝 무렵에는 아빠의 사진을 껴안을 수 있게 되었다.

또 다른 사건은 괴물과 관련한 악몽을 꾸는 8세 소녀의 사례이다. 나는 소녀에게 괴물그림을 그려 보라고 요청했고, 그 후 우리는 그 괴물이 더 이상 마음에 부담이 되지 않을때까지 그림을 손으로 만졌다 놓았다하기를 반복했다.

우리는 이 간단한 기법이 매우 효율적이라는 것을 발견했고 특히 외상경험을 언어로 표현하지 못하는 어린아동에게는 더욱 효과적이었다.

아동을 위한 두 가지 간단한 치료법

Marian K. Volkman

이 치료법은 주로 TIR이 적합하지 않을 때 스트레스가 되는 상황에서 간단히 사용할 수 있는 기법이다. 압도되었거나 절망적인 사람들 또는 최근에 부상을 당했거나 매우 힘든 일이 닥친 모든 연령대의 사람들에게 유용하다.

이 간단한 두 가지 치료법은 부상을 당했거나 건강이 좋지 않은 아동에게 도움이 될 수 있고 부모에게는 아주 간단한 응급처치 도구가 될 수 있다. 분명한 어떤 신체적인 문제가 없을 때조차도 이 기법은 의미 있으며, 대개는 예기치 않은 혼란 상황에 있는 아동에게 안도감을 주기 위해 사용할 수도 있다. 성인들의 경우처럼 우리는 아동이 자발적으로 참여하려는 의지 없이는 이 기법을 시작하거나 지속할 수 없다.

아동과 상담을 하면서 당면하는 문제들 중 하나는 아동이 어떤 것에 대한 마음의 부담을 매우 빠르게 해소할 수 있다는 사실을 성인들은 종종 믿지 못한다는 것이다. 그러므로 종료 시점에 주의해야 한다. 특히 이 치료법과 같은 간단한 기법을 사용할 때는 더욱 주의가 필요하다. 당신이 하고 있는 접근에 대해 아동의 주의력이 떨어질 때 성인들은 이것을 아동의 주의산만 또는 회피로 잘못 이해할 수 있다. 이것은 아동의 종료시점이 가까워졌다는 암시를 주는 것인지도 모른다. 아동의 관심이 해방되고자 하는 내적욕구에서 벗어나 현재의 순간이나 현재의 외부환경으로 욕구의 초점이 이동할 때 이것은 종료시점을 알려주는 핵심요소가 된다. 의심스러울 때는 "지금 어떠니?"라고 물어보아라. 이것을 몇 번 반복한 것만으로도 아동으로 하여금 현재상황을 점검해보게 하고 기분을 좋게할 수 있다. 그리고 아동이 회기를 계속하는 것에 흥미가 없다면 그것은 멈추어야 할 좋은 시점일 수 있다. 관심이 외부로 향하는 시점을 지나 회기를 지속한다면 아동은 다음 시간에 이것을 다시 시도해 볼 때 더 꺼려하게 될 것이다. 또한 한 번의 치료회기에 모든 것을 다 해결하려 노력하는 것 보다는 아동이 자발적인 참여자가 될 정도로만 매일 그날 해야 할 적은 분량을 하는 것이 훨씬 효과적이다.

치료법 A :

“__________를 만져라(신체의 일부)”

상식을 사용하라. 만일 아동이 넘어졌거나 무릎이 다쳤다면 다친 아동에게 “너의 무릎을 만져라”와 같은 말을 하지는 않을 것이다. 왜냐하면 아프기 때문이다. 아마도 당신은 “다리”라고 소리칠 것이고 몇 번 더 무릎 위의 부분을 쓰다듬고 그리고 다른 쪽 다리로 바꾸거나 무릎아래 다리를 만져볼 것이다. 이와 같은 **접촉법**을 훈련받은 사람들은 이것이 단순화된 방법임을 알아차릴 것이다. 당신이 클라이언트에게 제시한 일 마다 반드시 지지의 말을 잊지 말아야 한다(예를 들어 “굿”, “오케이”, “좋아” 등등).

치료법 B :

“__________에 접근하라(신체의 일부)”

아픈 신체부위 뿐 아니라 아프지 않은 신체부위에도 관심을 갖는 것도 좋은 방법이다. 몸의 양쪽 신체부위에 아동이 주의를 기울이도록 하라. 이것은 성인클라이언트를 대상으로 하는 “몸을 이용한 의사소통기법”에 점진적으로 접근하는 방법이다. 다시 종료시점은 얼굴이 다소 밝아지거나 어떤 대상이든 외부의 대상에 주의를 기울일 때이다. 당신은 아동과 함께하는 치료법 A와 B를 연속적으로 사용할 수 있다. 단, 둘 중 하나를 먼저 사용하고 아이에게 “또 다른 하나도 해 보겠니?”라고 물어보아야 한다. 특히 주의집중을 할 수 있는 시간이 그다지 길지 않은 클라이언트를 만나고 있다면 이 방법을 누구에게든 적용시키지 못 할 이유는 없다. 다만 모든 치료법에서 그러하듯 사전개입으로서 응급처치가 먼저 이루어지고 치료가 이루어져야 한다.

제 7 장 아동과 함께 한 메타심리와 TIR의 기초

James Logan, RCC

[James Logan은 캐나다의 British Columbia에 등록된 임상심리사이다.]

집단뿐 아니라 개인적으로 아동과 그들의 부모와 함께 일한 30여 년 간의 경험 속에서 나는 가장 나이어린 연령대의 클라이언트 치료도 가능하게 하기 위해 다양한 행동적, 교육적, 표현적 치료법들을 상황에 맞게 조정하고 바꾸어왔다. 나는 충격적인 사건감소(TIR)와 생활스트레스 감소에 대한 메타심리학적기법을 사용하여 아동과 부모 둘 다에서 매우 흥미로운 결과를 얻었다. 이전에 여러 차례 회기를 가졌으나 완전한 해결책 없이 끝났던 클라이언트 문제를 해결할 수 있다는 것은 큰 선물이었다. 특정 사건이나 생활상의 스트레스에 노출된 클라이언트에게 생활스트레스를 감소시키는 프로토콜은 효과적인 접근법이다. 물론 전통적인 접근법은 비록 그들이 오랜 기간 고통과 기능장애와 스트레스와 같은 불필요한 증상을 경험한 경향이 있을지라도 잠재적으로 클라이언트를 변화하도록 만드는 결과를 가져온다. 그럼에도 내가 새로운 도구를 필요로 하는 곳에서 TIR과 메타심리학을 발견한 것은 매우 운이 좋았다.

ADHD를 가진 한 소년의 사례

ADHD(주의력결핍과잉행동장애)로 진단되어 약물처방을 받고 있었던 한 10세 소년의 놀라운 성공 사례가 있다. 이 소년은 처음으로 그룹 생일파티를 열게 되어 기뻤지만, 성공적으로 파티를 진행할 수 있을지 매우 걱정되었다. 초기면담 동안 소년은 다가오는 생일파티에 대한 걱정을 표출했다. 응용 메타심리학에서 우리는 항상 클라이언트의 관심사를 가장 중요한 것으로 보았기 때문에 나는 즉시 그의 관심사를 인정하고 잠시 면담을 중지했다.

소년은 생일파티에 초대된 친구들이 파티에서 잘 어울릴 수 있을지 걱정했기 때문에 우리는 이 문제를 가장 먼저 다루어야 했다. 이를 위해 나는 생일파티에 관하여 "중요하거나/중요하지 않은"이라고 알려진 생활스트레스 감소기법을 사용했다. ["______________에 대하여 무엇이 중요한가" 그리고 "_____________ 대하여 무엇이 중요하지 않은가"와 같은 형태로 반복적으로 질문하는 기법]을 사용했다. 소년은 10분 이내에 성공적인 종료시점에 도달했고 우리는 초기면담을 끝마칠 수 있었다.

다음 회기에서 소년은 생일파티 문제가 완전히 해결된 것 같다고 말하면서 이전의 두려움을 어떻게 해결했는지 자랑스럽게 이야기했다. 그는 초대한 친구들 각각에게 파티에 참석할 수 있는지에 대해 미리 알려달라고 했다. 이것은 이전의 염려수준을 고려해 볼 때 그에게 문제해결을 위한 돌파구였다. 모든 친구들이 생일파티에 참여했고 정말 즐거운 시간을 가졌다고 말했으므로 나는 그의 성공을 충분히 축하해주었다.

아동의 주의력 집중시키기

아동과 함께 일한 경험이 많으면 많을수록 아동을 이해할 수 있는 능력은 더욱 향상될 것이다. TIR과 메타심리학에 대한 이해가 깊어질수록 TIR과 메타심리학기법을 통해 가장 어린아동까지 안내하고 교육하기 위해 그 언어를 단순화시키는 핵심적인 요소가 무엇인지 찾아내기가 더 쉬워진다.

아동과 함께하는 TIR 치료자들에게 있어 도전과제는 아동의 나이와 이해수준에 알맞게 적절한 언어를 사용할 수 있고 그리고 근심에 찬 부모를 교육시킬 수 있도록 적절한 치료방식을 찾아내는 것이다. 아동과 함께 일하기 위해서는 아동의 다양한 욕구에 주목하면서 동시에 그들의 관심과 집중을 끌기 위해 회기 내내 지속적으로 경계를 늦추지 않아야 한다.

'아동에 초점을 맞춘' 지식과 경험을 더욱 강화하기 위해 아동이나 또는 대가족내의 자녀들 또는 친구의 자녀들과 함께 작업을 해보는 것이 필요하다. [성인이든 아동이든 또는 이중적이거나 다중적 인간관계를 가진 모든 사람들을 중재할 경우에도 물론 특별한 주의를 기울여야 한다. 도입부분과 6장을 참조하길 바란다.] 교육기관이나 레크레이션기관에서 자원 봉사하는 것은 아이들과 상호작용하거나 아동을 관찰할 때 집중할 수 있는 기회를 줄 것이다. 성인뿐 아니라 아동과 함께할 때 가장 중요한 요소는 그들에게 진심이린 관심을 보여주고 경청하는 것이다.

TIR 훈련자료에 따르면 관심은 주의를 기울이는 것이라고 정의된다. 아동에게 집중하면서 아동과 의사소통하면서 긍정적인 결과를 얻을 수 있을 것이다. 그리고 아동의 눈을 통해 세상을 바라보려고 노력해야 한다. 아이들은 당신이 자기에게 진심인지 아닌지 재빨리 구별할 수 있고 그에 따라 반응할 것이다. 아동의 연령수준에 적절하게 일관성 있는 방식으로 모든 일에 대처해야 한다. 또한 아동이 드러내는 감정과 활동 및 참여에 대한 반응정도를 관찰해야 한다. 때때로 아동의 반응은 미묘하고 생각이나 아이디어는 한 주제나 아이디어로부터 다른 주제로 통통 튈지 모른다.

아이들은 감정적으로 너무 가깝거나 부담이 되는 주제로부터 화제를 전환할지도 모르며 어떤 경우에는 대화를 회피할 지도 모른다. 이는 그들이 아직 이 문제에 대해 이야기할 준비가 되지 않았다는 것을 의미하므로 치료자는 이야기 하도록 강요하지 않으면서 대화내용과 더불어 그들의 반응에 주목해야 한다. 훗날 그 부분에 대해 다룰 기회가 다시 찾아올지 모른다. 반면에 다른 아이들은 낮은 수준의 흥미만을 내비치고 또 다른 주제로 넘어 갈 것이다. 종종 이 새로운 주제는 그들의 사고와 태도에 있어 변화가 생겼음을 보여주며 또 어떤 경우에는 종료시점을 알려주는 증거일지도 모른다.

안전한 장소 만들기

TIR시행 내내 성인과 아동 둘 다 안전하다고 느껴야 한다. 우리로 하여금 진정으로 주의를 기울이게 하는데 용이한 지침은 규칙이다.[촉진규칙과 의사소통 훈련에 대하여 정보를 얻고 싶다면 이 책의 도입부분과 용어해설을 참조하면 된다.] TIR를 적용하는 치료자는 중립적인 태도를 가지고 그 사람이 경험한 모든 내용에 대해 판단하지 않으며 관심을 갖고 듣고 반응하도록 훈련받고 있다. 나는 개인적으로 TIR을 훈련받지 않았고 의사소통훈련의 장점을 발견하지 못한 임상의를 알고 지내왔다. 그는 클라이언트의 이야기를 들으면서 호흡이 빨라지고 지나치게 감정이입하는 등 개인적 반응을 보였는데 이 모든 것은 클라이언트의 결과에 매우 부정적인 영향을 끼쳤다.

타인으로부터 인정받고자 하는 욕구는 인간의 본성이며 더불어 아동이 성인으로부터 인정받고자 하는 것은 아동이 자신의 정서적안정과 기본적인 욕구를 충족시켜주는 성인에게 의존되어있기 때문이다. 아동은 자신이 의사소통할 때 사람들이 자기를 받아들이는지 받아들이지 않는지에 민감하게 반응하기 마련이다. 성인이 자기에게 어떻게 행동하기를 원하는지에 따라 성인에게 끊임없이 적응하며 살아왔기 때문에(저항하거나 물러서거나) 아동이 마음속의 진정한 자기감정을 관찰하는 것은 어려울 수 있다. 따라서 '의사소통훈련'을 숙달시키는 것이 매우 중요하다. 의사소통훈련은 아동클라이언트를 시기적절하게 주의집중시키고 인정해주면서 돕게 한다. 중요한 것은 아동과 상담하는 시간 내내 치료자가 평가자나 판단자로 인식되지 않는 것이 중요하다. 만약 아동에게 치료자가 평가자로 비치게 되면 사건을 탐색할 수 있는 기회를 차단해버리기 때문이다. 아동을 인정한다는 것은 당신이 차를 운전하는 동안 아동의 말에 귀 기울이는 것과 마찬가지일 수 있다. 당신은 아동과 함께 얼굴을 맞대고 그 아이가 하는 똑같은 말을 듣지 않아도 된다. 단지 당신이 자동차 앞 유리처럼 투명하게 되도록 노력해야 한다. 그러면 아동은 금지되어 있다는 느낌을 받지 않고 당신에게 이야기를 들려줄 것이다.

TIR를 사용하는 동안 아동은 무슨 말을 해도 안전하고 무슨 생각이든지 받아들여진다는 것을 재빨리 깨닫는다. 이러한 안정감이 확립될 때 아동은 당신이 듣고 싶어 하는 말을 하기보다는 자신이 원하는 말을 솔직하게 할 것이다. 이것은 또한 아동의 잠재의식에 접근할 수 있는 자연스러운 반응을 이끌어 낼 것이므로 정서적인 마음의 짐이 줄어들고 의미 있는 인지적변화가 아동에게서 나타날 것이다. 아동의 연령대에 적합한 언어를 사용하는 것이 필요하며 언제나 아동의 정확한 단어를 이해하고 사용해야 한다. 이 방법에는 주제를 연극화하기, 표현예술을 통해 의사소통하기, 감정적 변화 또는 태도를 설명하기와 같은 비언어적 의사소통방법이 포함되는데 이들 모두는 종료시점으로 도달하는 것을 촉진시켜주고 결과적으로 아동이 문제를 해결할 때 성공을 경험하면서 종료시점에 진입하게 한다.

자기세계의 전문가로서 아동

응용 메타심리학에서는 클라이언트 자신이 자기에 대한 최고의 전문가이고 자기 자신보다 더 자기의 주관적 경험을 잘 아는 사람은 없다고 주장한다. 인간은 본능적으로 최고로 잘 기능하고 건강하기 위해서는 무엇이 자신에게 필요한지 알고 있다. 하지만 정서적 자유로 가는 길은 반드시 자신의 의식적인 인식의 범위 내에서만 존재하는 것은 아니다. 수년 동안 유능한 클라이언트들을 만나 온 나는 클라이언트자신의 독특한 정신세계와 유사한 방법으로 자기문제를 해결할 수 있는 방법을 찾아내는 것이 오랜 소망이었다. 어떤 클라이언트들은 자신의 독특한 환경 속에서 독립적으로 작용하면서 자기만의 독특한 관점(바라보기 소재)을 찾아내고 알맞게 조정할 수 있다. TIR과 다른 생활스트레스 강조기법을 통해 나는 이 클라이언트들이 최상의 결과를 얻어내는 것을 목격하였다. TIR은 시행자에 의해 촉진되는 매우 훌륭한 접근법이지만 오직 클라이언트의 관심과 흥미로 안내되어야 한다. 나는 트라우마를 해결하고 마음의 짐을 줄이고 클라이언트의 결심과 성공을 인정하기 위해 안전과 구조를 제공할 뿐이다. 치료회기 사이에 나타나는 클라이언트들의 행동과 삶의 변화는 그들 자신과 주변사람들을 놀라게 한다. 회기사이에 계속 인지의 변화가 일어나는 것은 매우 흔한 일이며 이것은 지속적이고 보람있는 클라이언트와 치료자의 관계이다.

발달적 문제와 언어

어떤 그룹의 클라이언트들은 단순한 언어로 설명되는 기법을 요구한다. 예를 들어 영어를 제2언어로 사용하는 사람, 심적인 부담이 큰 사람, 문맹인 사람, 지적장애를 가진 사람이 그러한 경우이다. 언어사용은 아동의 나이와 이해수준에 적합하게 조절하며 선택하는 것이 도움된다. 예를 들어서 '방법론'이라는 단어를 '방법'들로 바꾸었고 '용어'를 '단어'라는 말로 바꾸었으며 동일한 의미를 유지하면서 언어를 단순화하려고 노력하였다.

성인의 경우에는 단어를 변환한다기보다는 동일한 규약을 따르는 기법을 사용했다. 아동의 인식이 변화하거나 분노의 감정이 회상되거나 경험될 때 새로운 자료를 모으고 추가했으며 또한 아동의 언어로 문제를 제시하려고 노력한다. 또한 감정/정서의 변화(메타심리학에서 지표라고 불린다)는 무엇이든지 괄호 속에 기록한다. 이렇게 함으로써 아동이 새로 나타난 관심이나 흥미영역을 해결할 수 있는지 없는지 확인한다. 이 기법들을 동일하게 사용하면서 동시에 아동의 세계관에 동반되는 빠르고 미묘한 인지변화에 대비해야 한다. 아이들은 일반적으로 성인들보다 더 빨리 이 일을 잘하고 쉽게 종료시점에 도달한다. 또 다른 차이는 아동이 말하는 방법에 있으며 이것은 아동의 나이, 언어능력, 어휘, 속어표현 사용 등에 따라 달라진다. 나는 의사소통의 80%를 음향효과만을 사용하는 아홉 살 소년을 만났었는데, 그의 언어 표현을 수용하면서 필요한 때에는 좀 더 구체적으로 말해 달라고 요청했다.

의사소통 속으로 들어가기

아동과 직접적인 시선접촉을 해보고 그들이 얼마나 편안하다고 느끼는지 재빨리 판단해야 한다. 아이들은 당신이 그들의 눈높이에 맞추어 주는 것을 좋아하는 반면에 어떤 아동은 당신에게 다가가도록 허락되는 것을 더 편안해하기도 한다. 또 다른 아동은 친해질 때 까지 수줍어하고 개인 공간(일정한 간격을 유지하는 것)을 필요로 하기도 한다. 아이들은 때때로 성인의 개인적인 공간(적정한 거리 유지)을 침범하기도 하므로 부드럽게 아이들을 잘 지도할 준비를 하고 적절한 경계선에 대해 잘 일러주어야 한다. 아동을 뻔히 바라보지 말고 조심스럽게 지켜

보아야 하며, 소심하거나 수줍어하는 아동이라면 방에 있는 다른 물건을 향해 시선을 돌려 주변시야를 통해 관찰하면 될 것이다.

첫 만남에서는 아동에게 흥미를 끌만한 것에 대해 이야기하는 것이 필요하다. 예를 들어 인형이나 장난감 또는 아동이 회기에 가지고 온 캐릭터, 사무실에 있는 어떤 흥미로워 하는 것들에 초점을 두어 이야기를 끌어가면서 아동의 흥미를 관찰할 필요가 있다. 만약에 아동이 자발적으로 그렇게 하지 않는다면 그 캐릭터와 관련하여 어떤 점이 가장 맘에 들었는지 물어볼 필요가 있으며, 이때 그들을 전문가인 것처럼 대하는 태도 또한 마음의 문을 여는데 도움이 된다. 치료자자신이 그 이야기에 대해 알고 있다 할지라도 그들의 설명에 의해 경험되어야 한다. 이것은 두 사람의 관계형성에 도움이 되고 또 면담이나 절차에 관한 질문을 할 때 그들의 반응을 측정하는 데에도 도움이 된다. 일단 그들이 이야기를 시작하면 그들의 흥미를 끄는 것에 대한 많은 정보를 쏟아낼 것이다. 보이는 관심에 대한 반응으로 마음이 불편한 이야기뿐만 아니라 가벼운 이야기도 다 할 것이다. 대부분의 아이들은 공연하기를 좋아하고 치료자를 청중으로 두고 싶어 한다. "나를 잘 봐요, 나를 잘 봐요!"라는 메시지를 전하면서 치료자가 완전히 집중해서 자기를 바라보기 원한다. 아이들을 흥분시키는 모든 것들에 초점을 기울이고 열정적으로 진실 되게 대해야 한다. 이것은 흥미를 느끼고 즐거운 분위기를 만들어 줄뿐 아니라 당신이 그들에게 요구하는 것을 자발적으로 따라오고 협력할 수 있게 도와준다.

어린아이들과 함께할 때 나는 이 방법을 명료하게 이해시키기 위해 간단한 예를 들어줄 뿐 아니라 필요한 경우에는 교육적인 내용도 가르쳐준다. 아이들은 할 말이 많지 않을 것이지만 빠른 속도로 다양한 기법을 이해하는 경향이 있다. 그러므로 아이들이 이 절차에 편안해 질 때 그 흐름을 잘 따라가되 그들이 보이는 징조나 조짐을 면밀히 관찰해야 한다. 또한 순환적 기법(종료시점에 이를 때 까지 하나 이상의 질문을 순서대로 반복하여 묻는 기법)에 대해 아동에게 가르칠 때 다음과 같이 말할 수 있다.

> "너를 돕기 위해 나는 질문을 할 것이고 그 질문으로 인해 너는 많은 생각을 하게 될 거야. 이때 너는 같은 질문을 여러번 듣게 될텐데 그로 인해 너는 그 질문에 대한 네 생각을 이야기 할 기회를 얻게 될 거야"

도움을 제공하기위해 반드시 필요한 규약에 적절하게 적응하면서 아동을 격려하기 위해 한 예를 사용한다.

의사소통에 어려움을 가진 아동

시선접촉을 피하는 11세 소녀와 함께한 한 사례가 있는데(나는 그녀가 무언가에 위축 되어 있다고 느꼈다), 그때 나는 '비 블록화'를 시행했고 이에 대해 소녀는 의미 없는 대답을 하면서 저항했다. 아동에게 직접 이야기하는 것이 효과가 없었으므로 나는 이 소녀에 대한 접근방향을 '회상목록'으로 바꾸었다. 이 방법을 통해서 우리는 협력관계를 성취할 수 있었고 다시 돌아와 '비 블록화'를 완성할 수 있었다.

[회상목록에 대한 예시를 위해서는 부록 A를 참조하고 특히 상담의 어려움이 나타날 경우 사용되는 마지막 리스트를 참조하기 바란다]

또 다른 회기에서 나는 기본적인 TIR를 통해 상상력이 풍부한 4세 아동을 중재할 수 있었다. 이 기법에서는 잘 알려진 사건이 다루어진다. 아동은 판지상자로 된 타임머신 안에 있는 척 했다. 나는 기본적인 TIR의 단계를 잘 따르면서 박스에 만들어진 창문을 통해 아동의 얼굴을 볼 수 있었다. 나는 아동에게 "이 일이 언제 일어났니? 너의 타임머신을 타고 그 때로 돌아가보렴"라는 약간의 응용을 사용한 이야기를 통해 아동은 그다지 심각하지 않은 외상사건의 각 단계를 잘 따를 수 있었다. 아동은 나와 얼굴을 마주보며 앉아있는 것을 불편하게 생각했기 때문에 사전에 아동과 나란히 앉을 수 있도록 좌석을 배치해 두었다. 아동은 "자폐성범주장애로 진단"되었는데 TIR과 생활스트레스 해소기법은 아동의 욕구에 적절하게 조절될 수 있었고 결과적으로 많은 도움이 되었다. 이 도구는 단계에 따라 계획대로 적절하게 사용할 경우 성인이나 좀 더 나이 든 아동들에게 보다 효과적인 것으로 밝혀졌다.

속도에 맞추기

아래의 내용은 아동에게 적절하게 속도를 맞추고 그 규약을 어떻게 적절하게 만들 수 있는가에 대한 예시를 보여준다. 언어적으로 반응이 늦은 12세의 이 소년은 내가 아는 사람 중 가장 반응이 늦은 소년이었다. 소년은 매우 영특했지만 정서적인 표현과 행동에서의 변화를 위해서는 상당한 섬세함과 꼼꼼함이 요구되었다. 게다가 소년은 심리학자와 이전에 부정적인 경험이 있었다. 그 심리학자의 접근법과 전략에는 질문에 대한 아동의 반응을 반박하는 내용이 포함되어 있었다. 그 결과 수 년 동안 소년은 전문적인 도움을 받게 하고 싶은 부모의 시도를 거부해 왔다.

나는 아동이 내가 하는 질문에 대답할 때 긍정적이고 기대에 찬 표정으로 기다리는 것이 우리의 관계에 얼마나 중요한 영향을 미칠지에 대해 이해하고 있었다. 나는 조심스럽게 소년의 속도에 맞추고 소년이 나에게 준 정보를 회기에 적절하게 조절하면서 그 규약을 따랐다. 소년이 "잘 몰라요"라고 대답할 때 무조건적인 수용으로 그를 받아들이고 반박하지 않았다. 왜냐하면 소년은 질문에 대한 자신의 답변을 치료자가 받아들이는지 받아 들이지 않는지에 매우 민감했기 때문이다. 가끔 소년은 뜻밖의 대답을 하곤 했었는데 나중에 생각해 보니 이것은 이전에 내가 했던 질문을 이제야 답한 것이었다.

소년의 엄마에 의하면, 이 아이는 여자형제와 비디오게임을 하거나 VCR을 프로그래밍 하는 것 이외에는 집안일을 거의 돕지 않았다고 했다. 면담에서 소년은 싱글 맘인 엄마에 대한 마음의 짐과 관련된 정서를 노출하였고 이로 인한 고통과 그러한 자신의 정서에 대해 높은 관심을 보였다. 2년 전(10세)에 소년은 엄마와 살기로 선택하고 주말에만 아빠를 방문했다. 나는 소년의 엄마에 대한 부담과 어려움을 해결하기 위해 사용할 프로그램을 포함한 사례관리계획을 세웠다. 어느 시점에서 나는 초기에 놓쳤던 종료시점을 찾았는데 눈에 띄는 그의 유일한 변화는 어깨가 1/2인치정도 내려앉은 긴장 풀린 모습이었다. 이것은 소년이 좀 더 편안해졌다는 것을 보여주는 유일한 증거였다.

우리가 만나는 과정에서 내가 의미 있게 감지할 만 한 일은 아무것도 일어나지 않았지만 가정에서 큰 차이가 나타나기 시작했다. 소년은 집으로 돌아간 다음 주부터 청소와 이사 준비를 돕기 위한 짐을 싸기 시작했고 또한 여동생들이 엄마를 돕도록 격려했다. 이러한 소년의 변화를 보면서 엄마는 매우 놀라워했다. 엄마는 그에게 청소를 하라고 요구한 적이 없었을 뿐만 아니라 그 이전에도 고무장갑이나 다른 청소도구를 사용하는 것을 전혀 본 적이 없었다. 나 또한 소년을 만나는 동안 집안일 돕기에 대해 그에게 이야기한 적이 없었다. 엄마에 대해 어떻게 느꼈는지 그리고 엄마를 돕기위해 자신은 무엇을 할 수 있는지 또는 어떻게 행동계획을 세우고 목표를 설정해야 하는지 등의 방법들에 대해 이야기한 적이 없었다. 그러한 소년이 이러한 변화들 보이는 것뿐만 아니라 일을 아주 잘해냈다는 것은 참으로 놀라운 변화였다.

만약에 전통적인 치료방법을 따랐다면 분명히 나는 이 소년에게 방해가 되었을 것이고 그의 효율적인 발전과 긍정적인 결과를 복잡하게 만드는 일련의 단계로 들어갔을 것이다. 그러나 그는 생활스트레스 해소기법을 사용함으로써 말 그대로 하룻밤 사이에 긍정적이고 적극적인 사람으로 변했다. 아마도 이 변화는 인지적인 의식의 변화를 통해서가 아니라 그가 혼자 힘으로 인식의 변화를 방해하는 생각들을 골라내어 스스로 협력적인 사람이 되어간 결과일 것이다. 요점은 소년이 이 기법의 효과를 나타내기 위해 무엇을 알고 있었는지 사전에 내가 알거나 추측할 필요가 없다는 사실이다.

모래상자

아동과 함께 작업을 할 때 여러 매체를 사용하지만 그중 모래상자는 나뿐만 아니라 아이들이 가장 좋아하는 매체 중 하나이다. 이것은 3:2의 비율로 된 직사각형 상자로 깊이는 8~12인치로 다양하며 깨끗한 모래로 반 쯤 채워져 다리가 있는 받침대 위에 올려져있고, 놀이를 위한 물건들은 손에 닿기 편할 정도인 아동의 허리높이에 있어야 한다. 학교에서는 모래놀이에 사용할 다양한 물품을 구비해 놓아야 한다는 관행이 있다. 모래상자 물품에는 다양한 동물 모형, 사람모형, 상징적인 3차원적 표지물, 신화 속 품목, 소품, 울타리, 벽, 나무, 건물과 자동차 등의 주제와 문제 및 이야기 줄거리 등의 놀이에 사용하기 위한 많은 것들이 있다.

모래상자에는 심지어 언어를 전혀 사용하지 않고서도 가족의 역동, 갈등, 도전과제 등의 상황을 나타내는 상징물들이 있다. 아이들은 이 물건들을 사용하고 나는 아이들이 놀이를 할 때 필요한 장면을 위해 요구하는 것들을 무엇이든지 가져다준다. 모래놀이치료는 성인과 함께하는 이야기치료와 유사한 아동치료법으로서 때때로 유용할 수 있지만 그리 흔하지는 않다. 모래놀이 활동기구는 아동의 흥미를 지속시키기 위해 사용되고 아동의 주도로 이루어진다. 이를 통해 치료자들은 간접적/비언어적 해석을 할 기회를 제공받는다. 모래놀이는 정신분석에 역사적 가치를 두고 있다. 나는 아이들과 대화를 이끌어 내기위해 모래상자를 사용해 왔고, 모래놀이 속에서 표현되는 언어적 비언어적 반응을 살펴보며 많은 경험을 했다.

적절하다고 느껴질 때 나는 언제든지 TIR과 메타심리학을 사용하면서 동시에 모래놀이를 통합시켰는데 이 방법은 아동의 치료상황에서 매우 효과적인 것으로 검증되었다. 모래놀이는 사건의 초기상황을 직접적으로 구성하기 위해 사용되고 새로 인식하게 된 항목이나 세부사항을 계속적으로 추가하기 위해서도 사용된다. 또한 아동이 손으로 무언가를 바쁘게 할 때 보다 더 쉽게 대답할 수 있다는 것을 고려해 보면 모래놀이는 생활스트레스 감소 질문사항과 함께 매개체로서 사용될 수 있다. 덧붙여 모래놀이 활동은 다른 상황에서는 말하기 힘든 비언어적인 대답을 할 수 있는 환경을 제공해 주기도 한다. 이 과정에서 나는 예/아니오 질문에 대한 명확성을 유지하기위한 수단으로서 메모를 하고 그 순서를 스케치한다. 또한 모래놀이가 완성되면 사진을 찍는데 이것은 종료시점을 인식하게 해주는 신호로서 기여하기도 한다.

찰흙놀이

조용하고 말하기를 거부하는 아동과 함께할 때는 예/아니오 질문에 명확하게 하기 위해 수화를 도입하기도 한다. 또는 찰흙놀이와 같은 또 다른 표현치료를 통합함으로써 비언어적 반응을 모색하기도 한다. 여기에서 우리는 나무 조각의 모래 또는 깨끗한 판 위에서 잘 마르지 않는 무독성 찰흙을 사용한다. 아동은 찰흙을 사용하여 대답과 반응과 해결책을 나타내주는 모양이나 말풍선 상징을 나타내는 모양을 만들 수 있다. 이때 모래상자 사용에서처럼 나는 메모를 하거나 아이들의 모습을 스케치하기도 한다.

눈에 보이는 3차원적인 찰흙표현은 내가 치료상황에서 만나온 좀 더 나이 많은 아이들(10~12세)에게 더 중요한 의미를 가지는 경향이 있다. 이것은 많은 시간이 걸리는 활동이기도 하지만 언어로 대답하는 것보다 찰흙으로 표현할 때 더 자발적으로 상담에 참여하는 경향이 있다. TIR은 모래, 찰흙, 그리기, 색칠하기 등을 사용하는 미술치료의 표현방법을 통합하는 것에 적합하다. 아이들과 이러한 유형의 창의적인 매체를 사용하는 것은 반항하거나 거부할 것 같은 상황에서도 협동을 증가시키는 데 도움이 된다. 치료자는 아이들이 자신에게 가장 잘 맞는 매체를 선택할 수 있도록 기회를 제공해줄 수 있고 아이들은 선택을 즐길 수 있다.

찰흙은 또한 클라이언트의 경험에 집중되어 있으면서 한 가지 주제에 대해 많은 질문을 할 수 있기 때문에 탐구라고 알려진 메타심리기법과 함께 효과를 잘 나타낸다. 예를 들어 11세 아동은 "학교에서 요즘에 무슨 일이 있었니?"라는 질문을 받으면 찰흙을 사용하여 대답을 묘사한다. "나는 요즘 충분한 도움을 받지 못해요", "나는 학급아이들 앞에서 노래를 부르고 싶지 않아요." 그 결과는 만화조각의 판넬과 유사하게 다양한 찰흙 표현물들을 3줄로 늘어놓는 것이었다. 다양한 찰흙들을 가지고 계속할 때 우리가 만든 것들을 구분하기 위해 다양한 색의 진흙을 혼합하여 사용했다. 첫 번째 줄은 "감정"이라는 이름을 붙였다. 그 아동은 교실에서 노래 부르는 것과 관련하여 자신이 느낀 다양한 감정의 모형을 찰흙으로 만들었다. 가운데 줄은 "대안"이라는 것이다. 여기에서는 그때까지 아동이 경험한 감정들에 대한 다양한 대안들을 보여주었다. 세 번째 줄은 "해결책"이라고 이름 붙여졌다. 아동은 자신이 생각한 즉 학급아이들 앞에서 노래 부르는 것에 대한 다양한 해결책을 모형으로 만들었다. 40분간의 회기 동안에 아동은 마음의 짐을 해소하였고, 학급아이들 앞에서 노래 부르는 것을 더 이상 문제로 생각하지 않았다. 물리적인 매체를 사용하면서 이러한 유형의 회기과정을 완성하기 위해 나는 먼저 아이들에게 부담이 되는 감정에 대해 진흙을 돌돌 뭉치도록 시켰고(왼쪽 줄), 둘째 줄에는 대안(가운데 줄), 마지막 줄에는 "해결"(오른쪽 줄)에 이르기까지 모형을 만들도록 안내했다.

요약

나는 TIR과 메타심리학 규약과 방법들이 아동의 욕구에 적절하게 적응되었을 때 가장 효과적이라는 사실을 발견해 왔다. 이것은 특히 언어발달 이전에 트라우마를 겪어온 아동들과 함께 미술매체를 사용할 경우 더욱 그러하다. 종종 아이들은 충격적인 외상사건에 대해 표현할 어휘를 알지 못한다. 그러나 우리는 색깔, 형태, 세부적인 표현, 막대기모양, 상징 등을 통해 그들의 경험을 묘사하도록 할 수 있다. 그림그리기 방법을 사용할 때 나는 먼저 일어난 사건과 나중에 일어난 사건에 순서를 정하기 위해 페이지가 적힌 바인더에 그림들을 잘 보관한다. 이런 식으로 그림은 출발점으로 사용될 수 있고 상황이 바뀜에 따라 또 다른 페이지에 그림을 그리도록 아동에게 제시할 수 있다. 이러한 표현활동을 하는 순간에 아동의 정서적부담은 여러 가지 눈에 띄고 명확히 관찰된다. 이것은 아동이 표현적 장면을 만들 때 겉으로 드러난 얼굴표정이나 진지함의 정도에서 확인할 수 있다. 아이들은 또한 자신이 만든 모형들을 소리나 말을 사용하여 살아있는 것처럼 만들기도 한다. 대부분의 경우 나는 강압적이지 않은 질문을 함으로서 더 추가하고 싶은 섬세한 부분을 만들고 명확하게 드러내도록 허용한다. 핵심은 아동의 활동을 방해하지 않고 그들 스스로 인지적 변화를 경험하도록 하는 것이며 상황에 따라 종료시점, 유리한 점, 마무리 할 점 등을 체크한다. 마지막으로 그라운딩 기법(현재의 순간과 주변상황에 아동의 관심을 끌기위해 사용하는 간단한 기법)과 회상목록을 사용하여 마무리 작업을 촉진시킨다.

나는 TIR을 포함하여 메타심리학 기법의 높은 질적 효과성에 지속적으로 감명받아 왔다. 다양한 치료적 양식과 표현적 치료기법은 더 어린 아동을 대상으로 TIR과 다른 메타심리학의 적용법을 시행함으로써 매우 효과적인 결과를 기대할 수 있다. 아이들은 이 기법들을 통해 마술적인 결과와 해결책이라는 유익을 거두어들인다. 나의 트레이너 Brian K. Grimes의 배려로 TIR에 참여하고 지속적으로 훈련하면서 그리고 그 과정에서 만났던 많은 사람들 덕분에 나는 아동과 함께 쌓아온 나의 경험과 재능을 여러 사람들과 공유할 수 있었다. 점점 확대되어 가고 있는 국제 TIR협회에서 인정받는 유능한 회원이 되는 것은 하나의 큰 특권이다.

제2부

결 과

제 8 장

청소년 TIR 2가지 사례연구

Patricia Furze, MSW, RSW

학습장애 청소년의 TIR : 초점과 집중력 강화시키기

이 사례는 지역병원의 정신건강센터에 의뢰된 위기에 처한 청소년기 여아의 삶을 탐구한 내용이다. 알 수 없는 발작과 PTSD로 인해 심각한 영향을 받은 이 소녀는 학교에서 "학습장애"로 판정되었다. TIR은 소녀를 지원하기 위해 가족치료와 개인치료로 연결되었다. 치료기간 동안에 성취한 긍정적인 결과에 덧붙여 TIR은 그녀가 겪은 학습에 대한 장애물을 제거할 수 있게 하였다.

배경

14세인 린다는 다른 사람을 해치고 싶은 생각과 분노를 감당하기 힘들었다. 다섯 명의 형제와 자매 가운데 중간순위인 린다는 가족 내에서 점점 고립되어가고 있었고 또래아이들 사이에서도 소외되고 있었으며 소문에 휩싸이는 자신에 대한 화 또한 참을 수가 없었다. 린다는 자신이 나이에 비해 성숙하고 같은 또래 아이들에게서 흔히 볼 수 없는 험담과 거부반응이 있다는 것이 너무 힘들게 느껴졌다. 그뿐 아니라 거짓말과 속임수를 쓰는 자기에 대해 참을 수 없었고 그러한 자신에 대한 진실을 말하고 싶은 충동을 일으켰다. 린다는 자신이 다른 사람들의 감정에 상처 줄 수 있는 고삐 풀린 망아지처럼 느껴졌고 그 결과 사람들을 피하게 되었다. 이 밖에도 린다는 수학과 영어에서 학습장애 진단을 받고 특별 보충수업을 위해 더 어린 아이들과 함께 공부하도록 보내진 것 때문에 절망을 느끼고 있었다. 친구들은 그녀와 이 그룹을 "나쁜" 아이들로 평가하고 비난하였다.

린다는 불안정한 가정환경에서 태어났다. 엄마는 세대 간에 순환적으로 이어온 학대피해자였고 집중적이고 지속적인 정신건강 개입이 요구되는 사람이었다. 린다의 아빠는 심리사회적, 경제적 스트레스에 노출되어 있었고 지속적인 의료적 치료가 필요한 심각한 대장염을 앓고 있었으며 그러한 환경 때문에 린다는 주로 언니들에 의해 보살펴졌다. 린다의 엄마가 자신의 치료를 위해 노력했음에도 불구하고 약물남용으로 병원구급차에 실려 가는 것을 린다는 두 세 차례 목격했다.

1학년 때 린다는 정기적으로 작은 발작을 일으켰고(이 논문 끝에 관련기사 참조) 그 결과 기본적인 학습내용을 자주 놓치고 혼돈하고 약에 취한 것처럼 멍한 상태가 되었다. 2학년이 되면서 린다는 이미 학습에서 자신이 또래들과 다르다는 것을 알게 되었고 이 즈음 한 선생님이 린다의 학습문제가 발작과 관련되어 있다는 것을 민감하게 알아차렸다. 그로 인해 린다는 발작을 조절해 주는 약물을 처방받게 되었으므로 5학년이 되었을 시기에는 약물을 중단할 정도로 회복되어 더 이상 발작은 일어나지 않게 되었다. 그 시점에서 린다는 학습장애 진단을 받았고 수학과 영어에서 보충수업을 받기 시작했다. 슬프게도 학습장애 진단과 보충수업에 대한 지원은 린다에게 부정적인 영향을 미쳤다. 그 일로 인해 린다는 또래들로부터 놀림을 받고 따돌림의 대상이 되었으며 스스로 "자신의 머릿속이 뭔가 잘못 되었다"는 느낌을 갖게 했다.

학교에서 이러한 어려움이 나타나는 동안에 가족들은 끊임없는 심각한 갈등으로 가족이 해체될 위협에 당면해 있었다. 내가 처음 린다를 만났을 때 린다는 아빠가 가족을 떠나겠다고 위협하는 것을 엿들었으며 그로인해 린다는 버려짐과 분노와 공포를 경험했다.

치료하기

처음 몇 달 간의 치료기간동안 린다는 가족과 관련된 경험에 대해 가족 이외의 다른 사람에게 이야기해서는 절대로 안된다고 굳게 믿고 있었다. 뿐만 아니라 가족들 또한 가족 내에서 그들의 감정을 이야기하는 것조차 위험하다는 믿음을 가지고 있었다. 린다의 이 확고한 믿음을 살펴보면서 이러한 린다와 가족의 믿음으로 인해 가족 내에서 그리고 더 큰 지역사회에서 고립감이 만들어진다는 것을 깨달았다. 린다는 자신이 판단되고 비난받고 조롱받을 거라는 두려움을 치료관계 속에서는 느끼지 않았으므로 린다는 이러한 지원을 통해 자신의 상황이 긍정적인 방향으로 바뀔 수 있을 거라는 희망을 가질 수 있게 되었다. 또한 친한 친구집단 내에서 발생하는 갈등을 어떻게 처리해야 하는지에 대한 대처와 자신에 대한 분명한 이해와 인식을 발전시켜 나가는데 초점을 맞추었다. 자기를 탓하거나 비난하지 않고 자신의 역할에 대한 책임을 지는 것은 쉬운 일이 아니었지만 그것은 린다로 하여금 자유로운 해방감을 느끼게 하는 일이었다. 선택할 수 있는 힘은 어느 누구도 아닌 스스로가 가지고 있다는 것과 가족사를 탐색하고 극복하기 위해서는 자신감이 필요하다는 것을 깨달았다.

린다는 부모와의 대화를 위해 가족치료를 받기로 동의했다. 특히 그녀는 엄마의 정신건강 문제가 딸을 황폐화시킬 만큼 큰 영향을 미쳤다는 사실을 엄마에게 알리고 싶어 했다. 또한 엄마가 자신의 문제를 해결하기 위해 가족부양에 대한 책임을 회피할때 마다 늘 버려질까봐 두려워했다는 사실도 엄마에게 알리고 싶었다. 린다는 엄마의 증상을 이해하고자 했고 치료가 어느 정도 진행되는지에 대해서도 알고 싶어 했다. 린다의 엄마는 7년간의 집중치료 후 상태가 호전되었지만 여전히 불안정하고 가끔씩 지속적인 개입이 필요했다.

엄마의 치료뿐 아니라 양 부모 모두가 참석한 가족치료는 잘 진행되었다. 엄마의 주치의가 함께 한 덕분에 린다의 엄마는 자신의 진단과 그것이 일상생활에서 미치는 영향에 대해 논의할 수 있었다. 린다는 자신이 치료에 집중함으로써 가족관계를 회복하는데 도움을 주었다고 말했다. 가족치료에서 린다는 엄마의 트라우마 역사에 대해 질문할 수 있었고 비록 어느 정도 어려움이 있었지만 엄마는 자신의 생애 일부를 이야기했다. 린다가 엄마에게 한 힘든 질문 중 하나는 할아버지 즉 엄마의 아버지가 엄청난 학대 가해자였다는 사실을 엄마가 믿고 있는지 아닌지 확인하는 것이었다. 이 질문으로 인해 린다의 엄마는 과거를 부인하기 보다는 현실을 직면하게 되었다. 엄마가 린다와 자녀에 대한 깊은 사랑을 가지고 있다는 것은 분명했지만 그녀의 자아의식은 어린 시절의 장기적이고 반복적인 신체적, 성적학대에 의해 심각하게 산산조각이 나있었다. 린다의 부모는 마침내 그녀의 만성적인 분노에 대해 고려해볼 수 있었고 린다와 상호작용하는 방법에 있어 혼란을 느꼈다는 사실과 린다를 돕기 원하는 소망이 있음을 이야기했다. 린다의 아빠는 처음으로 부인의 정신건강을 위해 치료의 필요성과 치료계획에 대해 잘 이해하게 되었고, 부부 갈등과 그것이 자녀들에게 미친 영향에 대해 책임감을 느낄 수 있게 되었다. 그럼으로써 아빠는 자신의 의료적 상태와 장기적인 스트레스 그리고 그것을 해결하려는 노력이 자신과 가족의 건강에 미치는 영향을 다룰 수 있었다.

린다는 엄마가 겪은 유기와 학대경험에 대한 솔직한 이야기를 듣고서 제한적이긴 하지만 어느정도 그 경험에 대해 이해할 수 있었고 다소 혼란스러운 상태로 회기를 마쳤다. 린다는 엄마의 여자형제인 이모로부터 학대경험에 대해 더욱 구체적인 이야기를 듣고자 했다. 이모는 이것에 대해 자세히 말하고 싶지 않았을지라도 엄마의 기억이 틀리지 않다는 것을 확인할 수는 있었다. 린다는 할아버지가 내성적이고 무능한 사람이었던 것과 엄마를 심하게 다치게 했던 난폭하고 학대적인 사람이었음을 알고 이분법적으로 살펴보려고 노력했다. 또한 린다는 어떻게 사람이 자신의 아기와 어린아이에게 그렇게 해를 끼칠 수 있는지 이해하려 했다. 엄마에 대해 새로운 연민을 갖게 되면서 린다는 엄마를 병에 취약한 어린아이로 생각하게 되었다. 뿐만 아니라 할아버지가 그렇게 파괴적인 선택을 하도록 만든 할아버지의 상황과 환경에 대해 궁금했지만 그에 대해 아무런 판단을 하지 않기로 했다. 린다는 인쇄물이나 자료를 보면서 가족역사에 대해 더 잘 이해하려고 했고, 전반적으로 자신의 신앙과 인생관의 관련성과 그 의미에 대해 탐구해 보고자 했다. 엄마와 엄마의 삶과 앞으로의 치료계획에 대해 자매들과 의논하기로 결심했고 시간이 지나면서 린다는 가족 내에서 보다 강한 정서적 유대감을 세워나갈 수 있게 되었다.

TIR 결과

린다는 가족치료를 통해 부모의 상황이 자신의 삶에 미친 영향을 집중적으로 이해하게 되었고 자신의 문제를 해결하기 위해 TIR을 사용하는데 전념할 수 있었다. 린다가 이 절차에 익숙해지도록 돕기 위해 나는 아무것도 유발하지 않는 일반적인 사건에 대해 TIR을 충분히 설명하고 연습시켰다.

첫 번째 TIR 회기는 엄마의 자살시도에 초점을 맞추었다. 우리는 엄마가 병원에 실려 가는 모습을 린다가 목격하고 다시는 엄마를 보지 못할까 염려했던 사건에 대해 구체적으로 다루었다. 이 회기동안 린다는 엄마를 피해자로 만든 가족들과 엄마에 대한 분노와 버려진 감정을 다시 느끼게 되었다. 엄마의 자살시도에 대한 책임감으로 인한 두려움이 느껴졌다. 또한 린다는 엄마가 자신이나 다른 가족들보다 치료자에게 더 많은 애착을 느끼고 있다고 믿었으므로 엄마의 치료자에 대해 느꼈던 질투심에 대해서도 다루었다.

이 회기 동안에 린다는 어린 시절 자신이 버림받았다고 느꼈던 시기와 관련하여 유사한 사건 즉 8세 때 발작 때문에 입원하여 면회가 제한되었던 시절로 되돌아갔다. 그 당시 병원의 성책은 아동에게 방문시간을 제한했는데 이때 초기경험이 되살아 났다. 부모가 여러 가지 일로 바쁜데다가 병원의 규정이 맞물리면서 린다는 병원에 있는 동안 부모와 함께 할 시간이 거의 없었으며, 그 결과 린다는 자신이 버려졌다고 느꼈다. 그러나 이제 린다는 자신이 버려진 것이 아니라 다른 사람들로부터의 지원과 보살핌을 받았을 뿐만 아니라 자신을 돌봐주었던 간호사와 긍정적인 시간을 보냈던 사실을 회상할 수 있었다.

TIR경험 후 린다는 이전에는 볼 수 없었던 새로운 인식의 변화로 인해 엄마에게 더 많은 감정이입이 가능했고 치료자로부터 받은 지지가 자기에게 얼마나 중요한지 알게 되었다. 또한 린다 자신이 이용가능한 지역사회의 지원에 대해 인식할 수 있었다. 예를 들어 교회를 통해 옷을 제공받거나 또는 다른 긍정적인 또래 프로그램에 참여할 수 있다는 것을 알게 되었다. 회기를 마칠 때 린다는 자기 안에 있는 분노와 모든 사건으로부터 떠오르는 무력감이 감소했다는 것을 느낄 수 있었고, 그녀 주변의 보살핌과 지원에 대해 생각해 볼 수 있게 되었다. 비록 이러한 지원이 가족이 아닌 다른 사람들로부터 오는 것이기는 했지만 말이다.

단 한번의 TIR 효과는 다양하고 지대했다. 린다의 정서는 덜 민감하고 죄의식과 수치감 또한 감소했으며 자존감이 형상되었다. 또한 우정관계에서 경계를 가질 수 있는 힘이 생겼으며 친구들로부터 질투어린 존중도 받았다. 또한 린다는 자기주장 능력을 개발시킬 필요성을 깨닫게 되었으므로 자기주장 훈련을 위해 열심히 노력했고 그 결과 성공사례를 보고하기도 했다. 급속도로 관심과 통제의 방향이 내면으로 바뀌었고 자기 자신의 힘을 유지할 수 있도록 연습하기 시작했다. 린다는 또한 '아니오'라고 말하는 선택과 한계를 설정하는 연습을 통해 자유와 자기존중을 발견할 수 있었고, 집중력과 기억력이 향상되었으며 새로운 지식을 더 잘 통합시킬 수 있었다. 부모 역시 린다가 화를 덜 내고 논쟁적인 태도가 감소했으며 의사소통이 많이 향상되었다며 긍정적인 변화에 대해 이야기했다.

학교에서 린다의 성적은 극적으로 향상되었다. TIR을 시작한지 1년 후 여러 과목에서 A학점과 B학점을 받았고 2년 후에는 우등상을 받았으며 상급학력 과정으로의 승급을 고려하고 있었다. 학습에서의 이 같은 발전은 린다가 정말로 학습장애가 있었는지 의심스러울 정도였다. 린다는 발작과 스트레스와 낮은 가족지원으로 인해 초기에 놓친 학습이 심리평가에서 불규칙적인 점수를 얻게하여 학습장애 진단을 받게 한 것은 아닐까 의문이 들 정도였다. 전반적인 지원이 많이 부족했다는 점을 고려하면 린다가 학습장애로 판정됨으로써 추가지원을 받을 수 있었던 것은 넓게 보면 매우 가치 있는 결과였다. 그러나 "학습장애"로 진단됨에 따라 그녀는 자신이 남들과 다르고 많이 손상되었다고 느끼게 되었다는 것을 알게 되었다.

린다는 자신이 겪은 괴롭힘과 따돌림으로 인한 부적응과 고통의 감정을 해결하기 위해 TIR을 사용하기로 동의했고 그 결과 또래들과의 부정적인 상호작용을 처리할 수 있었다. 상담이 끝날 무렵 린다는 더욱 차분해지고 평화로운 상태를 유지할 수 있었으며 자존감도 증가했고 긍정적인 자아의식을 지속하는 능력도 증가했다. 린다는 고등학교를 우등생으로 졸업했고 장학금을 받았다. 나는 최근에 지역병원에서 린다의 아빠를 우연히 만났는데 그는 린다의 성공에 대해 자랑스럽게 이야기했다. 지금 린다는 사회복지학위를 마쳤고 자기에 대한 의문으로 갈등하고 있는 청소년들을 돕는데 헌신하고 있다.

린다의 사례를 통해, 학습의 기회를 놓친 경우 학습장애 평가를 통해 핵심문제를 찾아낼 수 있는지 한 가지 의문점을 갖게 되었다. 중요한 발달시기에 약 1년 동안 알아차리지 못하고 오해했던 린다의 발작은 분명 그녀의 기억력, 집중력, 학습에 영향을 미쳤을 것이다. 평가를 통해 필요자원을 제공하고 있는 캐나다의 학교체계는 열악한 가정환경에 있는 린다에게 큰 도움이 되었다. 트라우마 분야의 전문가들이 인정한 바와 같이 생애초기의 충격적인 정신적 외상은 아동의 삶과 발달에 심각한 영향을 미친다. 나의 바램은 외상으로 인한 스트레스와 초기의 방임은 명백한 학습장애에 기여하는 요소라는 것을 인정하는 것이다. 이 같은 충격적인 정신적 스트레스나 사건을 겪었던 린다와 같은 아동의 경우 그 사건이 오랜 시간이 지난 후에도 집중력과 기억력 및 주의력은 향상될 수 있고 또 되기도 한다. 사람들은 긍정적이고 강한 자아의식을 개발하고 그들의 꿈을 실현시키기 위해 계속적으로 노력할 수 있다.

가벼운 발작은 뇌의 비정상적인 전기적 활동으로 초래된 뇌 기능의 일시적장애로 나타날 수 있으며, 그 특징은 갑작스럽고 단기적인 의식 활동의 결여("부재") 또는 다른 비정상적인 행동변화이다. 가벼운 발작은 6세에서 12세 아동에게 가장 흔하게 발생한다. 이 발작은 다른 유형의 발작과 결합되어 일어나기도 한다.

전형적인 가벼운 발작은 단지 몇 초간 지속되고 빠르게 완전히 회복되며 오랜 기간의 혼란은 일어나지 않는다. 그러한 발작은 아동의 활동이나 말하기가 중단되는 동안 멍하니 바라보거나 호흡이 정지되는 것 등으로 나타나며, 문장 중간에 말을 멈추기도 하고 걷는 중간에 걸음을 멈추기도 한다. 일초에서 수초가 지난 후 말하거나 다른 활동이 다시 시작된다. 걷거나 서 있을 때조차도 아동은 거의 땅에 쓰러지지 않는다. 이 같은 발작은 한 시간에 수차례 일어나며 자주 일어날 수도 있고 그렇지 않을 수도 있다. 하루에 최대 수 백 번의 발작이 일어날 수도 있다. 또한 이 발작을 알아차리기 전에 수주에서 몇 달에 걸쳐 일어나기도 한다. 이러한 발작은 아동의 학교기능과 학습을 방해하기도 하므로 교사들은 이 같은 발작을 주의력결핍이나 또는 다른 행동장애로 이해하기도 한다.

전형적인 가벼운 발작에 대한 원인이 밝혀진바는 없으나 항 경련제의 투약은 이 같은 증상을 빠르게 완화시킨다. 출처 : 국립건강협회

ADHD와 우울증이 있는 아동의 TIR

아동의 능력과 당면한 문제에 적합한 방법과 도구를 개발하는 것은 흥미로운 도전이다. 따라서 TIR의 반복적 속성이 트라우마가 있거나 우울 또는 ADHD등의 장애 진단을 받은 아동의 충격적인 외상을 어떻게 해결하는지 탐구하는 것은 매우 의미 있는 일일 것이다. 다음은 12세 스콧의 사례이다.

배경

1997년에 처음으로 TIR을 시행할 때 나는 조심스럽게 기존에 내가 사용해왔던 실천방법에 TIR을 통합시켰다. 그 당시에 나는 캐나다 Ontario에 있는 지역병원의 아동 정신건강부서에서 출생이후부터 19세까지의 아동청소년에게 진단과 치료를 제공해 왔다. 수년 동안 TIR을 성공적으로 시행하고 가능한 많은 상황에 적용하면서 주의력과 집중력에서 극도의 어려움을 가지고 있는 아동에게 이것이 얼마나 효과적일지 궁금해지기 시작했다.

스콧은 당시 극도의 스트레스를 받고 있는 4세의 어린 아동이었다. 스콧이 7세가 되었을 때 부모는 5년전부터 별거상태에 있었으며 최근에 엄마는 데이트를 시작한 남자에게서 깊은 애정을 느끼고 있었다. 스콧과 여자형제들은 4개월 전에 이 남자를 만났고 현재 스콧은 이와 관련하여 극도의 스트레스 속에 있다. 스콧이 울지 않을 때에는 걷잡을 수 없이 사납고 분노했으므로 엄마와 많은 갈등이 있었다. 엄마가 더 이상은 자기를 사랑하지 않고 자기보다는 새로운 이 남자를 선택했다고 생각하여 큰소리로 엄마를 비난하며 공격했다. 이러한 스콧의 비난에 엄마는 겁에 질려 있었다. 스콧이 병을 앓는 수년동안 엄마와 스콧은 매우 가까웠기 때문에 아이와의 갈등은 그녀를 더욱 힘들게 하고 죄책감에 시달리게 했다. 5년 동안 오로지 자식만을 위해 고생하며 살아왔고 이제 새로운 사람을 만나기로 결정했는데 이처럼 자녀의 엄청난 저항에 부딪치게 되리라고는 예측하지 못했기 때문에 그녀는 더욱 속상했다. 엄마는 사랑하는 자녀들이 그 남자를 좋아하고 인정해주기를 몹시 원했다.

스콧의 초기 삶은 죽을 것 같은 두려움으로 가득 차 있었다. 두 살이 되었을 때 소아백혈병 진단을 받았고, 즉시 그의 생명을 구하기 위해 설계 된 5년간의 최적의 치료계획을 시작했으며, 이 계획에는 뇌의 방사능치료 및 화학요법과 기타 개입 등이 포함되어 있었다.

치료는 매우 집중적이었고 수많은 주사가 포함되어 있었으므로 약물 투여를 위해 흉부에 관을 삽입해야 했다. 5년에 걸쳐 스콧의 혈액을 분석하였고 바이러스를 접하거나 가벼운 열만 생겨도 수차례 병원응급실로 달려가야 했다. 강한 면역체계가 없었기 때문에 건강한 아동에게는 아주 작은 불편함이 스콧에게는 생명을 위협하는 것이 될 수도 있었다. 엄마는 끊임없이 아들을 잃을까 걱정했고 서로를 잃는 것에 대한 공통된 두려움을 공유하면서 강하게 연결되어 있었다.

스콧의 백혈병은 점점 차도가 생겼고 그대로 유지되었다는 점에서 운이 좋았다. 5년간의 집중치료로 학교와 친구를 잃어버린 시간들을 마침내 끝낼 수 있게 되었다. 그의 가족은 좀 더 안정적인 생활을 위해 노력했지만 불행하게도 이 장기적인 위기 동안 스콧의 부모는 헤어지게 되었다. 부모는 4명의 자녀들을 보살피고자 노력했고 이를 위해 아빠는 고된 일을 계속 해왔으나 결국은 스콧의 성공적인 치료 이후 헤어지게 되었다. 아빠는 근처에 자녀들을 위해 집을 마련했으므로 그곳에서 엄마는 자녀들과 함께 계속 살게 되었다. 이러한 슬픔의 시간 속에서도 불구하고 부모는 정기적인 만남의 시간을 계획했고 대부분 평화롭게 의사소통했다. 그 과정에서 스콧의 아빠는 재혼을 했고 또 다른 자녀를 얻었으며 스콧과 그의 형제들은 아빠와 새엄마를 자유롭게 방문할 수 있었고 이 같은 변화에 잘 적응해갔다.

치료의 필요성

엄마가 새로운 사람을 만나기로 결심한 것은 스콧의 안정감을 위협했고 엄마로부터 버려질지도 모른다는 공포를 불러일으켰다. 스콧은 자신의 백혈병 때문에 지역병원에서 매년 추적조사의 대상이 되었으며 치료 이후 수 년간 ADHD와 학습장애 진단을 받았다. 스콧은 자신의 생명을 구하기 위해 설계된 치료가 자신의 머리에 어느정도 손상을 입혔을 거라고 생각했다. 질병이나 어떤 충격적인 사건을 경험한 아이들이 훗날 불안장애, ADHD, 학습장애로 진단받는 것은 매우 흔한 일이다. 스콧은 ADHD를 치료하기 위해 약물치료를 처방받았지만 거부했고 부모도 같은 생각이었다. 스콧은 진단에 의해 학교에서 약간의 보조를 받게 되었고 점차 삶의 모든 영역에서 대처능력이 떨어지고 여러 가지 증상들이 나타나면서 정신과 의사로부터 우울증 진단을 받았고 항우울제를 투여하기 시작했다.

우리의 계획은 스콧의 스트레스를 줄이고 대처능력을 강화시키는 것이었으므로 개입 6개월이 지나면서는 안전하게 약물을 줄일 수 있게 되었다. 만약 이 후에 다른 어떠한 문제가 발생한다면 그에 적절한 치료적 지원이 다시 제공될 것이고 결과적으로 좋은 상태를 유지하게 될 것이라는 것 또한 우리의 계획에 포함되어 있었다.

TIR의 영향

스콧은 삶의 평범했던 시절의 내용을 먼저 다루면서 TIR방법을 소개받았고 이 과정에서 자신을 안정시키고 불안과 슬픔과 분노에서 안도감을 얻도록 자극받았으므로 계속 TIR을 시행하는 것에 동의했다. 이 후 스콧의 첫 번째 TIR회기는 40분 동안 지속되었다. TIR을 통해 가장 먼저 해결하기로 한 사건은 아빠가 이별에 대해 이야기하고 소지품을 가지고 차를 운전해서 밖으로 나갔던 그 날이었다. 스콧은 빠른 속도로 과거의 이 사건으로 기억을 거슬러 올라갔고 억압된 감정을 해방시켜 갔다. 아빠가 차를 타고 떠나는 것을 보며 자신이 그 차를 뒤쫓아 가던 날의 비통함을 생생하게 묘사했다. 스콧은 매번 이것을 회상하는 것이 어렵다고 느꼈고 왜 이것을 반복해야 하는지 큰 소리로 의문을 제기하기도 했지만 이 일이 잘 해결되기를 희망했다. 이러한 상태를 계속 유지하다가 4번째 회상을 할 때 쯤 스콧은 갑자기 이제 모든 것이 다 정리되었다고 말했다. 그가 이렇게 말한 것에 대해 우리는 매우 놀랐고 이 효과에 대해 의심스러운 감정을 가진 채 회기를 마쳤다.

2주 후 스콧의 엄마는 아들에게 상당한 진정효과가 일어났다고 말했다. 스콧의 말대답이 감소했고, 비록 엄마의 새로운 이성친구와 시간을 보내는 것에 관심이 없을지라도 스콧의 거부감은 줄어들었으며 더 이상 분노 폭발이 일어나지도 않았으며 불안감도 더 감소되었다고 했다.

스콧은 아빠가 차를 타고 떠나는 이미지가 더 이상 마음속에서 그려지지 않는다고 말했다. 그는 엄마가 행복해지는 것을 보고 싶다고 말했지만 엄마의 새로운 남자에 대해서는 확신할 수 없다고 했다. 그럼에도 이제는 버려짐에 대한 두려운 마음은 사라졌고 엄마와 그녀의 남자친구와 어떻게 하면 잘 지낼 수 있을지 생각하게 되었다고 했다. 또한 자기는 또래 아이들과 어울리고 함께 시간을 보내야 하므로 엄마가 그것을 이해하고 엄마이 남자친구의 야유회에 함께 가자고 강요하지 않기를 바란다고 했다. 이것은 스콧이 엄마에게 그의 욕구를 알리는데 초점을 두고 스콧의 나이와 발달단계에 따른 밀착과 거리두기를 조절함으로써 가족치료에 대한 마음의 문을 열게 하였다.

엄마는 스콧이 또래들과의 관계를 회복해가는 과정을 지켜보면서 야기된 그녀 자신의 분리불안 문제를 깨닫게 되었으며, 그로 인해 "스콧을 잃는 두려움"의 문제를 다루면서 TIR 회기를 마쳤다. 또한 이 회기 상담에서 엄마는 자녀들과 자신의 남자친구가 자연스럽게 친해지도록 하기보다는 이것을 강요했었다는 사실을 인식하게 되었다. 이러한 문제들을 깨달으면서 엄마는 거리를 두고 스콧의 요구를 수용할 수 있게 되었으며 자신이 사랑했던 사람들이 서서히 서로를 알아가고 자연스럽게 접촉해 가야하는 의미를 깨닫게 되었다.

스콧은 엄마의 남자친구와의 관계에 참여해야 한다는 압력을 덜 받게 되자 좀 더 자주 상호작용하게 되었고 이 남자와 공통된 관심사가 있음을 발견하게 되었다. 또한 엄마를 보살펴주고자하는 이 남자의 진심을 알게 되었으며 남자와 엄마가 친해지면서 느꼈던 위협감을 덜 받게 되었고, 그들이 단 둘이 보내는 시간에 대한 질투도 감소되어 엄마가 행복해하는 것을 보고 진심으로 기뻐했다.

스콧은 계속해서 상담을 통해 많은 도움을 받았다. 6개월이 지나면서 스콧은 약물투여에 대한 재평가를 받았고 항우울제를 중단할 수 있을만큼 정서적으로 안정되어 갔다.

2달 후 우리는 상담을 종료하게 되었다. 스콧은 성공적으로 자신을 제어할 수 있게 되었고 부모와의 관계 또한 한층 더 단단해져 엄마의 남자친구와도 친밀관계를 확립하기 시작했다. 스콧은 또한 남자가 앞으로 다가올 수 년 동안 자신의 삶에 함께할 수 있다는 것을 깨닫고 현재 주변에서 일어나는 상황들을 받아들일 수 있게 되었다. 즉 스콧은 아빠에게 배신감을 느끼지 않고 엄마의 남자와 자유로운 관계를 가질 수 있었으며 그로 인해 아빠가 자신을 버릴지 모른다는 두려움도 사라지게 되었다.

스콧이 주의력을 지속시킬 수 있는 능력이 한때는 어려웠을지라도 종료시점에 이를 동안 과거 사건을 성공적으로 처리할 수 있었다. 반복적으로 되풀이되는 자신의 이야기가 힘들었을지라도 스콧은 이것을 이겨낼 수 있는 높은 동기부여의 힘을 가지고 있었다. 스콧은 상담이 자신에게 매우 도움이 되었음을 발견했지만 다른 어떤 문제를 해결하기 위해 TIR를 사용하지 않기로 결정했다. 그러나 그가 성취한 즉 사건을 다루고 해결점을 찾아갈 수 있는 능력이 있었으므로 스콧은 더욱 안정되어갔고 보다 더 나이에 적절한 행동으로 변화할 수 있게 되었다. 스콧이 첫 번째 사건을 빠른 속도로 해결해가는 것을 보면, 정신적 충격을 해결하기 위해 필요한 적정수준의 종료시점은 각 개인에 따라 다를 수 있고 다양한 변수가 있을 수 있다는 사실을 이해할 수 있을 것이다.

제 9 장

위기의 청소년을 위한 프로그램에서 트라우마 해결법

Teresa Descilo, MSW, CTS

2001년 이래로 Victim Service Center of Miami는 위기에 처한 청소년들의 트라우마를 해결하도록 돕기 위해 Florida의 청소년사법부로부터 기금을 받아왔다. 위기에 처한 청소년이란 학교, 가족, 약물중독, 행동장애와 같은 4가지 영역에서 3가지 위험요소를 가진 아동으로 정의되었다. 우리는 청소년범죄율이 가장 높은 마이애미지역에 있는 Madison Middle School에서 처음으로 서비스를 제공했다. Madison중학교는 6학년에서 8학년 까지 약 1300여명의 학생들이 다니고 있었다. 최근 이 학생들 중 20.7%는 1년에 한 달 이상을 결석 했다. 전국에 있는 학교들과 비교해보았을 때 Madison중학교는 수학과 읽기능력에서 하위 30%에 해당되는 학교로 6명 중 1명이 학습장애에 해당된다고 볼 수 있다. 보통 한해에 300건의 범죄와 폭력이 일어났고(그림 9-1의 분포도 참조), 가장 흔한 위반사례는 싸움이었다. 한 교감선생님이 해명한 바와 같이 6학년 학생들은 미성숙하고 "그들은 서로 마주치기만 하면" 싸움을 했다 (CRP-시민 권리 프로젝트, 2000).

단지 학교규율에 어긋나는 폭력만 있는 것이 아니었다. 전국적으로 알려진 총기사건으로 인해 전 국민이 분노했고, 그 결과 학교지구는 제로관용정책(Zero Tolerance Policy, 범법자에 대한 처벌을 엄격하게 가하는 정책:역자 주)을 제도화하게 되었다. 이 정책에서는 어떠한 무기법위반이라도 강제적인 장기정학 또는 퇴학을 당하게 한다. 메디슨중학교의 교장인 Thelma Davis는 한창 논란을 일으킨 "집행유예 기회: 제로관용정책과 학교교육의 파괴적인 결과 (CRP, 2000)" 라는 보고서를 작성했고 보고서는 이러한 정책과 이 같은 접근방식을 반박하는 내용을 담고 있다. 보고서에는 다음과 같이 결론이 내려졌다 :

> 전국적으로 제로관용정책의 사용이 증가하면서 수 천 명의 아이들이 교육 받을 기회가 상실되어 교육과정으로부터 멀어지게 되었다. 더욱이 데이터에서 명확하게 보여

지듯이 소수민족 학생들은 비슷하거나 또는 덜 심각한 위법에 대해서 백인학생 보다 훨씬 가혹하게 취급되고 있었다. 제로관용정책은 정당하지 못하고 아동의 발달적 요구에 반대되고 교육기회를 박탈함으로써 더 많은 아동이 범죄로 이어지게 되었다.

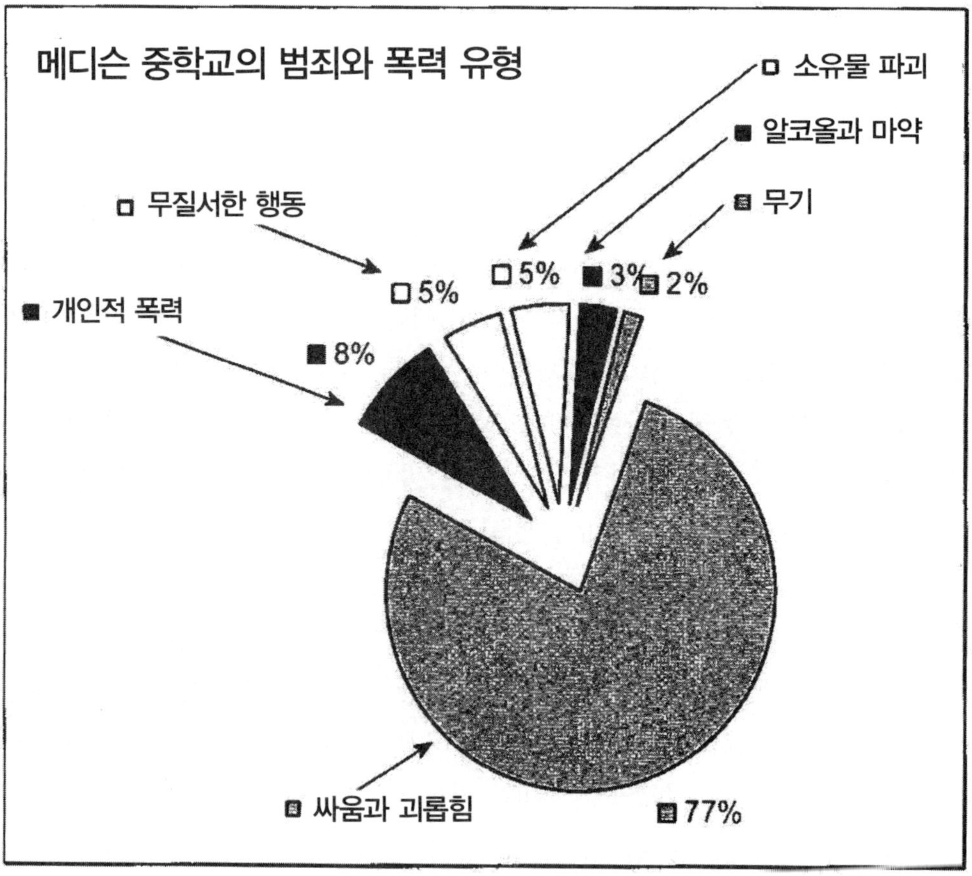

그림 9-1 : 메디슨 중학교의 범죄와 폭력 분포도

자료 : www.schools-data.com

마이애미 피해자서비스는 본래 사별집단에게 도움을 제공하기 위해 사회복지사들에 의해 학교에 도입되었다. 그 이유는 이 학교의 많은 아이들이 에이즈와 살인으로 양육자를 잃었기 때문이다. 우리가 서비스를 제공한 많은 아이들은 이 같은 사별을 겪은 아이들이다. 다른 아이들은 심각하게 정서적으로 불안한 집단의 출신으로 이들 대부분은 삶에서 엄청난 트라우마를 겪은 아이들로서 사회복지사들에 의해 선별되고 찾아내어져 이 서비스에 의뢰되었다.

아동기 트라우마

아동의 트라우마에 대한 지식은 Sinai Medical Center의 Ricky Greenwald박사의 연구에 의해 매우 잘 알려져 있다. 자신의 저서(Greenwald, 2002)에서 그는 품행장애와 반사회적 행동과 비행(범죄)에서 트라우마가 미치는 영향에 대해 제시했다. 또한 이 책에서는 트라우마에 대한 충분한 지식을 제공하는 서비스를 통해 위기에 처한 청소년들에게 유용한 성공 사례들을 집중적으로 조명하고 있다.

우리의 사고에 영향을 미친 또 다른 하나는 아동학대에 대한 Bruce Perry 박사의 연구이다. Perry에 의하면 어린시절의 지속적인 고통은 아동의 뇌 발달을 변형시킬 만큼 심각한 영향을 미친다. 특히 유아동기 트라우마는 신경발달에 부정적인 영향을 미치며 유전적 경향을 지닌 환자의 정신분열에 기여하므로 더 이상 무시될 수 없는 부분이다. 이 논문에서(Franey, Geffner & Falconer, 2001) Perry는 1차적 진단으로 PTSD를 가진 아동은 주로 ADHD, 주요우울증, 반항성장애, 행동장애, 불리불안, 공포증을 나타낼 수 있다고 했다. 이 같은 생각의 근원에는 뇌가 의존적 방식으로 형성된다는 것을 반영한 결과이다. 유아동시기는 뇌 발달을 위해 중요하고 민감한 시기이며, 이 시기 양육의 결손은 신경발달의 결핍이나 비정상적인 발달로 이어질수 있다. 이러한 민감한 발달시기 동안 중요한 신경계의 과잉반응은 몇 가지 방식으로 명확히 들어날 수 있으며 그 증상은 다음과 같다.

- 다음과 같은 영역에서 부적응적인 기능이 형성될 수 있다.
  - 유머, 감정이입, 애착과 감정조절
  - 치료를 포함해서 인생의 후반기에 어떤 대체적 경험에 대해 둔감하게 되는 것
- 과도한 긴장 또는 분열적 성격으로 고착될 수 있다.
  - 남자의 경우 과도한 긴장을 보이는 경향이 있다.

  - 여자의 경우 분열 성격을 보이는 경향이 있다.
- 두려움이 그 특징으로 나타난다.
  - 가벼운 두려움에서부터 공포나 위협을 받는 감정에 이르기까지 쉽게 감정의 변화가 있다.
  - 부적응적인 정서적행동과 인지적문제가 발생한다.

[공격성은 종종 장기적인 두려움에 대한 반응이다. Ed.]

치료 접근법

TIR은 우리의 1차적인 치료방법이었다. TIR을 아동에게 시행함에 있어서 우리가 사용하는 방법의 유일한 차이는, 아동의 충격적인 외상사건을 다룰 때 동시에 공예품 만들기와 같은 창작활동을 하게 함으로써 이 두 가지를 통합시켰다는 것이다. 비즈공예는 남아와 여아 모두에게서 가장 인기 있는 활동으로 확인되었다. 긴장을 완화시켜주는 우뇌활동과 초기에 고통스러운 우뇌활동이 짝을 이루게 함으로서, 아동이 강간 또는 구타 그리고 살인 등을 설명하는 과정에서 그 긴장과 각성을 낮추게 된다.

아래의 자료는 2003년도의 내용이다. 이 시기동안 아동의 신체에 미치는 우리의 영향력을 35명의 학생으로만 제한시켰던 2가지 요인이 있다. 가장 첫 번째 제한요소는 기금문제였고 두 번째는 앞에서 언급했던 주요 위험영역 네 가지(학교, 가족, 약물남용, 행동장애) 중에서 3

그림 9-2 : 메디슨 중학교

가지 이상을 가진 청소년으로 한정한 것이다. 또한 메디슨중학교 프로그램은 시범사업으로 그 목적은 연구중심의 프로젝트가 아니라 어떤 결과가 가능한 것인지 확인하는 것이라는 사실에 주목해야 할 것이다.

사용된 측정도구

우리는 트라우마가 아동의 삶에 미치는 영향력을 확인하기 위해 사전평가와 사후평가에서 네 가지 척도를 사용했다.

- 외상 후 증상에 대한 아동의 보고(CROPS), (Green Wald와 Rubin, 1999) –임상적 탈락자가 19명 있었음
- 우울증 자가 평가척도(Birleson, 1981)–13
- 아동의 자기–인식 척도(Lipsitt, 1958)
- 청소년 대처지수(McMubbin, Thomposn, Elver)–수용 가능한 범위–91.8~95.4

사례 요약

35개 사례 중 2가지를 여기에 간략하게 소개 한다.

첫 번째 사례 : Florida의 아동가족기관의 라틴아메리카(Hispanic)계의 12세 소녀는 학대피해자로 법정증인이었다. 소녀는 7개월 동안 12시간의 집단치료와 14시간의 개별 TIR을 이수했다.

척도	사전 평가	사후 평가
학생으로서 지켜야할 태도(복장, 행동, 언어 등)	19	0
우울증 SRS	15	0
자기 인식척도	88	109
청소년 대처지수	53	102

소녀는 치료 경험에 대해 다음과 같이 서술했다:

"치료를 시작한 이후 생긴 변화는 내가 친구들에게 영향을 미치기 위해 완전한 사람이 되어야 할 필요는 없다는 것이다. 완전해지려고 노력하는 것을 그만두자 친구들은 내가 더 나은 예술가이자 친구가 되었다고 말했다. 실제로 나는 더 나은 사람이 되어가고 있다."

두 번째 사례: 15세인 라틴 아메리카계 미국인 소녀는 성적학대의 희생자였고 약물 중독자이자 가출소녀였다. 반항성장애라고 진단된 이 소녀는 TIR접근으로 15시간동안 개인치료를 받았다.

척도	사전 평가	사후 평가
학생으로서 지켜야할 태도(복장, 행동, 언어 등)	39	6
우울증 SRS	18	2
자기 인식척도	47	102
청소년 대처지수	71	128

치료 후 소녀는 경험에 대해 다음과 같이 서술했다:

"나는 TIR을 통해 나의 태도, 방식, 언어가 변했고 행동이 변했다는 것을 안다. 이 서비스로 인해 이제 나는 더 이상 나쁜 짓을 하지 않고 그러한 사람들을 따라가지도 않는다. 학교 성적도 많이 향상되어 B학점과 C학점이 있긴 하지만 A학점을 많이 받았다."

결과

이것은 연구 프로젝트가 아니라는 사실을 강조하고 싶다. 수집된 통계자료들은 책임성을 가지고 시행하고자 노력했다. 연구에 참여한 아동들을 PTSD에 초점을 두고 진단하려 시도하지 않았음에도 많은 아이들은 외상으로 인한 스트레스 증상들을 가지고 있었으며 학생으로서의 기본적인 자세와 우울증 자가 평가척도에서 PTSD 경계수준 위에 있었다. 두 가지 척도들을 살펴보면 치료 이후 아이들의 증상은 PTSD 경계수준 이하로 많이 감소되었음을 알 수 있다. (청소년 대처지수에 대한 평균자료는 인쇄당시 정보를 입수하는 것이 불가능했다.)

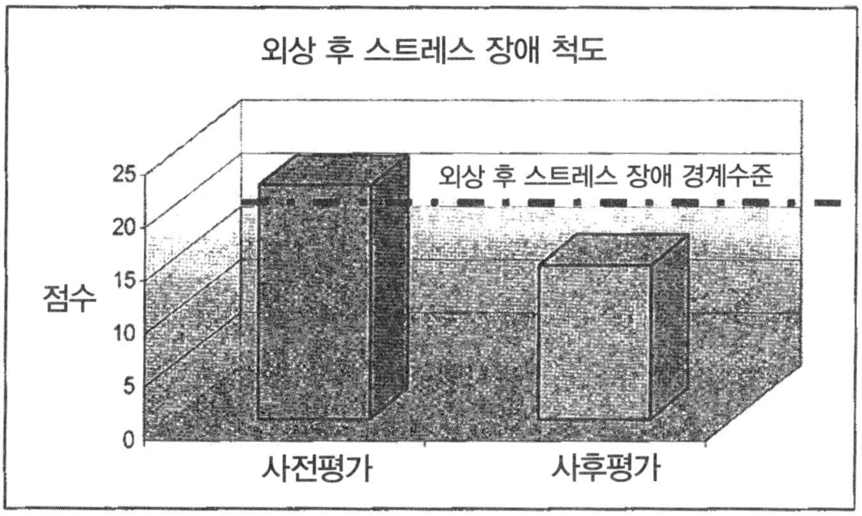

그림 9-3 : 사전평가와 사후평가의 결과(35명)

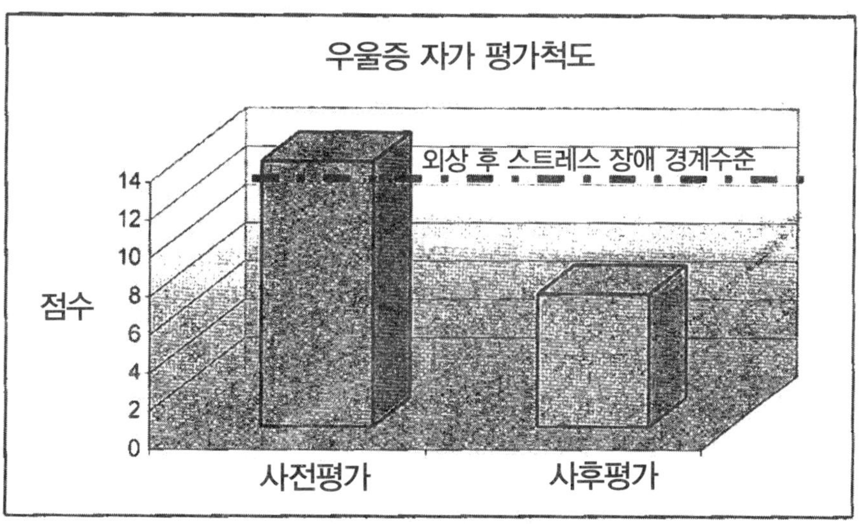

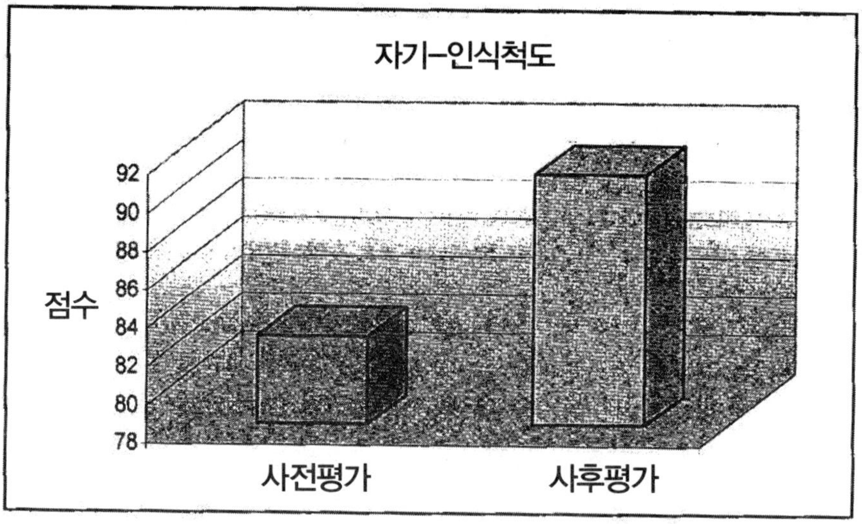

요약

Madison중학교의 사회복지사는 트라우마에 초점을 맞춘 우리의 프로그램이 지금까지 학생들이 받았던 서비스 중 가장 효과적이었다고 했다. 이 사회복지사는 우리의 프로그램을 경험한 아이들이 학업적으로도 더 우수하고 가정과 학교에서도 잘 적응하고 있다고 효과성에 대해 평가했다. 이 프로그램은 폭력의 순환 고리를 끊고, 청소년들이 "위기" 범주에서 벗어나 진정으로 '회복력 있는' 사람으로 변화하도록 보다 심오한 해결책을 제공하고 있었던 것이다.

2006년 현재 마이애미 희생자서비스는 Madison중학교 학생들과의 작업을 종료하였고 Martin Luther King Leadership Academy에서 서비스를 시행하게 되었다. 이 곳에서 시행된 성과에 대해서는 아직 출판된 자료가 없다.

제 10 장

미술치료와 TIR : 사례 연구

Anna Foley Director,
Moorside Trauma Service, England

이 사례연구는 TIR과 미술심리치료를 통합하여 성공한 사례이다.

한 아동이 충격적인 외상사건을 경험한 후 의뢰되었는데, 아동과의 첫 만남에서 나는 네모난 상자 안에 이미지형태로 그림을 그리면서 사건을 회상해보라고 요청하였다. ("시작하자, 그리고 네가 언제 거기에 있었는지 말해보렴"라고 말하는 대신에) "사건당일 일어났던 일 중 가장 먼저 기억에 남는 것은 무엇이니?" 라고 질문하는데, 이것은 종종 아동에게 중요한 의미를 가진다. 어쩌면 이것은 그 날 하루의 시작이 아닐지도 모른다. 그러나 이것은 아동이 회상한 것이고, 중요한 치료적 이슈를 암시해 주는 단서가 되며, 안전하게 사건에 대면하도록 준비시켜주는 것 일 것이다.

일단 모든 이미지를 다 그린 후 "무슨 일이 일어났지?"라고 물으며 아동에게 이 사건을 재경험해 볼 수 있도록 안내한다. 순수한 TIR에서와 같이 나는 각 '그림의 틀'을 인정하고 '그리고 무슨 일이 일어났지?' 또는 '그 이후에 무슨 일이 일어났지?'를 물어봄으로써 사건을 회상하도록 자극한다.

이 같은 과정을 거치는 동안 나는 아동이 무엇을 보았는지에 대해 특별한 질문을 하고 각각의 감각을 불러일으키도록 한다. 이것은 아동으로 하여금 사건이 미치는 영향에 대한 정보를 이야기하게 만든다. 또한 어떤 촉발 요인에 관하여 우리 둘 다에게 정보를 제공하기도 한다. 예를 들어 "네가 바닥에 누어있을 때 보거나 듣거나 냄새 맡을 수 있는 어떤 것이 있었니?"라고 나는 말할 것이다.

세 번째로 사건을 바라보면서 나는 "이 그림에서 너는 무엇을 생각하고 느끼고 있었니?"라고 질문함으로써 사건 도중이나 또는 그 이후의 생각과 느낌, 사실이나 감각 등을 '연결시키는 과정'이 일어나도록 한다.

매튜에 관하여

매튜는 Jamaica계 영국인으로 칼에 팔을 찔리고 귀 뒤를 심하게 맞아서 그 부위가 부어오른 사건이 있은 8주 후 나에게 의뢰된 14세 소년이다.

의뢰당시 나타난 증상들 :

- 위축(오직 엄마와 함께 있어야만 집밖에 나간다)
- 분노와 공격성의 증가
- 과도한 경계

그림 10-1 : 매튜의 그림 1

"그 날 일어난 사건 중 가장 기억에 남는 것은 무엇이니?" 매튜는 친구와 함께 다른 보통 때처럼 함께 웃으면서 지하철역을 향해가고 있었다고 회상했고 특별히 중요한 다른 일은 기억나지 않는다고 했다.

매튜는 사건의 시작과 함께 그 날 하루를 표현했던 것 같다. 그렇다면 매튜 자신과 친구가 그려진 첫 번째 그림은 어떠한 중요성을 함축하고 있는가? 표현된 이미지는 공격자가 그를 뒤쫓는 동안(그림 4 참조) 매튜의 친구는 도망쳤다는 것을 보여주었고 이것은 매튜가 나와 함께 한 작업 중 중요한 부분 즉 친구의 신뢰감이 문제가 되었음을 알려주었다.

그림 10-2 : 매튜의 그림 2

매튜는 그 당시 한 무리의 청소년들을 보았다고 회상했다. 잠시 고함소리가 이어졌지만 그는 무슨 일이 일어났는지 알지 못했다. 그림에는 주근깨가 많은 얼굴의 남자가 한 사람 있다.

그림 10-3 : 매튜의 그림 3

매튜는 친구와 함께 에스컬레이터를 타고 내려가고 있었고 그들이 역 밖에서 보았던 한 무리의 청소년들이 뒤따라 온 것처럼 보였다. 그림에서 친구는 매우 염려하면서 그 청소년들을 손가락으로 가리키고 있다.

그림 10-4 : 매튜의 그림 4

청소년들은 지하철에서 매튜를 둘러싸고 있고, 매튜와 친구는 서로 분리되어 있었다. 친구는 도움을 청하려고 노력했다고 말했지만(그림 4의 왼쪽 편을 보라) 매튜는 친구의 말을 믿지 않았다. 여기에서 두 사람의 상응하는 이야기가 끝없이 되풀이 되었고 치료적 자료는 매튜의 공격당한 경험과 친구와의 관계문제가 동등하게 해결되어야 할 이슈가 되었다.

매튜는 두려웠지만 그것을 내보이지 않으려고 노력하였다. 그들 중 얼굴에 주근깨가 있는 소년을 기억해낸 매튜는 마치 그가 금방이라도 일을 저지를 것 같은 흥분된 얼굴이었다고 했다.

그림 10-5 : 매튜의 그림 5

매튜와 친구는 지하철역 밖에까지 쫓겨 다녔다. 첫 줄에 보이는 두 사람이 매튜와 친구이다. 매튜는 난간에 부딪쳐 코너에 몰렸고 친구는 난간위로 뛰어 올랐다(그림의 왼쪽 윗부분). 친구는 매튜 옆에 있었고 함께 갱들과 싸우려고 노력했다고 했지만 매튜는 친구가 뛰어오른 후 어디에도 보이지 않았다고 기억하고 있었다. 매튜는 청소년들에게 둘러싸여 혼자 있는 동안 어떻게 대처해 볼 방법이 없다는 무력감으로 '얻어맞을 것을 각오했던 기억'을 떠올렸다.

그림 10-6 : 매튜의 그림 6

매튜는 방어하려고 했지만 그들 중 한명이 자기를 움직일 수 없게 붙잡았고 또 다른 한 명은 주먹으로 때렸기 때문에 아무런 대처를 할 수 없었다고 했다. 맞는 그 당시 매튜는 신기하게도 아무런 감각을 느낄 수 없었고 한참을 지나고서야 비로소 통증이 느껴졌다고 했다.

매튜는 왼쪽 팔 윗부분을 칼에 찔렸고(그림 7참조), 자기를 찌른 그는 옷 위에는 '토미 00'라고 쓰여있는 트레이닝복을 입고 있었다고 했다. 처음에 매튜는 이것을 단순한 '주먹질이라고 생각했는데' 어렴풋이 "네가 나를 찔렀어"라고 소리를 질렀던 기억을 떠올렸다. 돌아보면 이 소리가 우습게 들릴지도 모르지만, 매튜는 '얻어맞기'로 결심한 상황에서도 친구가 도와줄 것을 기대했으나 친구는 어디에도 보이지 않았다.

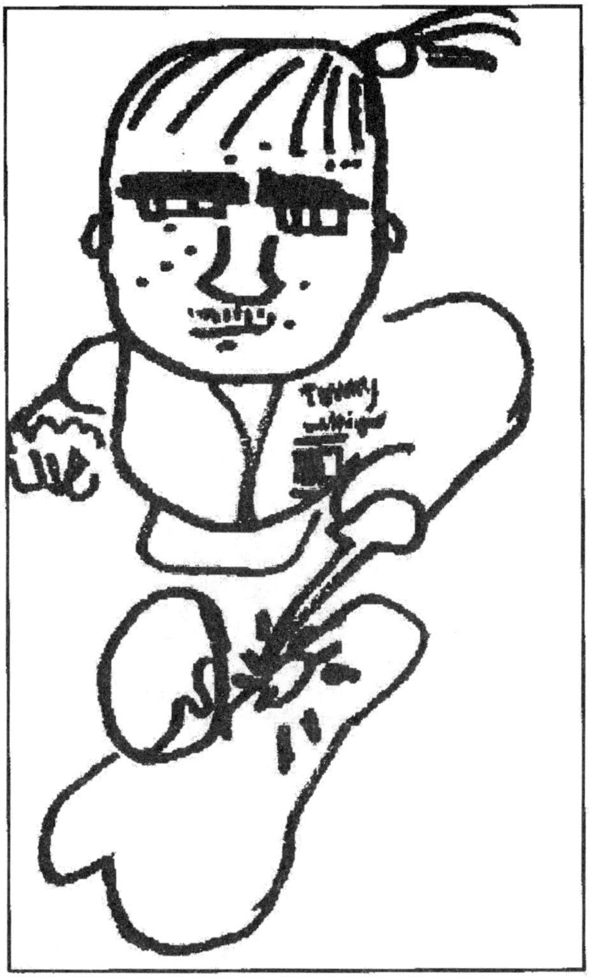

그림 10-7 : 매튜의 그림 7

사건 당시에 매튜는 무척 화가 났었는데, 그것은 자신이 칼에 찔려서가 아니라 새로 산 리복트레이닝복이 칼에 찔렸기 때문이라고 했다. 트레이닝복에 구멍이 뚫려 살 속까지 길이 동과하는 것을 느꼈던 기억이 되살아 났다.

그러나 이후 매튜는 친구가 도망쳤다는 사실을 깨달았고 그 때문에 매우 좌절했으며 친구는 어쩌면 자기를 도울 수 있었을지도 모른다고 생각하여 배신감에 쌓여있었다(물론 이것은 사실이 아닐지도 모르지만 중요한 것은 매튜가 그렇게 믿고 있다는 것과 현재 매튜는 친구를 신뢰하지 않는다는 사실이다).

매튜에게 더욱 받아들이기 어려운 사실은 친구가 자신은 도망치지 않았다고 주장한다는 것이다. 매튜는 친구가 거짓말을 하고 있다고 느꼈으므로 더욱 화가 났고 "친구가 진실을 말해주기를 원한다"고 했다.

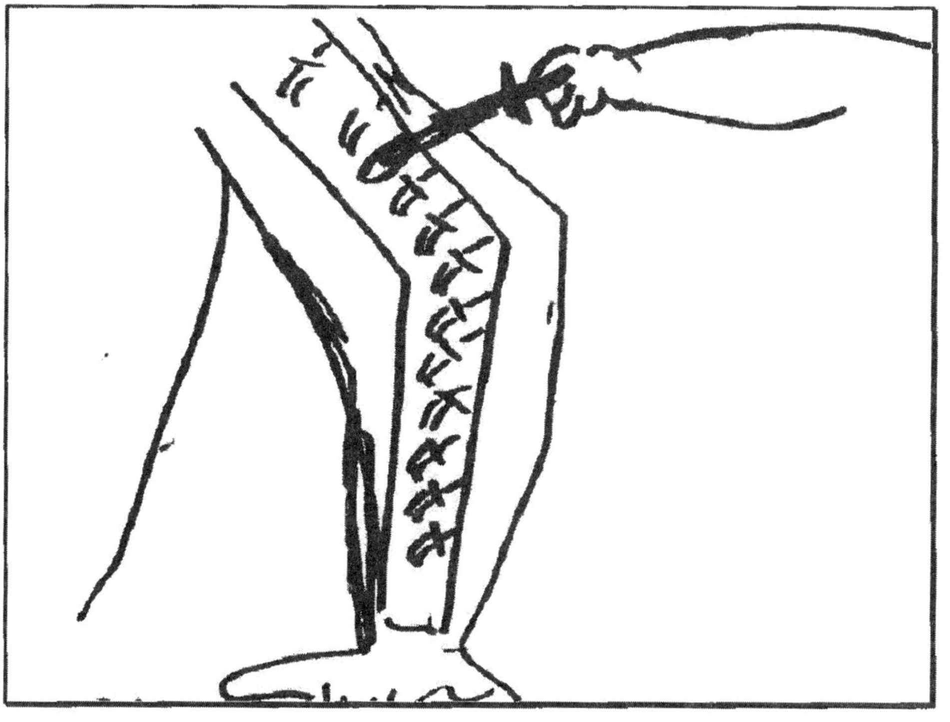

그림 10-8 : 매튜의 그림 8

그림 9-11은 매튜가 기억했던대로 상처와 치료과정을 보여준다. 우리는 평생 지속될 수 있는 매튜의 외적으로 보이는 상처뿐 아니라 상처를 해결하고 그의 적응력을 높일 방법으로 사건에 대한 그림기법을 사용함으로써 사건을 둔감시켰다. 아마도 매튜는 미래에 상처의 이미지를 떠올릴때마다 그것은 단지 하나의 기억에 불과한 작은 핑크빛 점이 될 것이다.

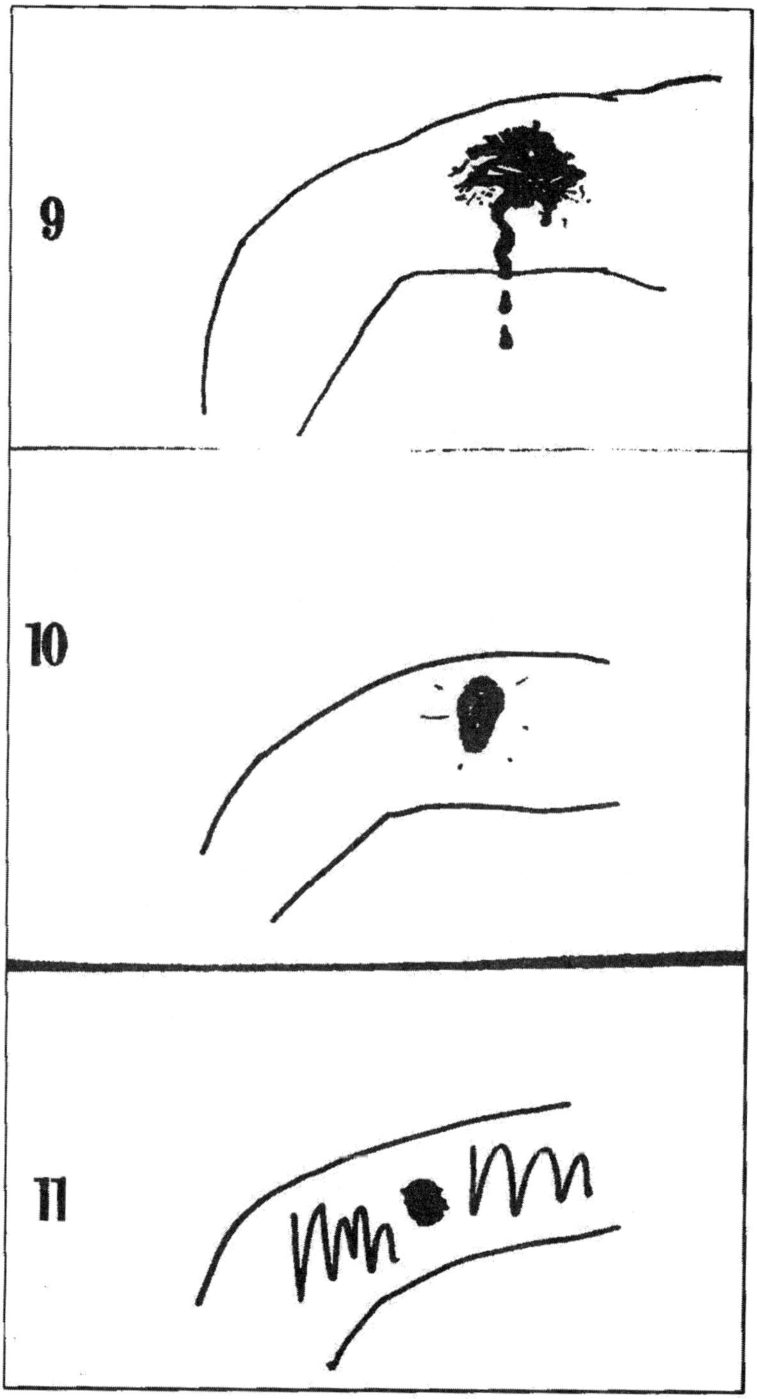
9
10
11

요약

- 매튜의 외상경험은 충분히 둔감해졌다.
- 독립심을 다시 회복했다.
- 친구에게 사건에 대한 생각과 감정을 말함으로써 함께 이 문제를 해결할 수 있었으며 다시 좋은 친구가 되었다.
- 지나친 경계심은 가라앉았지만 거리에 다닐 때는 조심하게 되었다.
- 복수에 대한 환상을 표현하기 위해 이미지를 사용하자 그의 분노는 가라앉았고 또한 친구문제를 해결함으로써 진정되었다.

치료의 과정은 겨우 6회기 정도밖에 진행하지 않았지만, 몇 개월 후 매튜의 엄마와 연락하여 추적 조사한 결과 매튜는 이전의 증상들로부터 자유로워졌다고 했다.

제 11 장 아동과 TIR

Practitioner Interviews by Victor Volkman

이 장은 TIR 아동상담에 경험이 많은 세 명의 치료사 Brian Grimes, Janet Buell, Alex Frater와 인터뷰한 내용이다. 이들 각자는 TIR사용에 대한 독특한 견해를 제시하고 있다. 이들이 진술한 내용을 종합해보면, TIR과 관련된 기법을 사용할 때 치료자가 고려해야 할 전반적인 지식을 제공해 준다. -Victor Volkman

Brian Grimes와의 인터뷰

빅 토 : 당신의 배경에 대해 간단히 말씀해주시기 바래요.

브라이언 : 나는 1980년대 말 이후 TIR 기법들을 시행해 왔고 현재도 BC지역 뱅쿠버에서 TIR트레이너로 활동하고 있어요.

빅 토 : TIR 회기의 시간은 아동마다 다른가요?

브라이언 : 경험으로 볼 때, 아이들은 성인에 비해 빨리 종료시점에 도달하는 경향이 있어요. 이것은 아동이 성인과는 달리 추가적인 분석이나 의미를 부여하지 않는다는 사실과 관련이 있는 것 같아요.

빅 토 : 이것은 "이 일이 자신에게 일어났다는 것이 너에게는 어떤 의미가 있니" 라는 말과는 반대로 "무슨 일이 일어났니?"와 훨씬 더 가깝겠군요.

브라이언 : 제 말을 정확히 이해했군요. 아이들은 자신의 감정을 비교적 빨리 털어버리고 끝내지요. 아이들은 어떤 지적인 관점에서 사건을 분석할 필요가 없어요.

빅 토 : 자신이 희생자가 되었다는 사실 때문에 그들이 어떻게 변했는지에 대하여 모든 이야기를 만들어내지 않기 때문일까요?

브라이언 : 맞아요. 그들은 어떤 고정된 사고방식이나 태도를 가지고 있지 않아요. 사건은 단지 그들이 경험했던 것일 뿐이에요. 불행하거나 불쾌한 일이지만 그것은 사실이지

요. 아이들은 그 때 경험한 그 자체일뿐 더 이상 다른 의미를 두지 않아요.

빅 토 : 아동이 TIR을 잘 할 수 있도록 준비시키기 위해 사용해야하는 어떤 특별한 기법이 있나요?

브라이언 : 아동이 정신적 충격을 받은 그 상황에 처했을 때 그것이 무엇과 비슷한지 잘 인식하도록 돕기 위해 나는 때때로 아동과 함께 기억력을 자극하는 활동을 합니다.

기억력훈련은 사건의 일부내용을 잊기 때문에 도움이 되고, 회상하는 것은 사건이 주는 마음의 부담을 떨쳐버리는 것과 관련될 수 있기 때문에 중요해요. 만약 아동이 사건을 다시 회상하면서 힘들어한다면 시간을 거슬러 올라가 사건이전의 기억을 떠올리는 활동을 더 많이 한 후 다시 TIR활동으로 되돌아가도록 안내해요(더 많은 예를 살펴보려면 부록 A를 참조하기 바란다).

빅 토 : 예를 들어 즐거운 기억을 회상한다는 말인가요?

브라이언 : 그렇지요. 이전의 시간을 회상할 때 그들이 어떤 인식을 기억할 수 있는지 확인해 보는거죠. 내가 만났던 아동 대부분은 곧바로 TIR활동에 참여하곤 했어요.

빅 토 : 아동의 경우 종료시점이 다르다고 생각하나요?

브라이언 : 그렇지요. 아이들은 "훨씬 더 기분이 좋아요." 또는 "이제는 괜찮아요."라고 보고하는 것이 성인과 다른 차이점이라고 할 수 있죠. 성인들은 과거에 이 사건을 어떻게 바라보았는지 그리고 현재 이 사건을 어떻게 보고 있는지에(TIR시행 이행) 대하여 좀 더 철학적인 경향이 있는 것 같아요.

빅 토 : 어떤 사람은 말하기를, 아이들은 종종 사건에 대해 관심을 잃어버리거나 또는 다른 것으로 관심이 바뀌어 간다고 하지요. 그게 사실 일까요?

브라이언 : 네. 확실히 그래요. 아이들이 주의를 기울일 수 있는 지속시간은 훨씬 더 짧아요. 대부분의 아이들은 "괜찮아요... 다음으로 넘어가요," 또는 "다음은 뭐에요?"라고 말하곤 하지요.

빅 토 : 아동을 상담할 때는 덜 복잡한 언어를 사용하거나 단순한 과정으로 변형시켜야 한다는 건가요?

브라이언 : 아니오. 나는 아이들이 명명법이나 말로 하는 과정들을 편안해 한다는 것을 발견했지만, 우리가 실제 무언가를 하기 전에 그들과 함께 "연습훈련"을 해야 한다고 생각해요. 나는 아이들이 TIR절차에 대해 명확하게 이해하도록 돕기 위해 질문과

지시사항을 꼼꼼히 검토해요. 그렇게 해야 가능한 내가 말을 적게 하게 되고 내가 질문하는 것과 질문하는 이유를 아이들이 잘 알게 되지요. 나는 아이들에게 이렇게 말해요.

"나는 지금 네가 경험한 그 사건을 불러 일으키려고 해. 즉 내가 시작이라고 말할 때 너의 기억의 카메라가 그 사건이 일어났던 시점으로 돌아가길 바래. 그 순간에 일어났던 모든 움직임과 얼굴표정을 아주 주의깊게 보고 내가 멈추라고 말할 때 네 기억의 카메라를 끄면 돼. 내가 바라는 것은 네가 그 때 일어난 사건의 현장으로 되돌아가보고 네가 경험하고 본 것을 그대로 구체적으로 나에게 말해주는거야."

실재 경험한 사건에 대한 TIR을 시작하기 전에 나는 준비과정으로 책상에서 연필이나 다른 물건을 집어 들어 공중에 던지고 나서 그것을 잡은 다음, 연필을 보며 당황스러운 표정을 지은 후, 그들을 향해 "멈춰"라고 말해요. 그런 다음 TIR의 실제단계를 가지고 그들이 체험해 보도록 해요. 그것으로부터 아이들은 비교적 기본적인 지식과 TIR이 무엇인지에 대해 이해하게 돼요.

빅　　토 : 아이들은 이렇게 말할 거예요. "연필을 붙잡았어요?"

브라이언 : 맞아요. 그래서 나는 이렇게 질문을 던지지요. "내가 무얼 하는지 그 외에 다른 것을 본 것이 있니?" 그러면 아이는 "아니오"라고 말할 거고, "내가 저 펜을 이상한 듯 바라 본 것을 기억하니?"라고 말할 거에요. 그러면 아동은 "예, 그래요"라고 답하겠지요.

빅　　토 : 흥미롭네요. 그들이 거기에 있지 않았을지라도 이것은 아이들을 현재로 데려오는 효과가 있으니 말이에요.

브라이언 : 그렇지요. 이것은 아이들을 자신의 생각 밖으로 데려가요. 아이들은 이것을 즐기는 경향이 있지요. 왜냐하면 이것은 자기에게 유리한 쪽으로 게임을 이끄는 능력을 가졌기 때문이죠. 그래서 아이들이 좋아하구요.

빅　　토 : 성숙도에 따른 아동의 치료여부는 어떻게 결정하나요? 최소한의 나이가 정해져 있나요?

브라이언 : 나는 나이제한을 전혀 두지 않아요. 아동이 너무 어리다면 각 단계를 동일하게 따르진 않아요. 아동이 이 과정을 할 수 있도록 쉬운 기법만을 기본적으로 사용하고, 너는 무엇이 일어났는지 보았니? 어떤 느낌이 들었니? 라고 질문해요. 다소 가볍게 회기를 유지하지만 기본적인 것은 아동이 나와 의사소통을 하도록 하게 한다는 것이지요. 그들이 자기에게 무슨 일이 일어났고 그 일에 대한 아이들의 인식은 무엇이며 어떻게 느꼈는지에 대해 말하도록 시켜요. 아동이 회기상황에서 필요한 것 외에 다른 것을 하고 싶어 여기저기 돌아다니기 전에 시간을 짧게 해서 끝내지요.

(이것은 TIR워크숍에서 아동을 위해 추천되는 이야기치료 접근방법이다.)

빅 토 : 성인들과는 반대로 아동과 함께할 때 특별한 어려움이 있는지요?

브라이언 : 다만 초점을 어디에 맞출지가 문제지요. 만약에 잘 알려진 사건을 다룰 경우(기본적인 TIR), 예를 들어 자전거사고로 인해 부상당한 것과 같은 사건을 다룬다면, 그 사건과 관련하여 현재 드러난 문제를 다루게 되지요. 다시 말해서 이 사건으로 인한 충격이 지속적인 영향을 미칠 수 있으므로 적절한 종료시점에 이를 때 까지 여러 회기 동안에 이 사건에 대한 기억을 떠올리게 하는 접근방법을 사용해요.

빅 토 : 성인과는 반대로 아동에게 특별히 자주 발생하는 특정 유형의 사건이 있나요?

브라이언 : 아동에게는 상실 또는 사고보다는 대부분 사회적 상호작용과 관련된 것이 많아요.

빅 토 : 특별히 기억에 남는 사례가 있나요?

브라이언 : 제가 경험한 사례 중 가장 괴이한 사건은 점점 확대되는 파괴적인 악몽에 시달리는 8세 아동의 사례에요. 그의 아빠는 내가 아이와 상담을 하는 것이 좋을 것 같다고 생각했지요. 부모에게 나는 "이 일을 하게 되어 기쁘지만 우리가 모르고 있는 사실은 아이가 기꺼이 상담을 하고 싶어 하는지 아닌지 또는 우리가 얼마나 도움이 될 수 있을지에요."라고 말했어요.

소년과 상담을 하기로 결정했고 첫 면담을 마쳤어요. 아이의 꿈은 불과 관련되어 있었지요. 나는 아이에게: 성냥을 가지고 논 적이 있니? 최근에 불에 대인 적이 있니? 돋보기를 가지고 논적이 있니? 최근에 뭔가가 불타는 걸 보았니? 등의 많은 질문을 했지만, 이것들 중 어떠한 질문도 아이에게는 전혀 자극이 되지 않았어요. 갑자기 아이는 Discovery channel에서 apollo mission에 대해 시청하고 있었다고 말했고 그것은 정직한 표현이라는 것을 알 수 있었어요.

그 아이는 아폴로 1호의 불에 대해서 전혀 몰랐지요. TIR회기에 전개된 이 사건은 가상의 사건으로 만약에 아폴로 1호에 불이 났었더라면 발생할지도 모르는 일과 관련된 것이었어요. 이것에 대해 나는 아무런 언급 없이 그에게 말하도록 했지만, 처음에 그 아이는 "정신이 나간 것처럼" 당황스러워하는 것 같았어요. 아이가 '도대체 이것이 뭐지?'라고 중얼거리듯 말해서, '괜찮아, 무엇이든지 다 될 수 있어' 라고 나는 말했고, 이것에 대해서 계속 이야기해 보지 않겠느냐는 나의 제안에 곧바로 아이는 "좋아요"라고 말했어요.

그의 설명은 흥미로웠어요: 글러브를 낀 한 손이 솟아올라 손잡이를 아래위로 젖히게 되어있는 텀블러스위치를 확인했지만, 그것에 비유될 만한 것은 찾을 수가 없었어요.

그는 헬멧 속에서 소통이 단절된 채 딱딱 부딪치는 소리만을 들었고, 고장 난 부분을 만지자 순식간에 아수라장이 되었어요. 그는 그곳을 빠져나오려고 애쓰고 있었어요. 아폴로 화재사건이 일어났을 시기에는 존재하지도 않았던 그 아이가 여기에 있어요. 아폴로 화재사건에 대한 이러한 상상은 회기에 내가 그에게 했던 유일한 것이고 그 경험을 통해 악몽은 멈추어졌어요. 회기시간은 단지 1시간 20분 정도였지만 그는 다시 행복한 아이로 되돌아올 수 있었어요.

빅 토 : 혹시 아이가 아폴로1호의 불을 다큐멘터리에서 보지 않았을까요?

브라이언 : 못봤지요. 그가 본 것은 아폴로 프로그램으로 들어가는 첫 번째 단계였고, 아직 그 부분은 방영도 시작하지 않은 시기였어요.

(TIR 상담을 할 때 항상 그렇듯이 클라이언트에게 떠오른 내용에 대해 어떤 해석도 평가하지도 않아요. 경험과 결과를 통해 볼 때 이 이치를 고수해야 해요).

빅 토 : 그 밖에 다른 사례가 있나요?

브라이언 : 오토바이에 치었다가 대퇴골 뼈까지 심하게 부상을 당한 소년이 있었어요. 나는 사고현장으로 소년을 데리고 가서 그에게 사고 당시의 상황을 실제처럼 해보라고 했고, 그는 나에게 어디에서 사고가 났고 어느 신체부위가 부상당했는지 상세하게

보여주었어요. 우리는 그 문제에 대해 TIR을 시행했어요. 소년은 회기를 진행하는 동안 통증에 사로잡혀 있었어요.

빅 토 : 다양한 관점에서 살펴보는 과정을 통해 변화가 생겼나요? 통증이 더 강해지거나 줄어들었는지요?

브라이언 : 맨 처음 소년이 사건을 이야기할 때는 전혀 고통이 없었어요. 그러나 이후 여러 차례의 회기과정을 통해 고통이 강화되었고 매우 심각해졌어요. 그 시점에서 그는 이 과정을 그만두고 싶어 했지만, 그러한 현상은 정상이고 만일 우리가 과정을 계속한다면 분명히 고통을 이겨낼 수 있을 거라고 격려해주었어요. 다행히도 우리는 버틸 수 있었고 극복할 수 있었지요. 그는 매우 행복해했어요.

[TIR 규칙을 분명히 준수면서 가끔씩 격려를 통해 아동은 어려운 일을 계속할 수 있고 해결책에 도달하는 것을 볼 수 있다. 흔히 클라이언트는 자신이 할 수 없을 거라고 생각했던 일을 끝까지 성취해냈을 때 무척 승리감을 느낀다.]

빅 토 : 그 이후 소년의 증상이 현저히 감소되었나요?

브라이언 : 물론이죠. 그의 엄마가 말하기를 그 회기를 끝낸 이후 치료과정이 훨씬 더 빨라진 것처럼 보였다고 해요. 그는 아무 감정 없이 자연스럽게 사고에 대해 이야기할 수 있게 되었죠. 나는 많은 치료회기를 경험해보았지만, 통증 완화를 일으키는 경우는 거의 없었고 이렇게 강하게 감소시킨 적은 더욱 없었지요.

빅 토 : 트라우마와 난독증 사이에 관련성이 있나요?

브라이언 : 그럼요. 정서적인 측면에서 분명히 관계가 있어요. 나의 이론은 우리가 싫든 좋든 일어난 모든 일은 우리의 머릿속에 기록된다는 거에요. 만약에 정서적으로 트라우마가 되었던 굴욕적인 경험이 있거나 또는 과거 외상경험과 유사한 상황에 부딪히고 자기에게 충격적인 외상을 준 사람이 가까이에 있다면, 그들은 당장 난독증이 생길 수 있어요. 제 경험에 의하면 이러한 경우가 많은 것은 아니지만 몇 번 있었고 그 때 나는 난독증프로그램을 진행하면서 TIR을 적용해야 했지요.

빅 토 : 그들이 다시 자극받았기 때문일까요?

브라이언 : 그렇지요. 그들은 트라우마가 일어난 지점에 고착되어 있어요. 상담자는 이러한 상황들에 부딪히면 흔히 "어떻게 해야 할지 모르겠어요."라고 말하곤 해요. 학생들이 이것에 대해 갈등을 이야기하지만 진정시키지 못하고 더 많은 혼란을 갖기도 해

요." 나는 이 문제를 가지고 TIR회기를 시작해요. 보통 이것은 꽤 빨리 진행이 되지요. 학업문제를 해결할 때 TIR은 분명히 효과가 있어요.

Janet Buell과의 인터뷰

자넷은 임명된 목사이고 교육학에서 학사학위를 받았다. 전체 목회상담자의 기독교그룹인 국제목회자협회의 회원이며 정서적 응급처치를 포함한 십여 권 이상의 책을 저술하기도 했다. 자넷은 수년 동안 TIR의 상담자로 활동했다(종종 아이들과 사용되는 대화적 TIR은 TIR워크숍 레벨1에서 교육되고, 자넷이 언급한 다른 유형의 치료법은 TIR워크숍 레벨2에서 가르쳐 진다. 부록B참조).

빅 토 : 아이들과 함께 하면서 가장 눈에 띄었던 경험에 대해 얘기 해주시기 바래요.

자 넷 : 가장 먼저 떠오르는 한 사례는 부모를 모두 잃은 유색인 12세의 소녀에요. 나는 소녀의 성숙도를 보기위해 우선 상담시간 동안 집중할 수 있는지와 회상능력이 어느 정도인지 평가했어요. 처음 만났을 때 소녀는 또래의 보통 아이들보다 훨씬 성숙해 보였지요. 평소처럼 나는 상담절차를 시작했고 실제로 소녀는 몇 시간 동안을 상담에 응할 수 있었어요. 자동차사고로 부모를 잃은 것은 예상치 못한 충격적인 일이었지만, 이 상황을 잘 헤쳐 나갈 수 있는 아이였어요.

소녀는 사고가 일어났다는 소식을 처음 들었던 순간을 기억해냈고, 그 때 내린 결심도 기억했어요. 첫 번째 결심은 그녀 자신이 부모가 되지 않겠다는 것이었어요. 부모가 되지 않으면 자기가 경험했던 그런 상실감을 자녀에게 주지 않아도 될거라는 생각 때문이었어요. 이것은 소녀의 일생에 중요한 영향을 미칠 수 있는 잠재력을 가진 결심이었어요. 상담을 한 것은 사건이 일어난 지 3개월 정도 지난 후였는데, 자연스럽게 사건으로 인해 생긴 마음의 짐을 어느정도 덜어버린 후, 소녀는 할머니가 돌아가셨을 때 또한 극도로 힘들었다는 사실을 깨달았어요. 이 사건은 부모를 잃었을 때와 비슷한 충격이었어요. 만약에 소녀가 이러한 깨달음을 표현하지 않았더라면 나는 끝까지 그 문제를 다루지 않았을 것이지만, 소녀는 이것을 다룰 에너지가 있었기 때문에 할머니문제까지 다룰 수 있었어요.

부모의 사망사건은 할머니를 잃은 것만큼 많은 시간이 걸리지 않았다는 면에서 훨씬 가벼웠지요. 전에 할머니를 잃었던 것 때문에 부모가 죽었을 때는 그 충격이 다소 감소되었던 것 같아요. 다시 말해서 누군가를 갑자기 잃어버릴 수도 있다는 사실에 대해 소녀는 이미 할머니의 죽음을 통해 깨달았기 때문이며, 자기 자신으로부터 다소 거리를 두는 방법을 알고 있었던 거죠. 소녀가 또래 아이들에 비해 성숙하고 현명하게 보였던 이유는 7~8세에 이미 항상 누군가 옆에 있을 거라고 여기고 의지해서는 안 된다는 것을 깨달았기 때문이었던 것 같아요. 그녀가 말하기를, "나는 엄마와 아빠를 잃을 준비를 시작한 것 같아요. 이미 나는 그와 같은 일이 일어날 것을 알고 있기 때문이에요." 소녀는 어린 시절에 할머니를 잃었던 사건을 통해 자신의 행동이 어떻게 변했는지에 대해 인식하고 있었어요.

소녀가 인생에 대해 다른 태도를 가지고 있는 주위의 아이들에 대해 이야기 했던 말이 기억이 납니다. 이것의 좋은 점과 나쁜 점에 대해 말했지요. 소녀는 또 다른 사랑하는 사람을 잃을까 두렵다고 말했고, 그러한 생각이 자신을 더 두렵게 한다며, 자기가 그렇게 된 것은 어린 시절 사랑하는 사람을 잃었던 것이 혼합된 결과라고 했어요. 소녀는 부모와의 의사소통이 중요하다는 것에 대해 늘 확신하고 있었기 때문에 부모에게 화를 내지 않았고 그러한 점에서는 다행이었어요. 예전에 할머니가 죽기 전 할머니와 속상한 일이 있었기 때문에 다시는 그러한 일이 일어나지 않아야 한다고 결심한 듯 했어요. 소녀는 부모와 자신이 언젠가는 서로 헤어질 것이기 때문에 사이가 좋아야 한다고 생각하고 늘 조심했다고 합니다. 이 소녀가 깨달은 또 다른 사실은 부모가 죽었을 때 적어도 부모와 자기 사이에 어떠한 혼란이나 속상함도 없었다는 거에요. 또한 부모와 일정시간 떨어져 있어야 할 경우에도 반드시 부모에게 사랑한다고 말하는 것을 자신의 규칙으로 삼았지요.

빅 토 : 소녀는 악몽이나 침투적인 사고와 같은 전형적인 트라우마 증상을 가지고 있었나요?

자 넷 : 소녀를 나에게 데려온 사람은 아이의 이모였어요. 소녀는 이 상황에 대해 용감했지만 이모가 언제 어디로 떠나버릴지에 대해 매우 걱정하고 있었어요. 또한 악몽을 꾸었고 가장 큰 걱정거리는 다른 사람을 계속해서 잃어버릴까 염려하는 두려움이었어요. 상실에 대한 불안으로 소녀는 매우 심각한 상태에 이르렀어요. 이모가 우편물을 받으러 나가는 경우에도 소녀는 자신이 이모를 사랑한다고 말해야 할 것처럼 느꼈다고 해

요. 이모는 부모가 죽은 뒤 자신을 돌봐 주는 중요한 사람이었지요. 아이의 상태는 이 사건에 너무 집중되어있어서 그로인해 자신의 인생을 제대로 살지 못하고 있는 것 같다고 이모가 느낄 정도로 불안하고 심각했지요. 소녀의 가장 드러난 증상은 누군가를 잃어버릴 것 같은 극도의 두려움이었어요. 다행히도 이모는 사건이 일어난 직후 신속하게 소녀를 나에게 데려왔지요. 데려오게 된 계기는 학교행사가 있었는데, 행사에 참석하려면 이모와 떨어져있어야 하기 때문에 학교행사에 참여하는 것을 거부했기 때문이었어요. 이모와 떨어지는 것에 대한 두려움이 너무 강해서 소녀는 여행을 가서도 즐길 수가 없을 것 같았어요. 이모가 보기에 이것은 아이의 미래에 큰 장애가 될 수도 있겠다는 생각이 들어 상담을 결정하게 되었다고 해요.

빅 토 : 정말 세부적인 것 까지 잘 기억하고 계시군요. 자세히 이야기 해주셔서 고마워요.

자 넷 : 그 소녀는 비범한 아이였어요. 나는 수천 시간의 TIR을 진행해왔지만 이 사례가 나에게 가장 큰 영향을 미쳤지요.

빅 토 : 더 어린 아동의 경우 치료방법을 어떻게 변형 시키는지에 대해서도 구체적인 예를 들어 주시기 바래요.

자 넷 : 상실을 겪은 아동과 상담할 때 나는 상황에 초점을 맞추고 치료유형과 관련한 것을 결정하는데 많은 시간을 사용해요. 짧은 시간동안 회기를 진행하고 특별히 격식을 차리지 않으면서 아동이 피곤해 하지는 않는지 관찰해요. 처음 상담할 때는 아동의 사건전체를 보기보다는 사건의 특정부분에 초점을 맞추고, 또한 용어선택을 단순화하죠.

빅 토 : 특정부분이라 하면 사건의 한 부분이나 한 측면을 해결한다는 말인가요?

자 넷 : 그것은 어떤 사건인지에 따라 많이 달라져요. 아동의 경우 나는 피곤한 기색이 있는지 또는 사건에 대한 주의력이 떨어지는지에 대해 많은 관심을 가지고 주의 깊게 관찰해요. 충격적인 사건의 한 측면에 대해 이야기하고 어떤 한 부분을 강조하면서 회기를 진행합니다. 어떤 부분은 더 많이 다루어야할 필요가 있다는 것을 알지만 아동의 주의집중시간이 길지 않기 때문에 여러 차례에 걸쳐 상담을 하지요. 많은 부분이 아동의 참여수준에 달려있어요. 아이들이 집중을 잘하면 계속하고, 다루어야할 주제가 마무리되었다고 확신하는 것은 아닐지라도 안도의 시점이 다가오면 회기진행을 멈추어요. 만약 어떤 주제가 이 사건과 관련하여 계속해서 흥미와 관심이 여전히 있

다면 다른 날에 다시 이 사건을 다루죠.

보통 성인들과 상담할 경우에는 필요한 만큼 충분한 시간을 가지고 한 회기에 완전한 종료시점에 이를 때 까지 계속하려고 해요. 그러나 아동의 경우는 주의집중시간이 길지 않고 그렇게 할 에너지도 없기 때문에 장시간동안 회기를 유지하기는 어려워요. 반면에 사건에 너무 집중되어 있어서 다른 데로 주의를 기울이지 않는 몇몇 아이들도 만났어요. 아마도 이것은 외상의 정도에 달려있다고 생각해요.

빅 토 : 몇몇 전문가들은 서너 차례의 회기에 걸쳐서 한 사건을 연속으로 다룬다고도 들은 것 같아요.

자 넷 : 그것은 상황에 따라 다른 것 같아요. 만약에 아동이 사건에 완전히 빠져있고 고착되어 있다면 아동을 잘 보살펴 주고 쉬게 해주며 더 오랜 시간 상담할 수 있도록 준비시키기 위해 최대한 노력할 수 있을 거에요. 그러나 아동이 일시적으로만 집중할 수 있고 전적으로 그것에 도취되지 못한다면, 나는 곧바로 TIR로 가기보다는 보다 더 가벼운 치료법을 시행하도록 노력할 거에요.

빅 토 : 기억 속에 남는 다른 사례가 있나요?

자 넷 : 당시에 16세였지만 실제나이에 비해 어려보이는 흥미로운 청소년이 있어요. 진단명은 "가벼운 자폐증"이었어요. 그는 16~17세였지만 9~10세의 아동처럼 행동했지요. 청소년은 기숙학교에 다녔고 학교가 그에게 큰 도움이 되었지만 학교로 인한 상실감이 있었어요. 자세한 상황은 기억이 잘 나지 않지만 아마 그 학교가 폐쇄되었고 더 이상 그는 거기에서 살 수가 없게 되었던 것으로 기억해요. 그때문에 큰 상실감을 겪게 되었지요. 부모는 그에게 필요한 도움을 줄 수 있는 다른 대안학교를 찾으려고 노력했어요. 청소년은 더 이상 만날 수 없는 친구들에게 집착했고 심지어 학교가 제공해 주었던 모든 것들에 의존되어 있었어요. 학교를 떠나야하는 문제에 대한 선택권이 없다는 사실을 이해할 수 없어 몹시 속상해 하고, 학교뿐만이 아니라 부모에게도 무척 화가 나 있었어요.

그가 자신의 나이에 맞지 않게 9~10세의 아동처럼 미숙한 행동을 했을지라도 나는 그에게 대화적 TIR치료법을 시행했어요. 그 청소년과의 경험이 매우 효과적이었기 때문에 지금도 인상적인 기억으로 남아있어요. 종료시점에서 당신이 기대하는 일반적인 징조가 나타나지는 않았어요. 부모는 그가 흥미있어 하는 다른 시설로 옮

기려 했기 때문에 나는 더 많은 내용을 서둘러 다루어야 했지요. 청소년과의 만남은 7회기 동안이었답니다.

빅 토 : 극적인 깨달음 보다는 그가 자신이 처한 상황을 단지 수용하는 시점에 도달했다는 이야기인가요?

자 넷 : 맞아요. 그는 자신에게 매우 중요했었던 학교에 대해 많은 이야기를 했지요. 숫자를 세는 것에 관심이 많아서 전 세계의 어느 장소든 우편번호 또는 지역번호를 다 아는 아이었어요. 청소년이 가진 이러한 특성은 그가 사용했던 것들을 잃게 되는 매우 실질적인 큰 손실이었어요. 그가 개발하고자 관심 가졌던 컴퓨터프로그램을 포함하여 하고 싶어 했던 많은 것을 중단하게 하는 현실적인 문제를 초래한 상황이었지요. 그는 분명히 이 일에 소질이 있었지만 또 다른 학교에서 자신의 장점을 사용할 수 있을지에 대해 늘 걱정했지요. 그는 비슷한 서비스를 제공해줄 수 있는 다른 학교로 가면서도 그것을 받아들일 준비가 되어있지 않았어요. 그럼에도 부모는 청소년을 학교에 데려갈 준비가 되었기 때문에 상담도 끝낼 때가 되었다고 생각했어요.

나는 그의 방식대로 이 사건을 보아야 했고 전학이 그에게 얼마나 큰 상실감을 주었는지 이해해야 했어요. 청소년이 지금까지 해온 프로젝트에 대한 애착은 보통 사람이 이해하기에는 어려운 것들이 있었어요. 이후에 나는 부모로부터 그가 새 학교에서 아주 잘 적응하고 있다고 들었어요. 이것은 정신질환을 가진 사람도 다른 사람들과 똑같이 트라우마를 겪을 수 있다는 사실을 깨닫게 해주는 사례였어요. 종료시점은 반드시 그들의 정신질환이 치료된 시점일 필요는 없으며, 다만 청소년이 상실감을 해결할 준비가 되었을 때가 종료시점일 수 있지요. 당신은 그 기준을 바꿀 필요가 있어요. 나는 자폐증을 치료할 거라고 생각하지 않았고, 그리고 치료하지도 못했지만 TIR이 그를 보다 행복하게 했다는 믿음이 있어요.

빅 토 : 난독증에 관해서도 똑같다고 들었어요. 난독증에 관한 사건들에 대해서도 이야기 해주시길 바래요.

자 넷 : 사실 그렇지요. 나는 난독증 자체보다는 난독증으로 인해 그들이 어떠한 취급을 받았는지에 더 많은 관심을 가지고 있어요. 그들은 난독증으로 인해 외부환경으로부터 부정적 경험을 하면서 자신감을 잃었기 때문에 자신감을 향상시키는데 초점을 두고 치료해왔어요. 실제로 그와 유사한 몇몇 청소년들을 치료했지요.

Alex Frater와의 인터뷰

알렉스는 심리치료사이자 공인된 범죄과학수사의 외상전문가이자 임상최면치료사이다. 그는 1986년 이후로 Australia의 Campbelltown에서 활동하고 있다. 그는 합리적 정서행동치료(REBT) 교육을 받았고 현재 TIR과 메타심리학기술을 적용하여 사용하고 있다. 나는 그가 개인적으로 시행하는 임상에서 사용하는 TIR방법에 대하여 이야기를 나누었다.

빅 토 : TIR을 배우기 전에 당신의 치료는 어떠했는지 그리고 지금은 어떻게 바뀌었는지요?

알렉스 : 1990년대 초까지 나의 업무량은 일주일에 70시간에 육박했어요(월요일부터 금요일까지, 오전 8시부터 오후 10시까지). 당연히 나의 주말시간을 침범하기 시작했지요. 나의 환자들 중 몇몇은 REBT를 사용하여 상태가 호전되고 많은 도움이 되었지만 어떤 환자들에게는 그렇지 못했지요. 나는 트라우마를 치료할 다양한 방법을 찾기 위해 전 세계를 돌아보기 시작했지요. Robert Moore의 논문을 읽고 그와 함께 나눈 이야기는 나로 하여금 미국에서 TIR훈련을 받도록 영감을 주었지요.

TIR을 배우게 된 배경에는 다음 두 가지 기대가 있었어요. 첫째는 업무량을 감소시키는 것이었고, 둘째는 환자들과의 효율성을 높이는 것이었어요. 결과적으로 효율성은 더 높아지게 되었지만 업무량에는 아무런 변화가 없었어요. 더 효율적이라는 것은 내가 더 많은 환자를 소개받는다는 것을 의미해요. 이 지역에서 약 18~20명의 개업의들이 나에게 환자를 의뢰했고 나의 일 중 85%는 의료체계로부터 의뢰받은 사례였어요. 초기 단계에서 한 지역의 정신과의사가 환자 5~6명을 거의 항상 의뢰했어요. TIR이 훨씬 더 효율적이라는 사실을 발견했지만 내가 업무량을 줄이기를 원했고 그에 대해 아무런 대처도 하지 않았던 것은 나의 잘못이었어요. 다양한 외상에 대해 TIR을 사용한 모든 사람들은 성공적이었다고 감히 말할 수 있어요. 이것은 나를 더욱 효율적으로 만들어 업무가 잘 굴러가도록 만드는 가치 있는 일이었어요.

나는 REBT(어떤 것은 인지임)에서 훈련을 받았기 때문에 첫 회기에는 가능한 완전한 평가를 하고자 해요. 두 번째 시간에는 REBT에 관한 인쇄물을 주고 한시간 동안 REBT개념을 알려준 뒤 2~3회기동안 이것을 계속했어요. 나는 훈련을 마치자마자 즉시 TIR시행을 시작했어요. 그러나 이후에 나는 TIR을 약간 미루고 다른 기본적인 일을 했을 때 더 좋은 결과를 얻을 수 있다는 사실을 발견했는데, 이것은 사람들에게 많은 도움이 되는 것 같았어요.

빅 토 : 아동들에게도 TIR을 시행하나요?

알렉스 : 아이들과도 TIR을 시행하지만 다만 더 짧은 시간동안 해요. 나는 항상 아이들이 이 일을 빨리 해내는 것을 보면서 무척 놀란답니다. 가장 기억에 남는 사례는 후진하고 있는 트럭바퀴에 사고를 당한 18개월 된 아기를 둔 가정이에요. 끔찍한 사건이었어요. 차가 아기의 머리를 밟았기 때문에 아기는 그 자리에서 죽었지요. 이 가족에게는 4명의 아이들 즉 10세 소녀와 7세 된 소년 그리고 4세인 소년과 그 아기가 있었어요. 첫째 아이는 이 사건이 있은 후 주차장 근처에 갈 수 없는 휴유증을 보였어요. 첫째인 소녀는 그 날의 기억을 4회기의 상담 후 외상문제를 해결할 수 있었지요. 나는 그 사례를 통해 트라우마에서 회복될 수 있는 아동의 능력이 믿을 수 없을 정도로 놀라운 힘을 가지고 있다는 것을 발견했어요.

또 다른 사례는 얼마 전에 만났던 12세 소년으로 그는 지난 4년 동안 부모의 방에서 함께 잠을 잤고 자기 방에서 혼자 자는 것을 두려워했어요. 나는 그에게 "네 방에 혼자 있으면 무슨 생각이 드니? 어떤 상상이 떠오르니?"라고 물었는데 "그냥 겁이나요"라고 대답했어요. 나는 다시 "네 마음속에 상상되는 것을 나에게 알려줄 수 있겠니?"라고 하자 소년은 "사람들이 그 곳에서 강도질을 해요"라고 말했어요.

내가 소년과 함께 TIR을 시행할때, 그는 4년 전 집 앞에서 차가 멈추고 문이 꽝 하는 소리를 들었어요. 마음속에서 소년은 그들이 강도라고 생각했던 것 같아요. 시간이 지날수록 소년의 마음속에서는(아무 일도 일어나지 않았었어요), 그 사람들이 자기 집으로 와서 문을 쳐 부시고 엄마와 아빠와 여동생에게 총을 쏘는 것을 상상했어요. 강도들이 자기에게 총을 겨누고 머리에 쏘려고 하는 꿈을 계속 꾸었지요. 이러한 생각들 중 어느 것도 사실은 아니었지만 그는 이런 생각을 너무 많이 해서 현실처럼 느껴졌던 것 같아요. 우리는 소년을 3회기의 상담으로 그의 생각속의 시나리오를 완전히 쫓아낼 수 있었어요.

빅 토 : 다시 말하면 그 사건의 환상이 해결되었다는 건가요?

알렉스 : 그렇지요. TIR이전에는 소년이 침대로 갈 때마다 그 환상을 머릿속에서 늘 떠올렸어요. 물론 환상속의 강도사건과 관련된 모든 생각과 감정을 마음속에서 쫓아낼 수

없었다가 TIR을 시행한 후 그러한 것들이 모두 없어졌어요.

빅 토 : 아동들의 경우 종료시점들이 다르다고 생각하나요?

알렉스 : 네. 아동은 훨씬 덜 극적이지요. 물론 성인의 경우도 그다지 극적이지 않은 사람도 있지만요. 아이들과 상담할 경우에는 너무 빠르게 종료시점에 도달해 버리기 때문에 매우 조심해야 해요. 아이들에게 나는 "어떤 느낌이 드니?"라고 질문하는데, 그때마다 아이들은 "기분이 무척 좋아요."라고 말하곤 하지요. 그러나 그들은 넋을 잃을 정도로 귀 기울이지는 않아요. 아동을 만날 때는 덜 세련되게 언어를 수정하기도 하는데 성인의 경우에도 그렇게 할 때가 있어요. 때로는 의사, 변호사, 사업가를 만나고 어떤 경우에는 거의 인지기능이 경계수준에 걸쳐있는 사람들도 만나기 때문에 대상에 따라 사용하는 언어를 바꾸기도 해요. 그들에게 나누어주는 인쇄물은 청소년들이 읽을 만한 수준으로 하고, 대부분의 사람들에게 동일한 인쇄물을 제공해요. 내가 만나는 아이들 중 몇몇은 매우 똑똑해서 인쇄물을 아주 잘 이해하는 것을 볼 수 있어요.

빅 토 : 아이들과 함께할 때 어떤 특별한 어려움은 없나요?

알렉스 : 아이들과 함께 하는 것이 즐거워요. 회기는 성인과 달리 그렇게 길지는 않아요. 나는 항상 아이들에게 더 긴 시간을 예약 하지만 그 시간이 다 필요한 적은 없었어요. 대개는 40분-50분이면 충분하다고 생각해요.

빅 토 : 아동과 함께할 때 한 사건에 대해 2~3회기에 걸쳐 사건의 개요를 다루어야 한다고 말하는 상담자도 있었어요. 각 회기에 오직 사건의 일부만을 다루면서요. 당신도 그렇게 생각하나요?

알렉스 : 아동은 금방 지루해 하기 때문에 잘 지켜봐야 해요. 그럴 경우 "괜찮니?"라고 질문하면, 아이들은 "네, 기분이 아주 좋아요" 라고 답하기 때문에, 나는 다시 "오늘은 여기에서 그만해도 괜찮겠니?"라고 말하지요. 반면에 한 번의 주어진 시간동안 모든 이야기를 다 다루어도 무리가 없었던 아이들도 있었어요. 오빠가 살해당한 어린 소년은 처음부터 끝까지 그리고 장례식에 다녀온 이야기를 할때까지 모든 이야기를 한 번에 다 할 수 있었지요. 소년의 첫 회기 상담은 1시간 20분이 걸렸어요.

이렇게 하는 동안 나는 첫 번째 상담시간이 다소 제 멋대로 흘러간다는 사실을 발견했지요. 이것은 아이들이 경험한 적이 없고 또 약간 특이하다고 생각하는 점이

기도 해요. 그러한 첫 번째 회기에 대해 나는 그리 염려하지 않아요. 그냥 첫 시간이 흘러가도록 놔두는 것이지요. 두 번째 회기는 더 잘 흘러간다는 것을 발견할 수 있어요. 그들은 이것이 이상하다고 생각하지 않을 거에요. 내가 다른 아이들에게 이것을 설명할 때 가끔씩 이렇게 말하기도해요. "그것은 좀 특이하지, 그렇지 않니?" 우리는 한 시간 이내에 대부분의 시간을 편안하고 꽤 쉽게 끝내요. 시간이 너무 길어지면 아이들은 집중력을 잃게 되거든요.

제 12 장 부모들의 성공한 TIR

아이들의 치료에 함께 참여하는 부모를 주제로 다룬 6장을 살펴보라. 이 장에서는 훌륭한 치료자일 뿐 아니라 아동을 개입할 때 필요한 객관성과 초점을 유지하도록 도와주는 부모들의 감동적인 이야기를 들려준다.

TIR과 유아기 트라우마

Tony Demaria

나는 내 아들 톰이 겪은 어린 시절의 외상이 수년 후 어떻게 다시 촉발되었는지, 그리고 어떻게 성공적으로 극복되었는지에 대한 일화를 함께 나누고자 한다. 다음은 톰이 9세에 겪었던 상황을 설명한다.

톰과 나는 무의식을 다루는 메타심리학의 기본적인 지원을 오랫동안 매주 받아왔다. 출장에서 집으로 방금 돌아온 날 나는 아들이 최근에 아동영화 "Chicken Little"에서 본 장면 때문에 몹시 화가 난 것을 발견했다. 톰이 다소 침울한 기분으로 나에게 말을 걸어왔던 기억이 난다. 영화에서 본 어떤 장면이 자기를 슬프게 했다며 그것에 대해 나와 이야기하고 싶다고 했다.

처음에 우리는 잠시 동안 영화에 관하여 이야기했다. 그런 다음 Chicken Little에서 하늘이 무너질 것 같은 특정 장면이 왜 톰을 그토록 슬프게 만들었는가에 대해 탐구하기 위해 우리는 TIR을 사용하기로 결정했다. 비 블록화(용어해설과 그 뒤페이지 참조), 그라운딩기법을 과거에 여러 차례 사용한 적이 있었지만, 톰이 TIR을 접한 것은 이번이 처음이다.

슬픈 특정장면을 몇 차례 살펴봄으로써 그는 다소 진정되었지만 미스테리한 감정은 여전히 남아있었다. 그래서 나는 이전에 비슷한 사건이 있었는지 물었다. 아들은 명확하게 발음을 하지 못할 정도로 어깨를 들썩이며 슬피 울었고, 그 상황은 마치 폭풍이 방을 한 차례 휩쓸고 지나간 것과 같았다. 마침내 톰은 이 사건을 이해하게 되었다. 태어난 지 2주가 되었을 때 톰은 구급차에 실려 병원에 간 일이 있었는데 그 당시에 느꼈던 두려움과 억압되어 있던 여러 생각들이 한꺼번에 파도처럼 눈물과 함께 올라왔던 것이다. 이 사건에 대한 바라보기는 의사소통 훈련(용어해설 참조)의 중요성을 깨닫는 시간이었다.

톰의 바라보기과정에서 흥미로운 몇 가지 강조점은 다음과 같다 : 구급차 속에서 응급구조대원과 의사소통할 수 없다는 두려움과 강한 좌절감, 뒤에 따라오는 차 안에 부모가 있다는 인식, 왜 이런 일이 일어났는지 모른다는 생각 등 이었다. 겨우 2주 된 아기의 의식에 관하여, 수년 후 이것을 회상할 수 있는 아동의 능력에 대하여 많은 이야기 거리가 씌여질 만 했다. 물론 가장 중요한 초점은 아이의 짧은 인생에서 가장 트라우마적인 사건을 직면하고 있다는 것과 동시에 사건에 대한 엄청난 양의 정서적 부담을 해소하고 있다는 점이다.

우리가 구급차 사건을 이야기할 때 톰은 흥미가 없는 사건의 일부는 따로 제쳐놓는 능력이 있었고, 또 남아있는 마음의 부담을 지속적으로 해소할 수 있었다. 마침내 종료시점에 도달할 때 톰은 이 사건을 통해 즐거움을 느낄 수 있었다. 톰은 주위를 둘러보며 "결국 내가 해냈어"라고 소리 질렀다. 유년기의 모든 트라우마를 자신이 해결해냈다는 갑작스런 인식이 톰에게 남아있는 마음의 부담을 남김없이 날려버리게 한 것 같았다. 우리는 TIR을 마쳤고 톰은 자기 방으로 들어가 비디오게임을 했다.

톰의 유아기경험이 남긴 영향 중 하나는 부모가 눈에 보이지 않을 경우 부모가 자신을 떠날지 모른다는 본능적인 두려움이었다. 이것은 톰이 울고 소리 지르며 집안을 뛰어다니게 만드는 원인이었는데, TIR을 경험한 이후 이것이 해소되었다. 톰은 여전히 우리가 어디에 있는지 알기를 원했지만 등골이 오싹한 비명을 지르는 일은 없어졌고 광적인 행동도 사라졌으며 자신감이 극적으로 발전했다. 이러한 변화에 우리는 많이 놀랐지만 톰은 놀라지 않은 것 같았다. 그는 결코 하늘이 무너지지 않는다는 것을 알고 있는 듯 만족해했다.

확실히, 톰은 예외적인 삶을 살아왔다. 비폭력적이고 사랑이 넘치는 가정에서 자라고 있었음에도 불구하고 톰은 선천적으로 심장에 결함을 가지고 태어났다. 세 차례의 심장개복수술을 받아왔고 마지막 수술은 말 그대로 소설에 나올법한 기적적인 회복이었다. 톰은 태어난지 2주 후 그리고 3세와 5세에 수술을 했다. 유아기 트라우마의 흥미로운 요소 중 하나는 바로 이것이다. 클라이언트에게 무엇이 트라우마로 간주되는가? 톰에게 있어 트라우마의 측면에서 실제적인 수술은 전혀 관심 없는 일이었다. 해결된 핵심적 요소들은 다음과 같다. 혼자 남겨지는 것, 방에 갇혀있는 것, 그에게 무슨 일이 일어나는 것 등이다. 톰이 자기에게 무슨 일이 일어나는지 알지 못한다는 사실이 그가 화를 내는 주요인이라는 사실을 발견했기 때문에 우리는 의사들이 모든 것을 톰에게 설명해 주는 것을 의무사항으로 만들어왔다. 무엇이, 어떻게, 왜에 대한 이 같은 지식덕분에 톰은 이 위험한 절차 동안에 아주 적은 후유증을 가지고 안정감과 통제력을 지속할 수 있는 능력을 가질 수 있게 되었다.

어린 아동의 말더듬 습관을 완화시킨 사례

어느 정도로 어린 아동에게 TIR을 실행할 수 있는가?

나의 아들 찰리는 두 살인데 최근에 말하는 것을 배웠다. 찰리는 의사소통하기를 좋아했고 기회 있을 때마다 연습했다. 어느 날 찰리는 심하지는 않았지만 말을 더듬기 시작했고 그것이 점점 눈에 띄기 시작한 어느 날 갑자기 말을 하지 못했다. 며칠 후 우리는 아이를 의사에게로 데리고 가서 "무엇이 잘못되었는지?" 물었다.

의사는 "걱정 마세요. 이 시기에 말을 더듬는 것은 흔한 일이에요"라고 대답했다.

"언제쯤 좋아질까요?"

"한 6개월 쯤 지나서요. 때로는 수년이 걸리는 경우도 있어요."

남편과 나는 말을 하지 못한 채 서로를 바라보았다. 아들은 이미 매우 속이 상해있었고 심하게 좌절하고 있었다. 우리는 찰리가 의사소통능력을 억제하는 것으로부터 회복되지 못할 줄 알았다.

우리는 집으로 돌아가자 찰리가 말을 하지 못하게 된 원인이 무엇인지 찾아보려고 노력했다. 찰리가 말을 더듬는 것은 갑자기 나타난 일이었다. 무엇 때문일까? 그 후 남편은 찰리와 함께 했던 경험을 기억해냈다. 일주일 전 남편과 찰리는 보육원에서 집으로 돌아오다가 커다란 트렉터와 굴착기 등의 건설기계를 보았다. 기계들에 매료된 찰리는 아빠와 함께 이 놀라운 기계를 바라보고 만져보고 이야기하면서 재미있는 시간을 보냈다. 그 다음날 찰리는 말을 더듬기 시작했다. 그 기계들이 말더듬을 촉발시켰을까?

모르면 용감한 법이다. 나는 두 살 아동이 TIR과 같은 기법을 성공적으로 사용할 거라고는 예상하지 못했다. 찰리는 절망했고 무엇이든지 시도해보려고 했다. 점심식사를 한 후 나는 찰리에게, "아빠와 네가 큰 기계를 보러갔을 때를 기억하니?" 라고 물었는데, 찰리는 "예~예~ 크크크--키기기~ "

"그때 무슨 일이 일어났는지 말해주겠니?"

찰리는 나의 질문에 대답하려고 노력했고 최선을 다해서 말하려고 노력한 몇 분 후부터 그 끔찍한 말더듬이 조금씩 감소되어 갔다.

[회기의 마무리시점에서 치료자는 알고자하는 어떤 것에 대해 아동에게 강요하지 않는 것

이 중요하다. 무엇인가를 알아내기 위해 강요할 경우 아동은 다음 회기에 참여하기를 꺼려하게 될지도 모르기 때문이다. 그러므로 치료자는 종료시점을 알아차리는데 특히 능숙해야한다.]

그 다음날 나는 다시 물었다. "아빠와 네가 그 큰 기계들을 보러 갔을 때를 기억하니?" 찰리는 고개를 끄덕였다. "무슨 일이 일어났는지 말해주렴" 우리는 몇 번 더 이 사건을 훑어보았지만 특별히 의미 있는 사실을 찾아내지는 못했다.

어떤 사건을 다룰 때 무언가를 확인하고자 할때 아무리 살펴봐도 특별한 것이 없을 때 무엇을 하는가? 내가 아는 한 찰리가 태어난 이후 그렇게 큰 기계를 본 것은 처음이었다.

나는 심호흡을 하고 다시 물었다. "그 이전에 그렇게 큰 기계를 본적이 있니?" 찰리는 나를 바라보았고 무언가를 향해 재빠르게 주의를 기울였다. 찰리는 몸을 떨고 말을 더듬거리고 고개를 끄덕이기 시작했고 그리고 나서 웃기 시작했다. 찰리는 2~3분 동안 웃었고 나도 함께 웃었다. 마침내 찰리는 웃음을 멈추었고 이어서 딸꾹질을 하여 우리는 서로 바라보며 미소 지었다.

이후 찰리는 다시는 말을 더듬지 않았다.

제 13 장 정신건강클리닉 센터에서의 TIR

Tricia Furze, MSW, RSW
interviewed by Victor Volkman

빅 토 : 당신의 배경과 임상경력에 대해 이야기 해 주세요.

페트리시아 : 사회복지 학사학위를 마친 후, Ontario주에 있는 아동지원 협회에서 2~3년간 일하면서 많은 놀라운 경험을 했어요. 나는 다방면에 걸쳐 많은 것을 아는 직원의 입장에 있었으므로 다양하고 흥미로운 일을 맡았지요. 아동보호기관에서의 우리의 권한은 아동을 보호하고 안전을 책임지는 거예요. 일반직원으로서 나는 조사하고, 아동을 위탁가정이나 그룹 홈 또는 아동보호시설에 배치하고, 입양업무와 육아단체의 지원을 통해 가족을 강화시키고, 개인 상담과 가족 상담을 했어요. 이곳은 자료가 부족한 지역이었으므로 새로운 프로그램을 만들어야 했어요. 나는 가족치료사들과 인근지역의 대학교수들과 함께 놀이치료프로그램을 만드는 일에 참여했어요. 아이들과 부모의 비극적인 삶과 그들의 회복력은, 나로 하여금 사람들이 인생에서의 어려움을 변화시켜 의미 있는 삶으로 향하도록 돕는 치료자가 되고자 하는 목표를 추구하게 만들었지요.

나는 다시 학교에 들어가 아동과 가족을 전문으로 하는 학사학위를 마쳤어요. 졸업 후 Ontario의 Toronto에 머무르면서 그 이후 10년 동안 아동정신건강기관에서 일해 왔어요. 약 8년 동안 거리의 아이들을 돕는데 집중적으로 참여했고 그들과 함께 일하는 모델을 개발하기도 했어요. 우리는 그들의 정신건강문제를 해결하고 기술을 개발하기 위해 다양한 치료법을 제공했지요. 목표는 아이들이 취업을 계속 유지하고 인간관계를 잘 관리하도록 돕는 것이었어요. 이 같은 심각한 외상을 겪은 집단을 통해 내가 깨닫게 된 것은 트라우마는 개인이 참여하는 다양한 체계전체에 걸쳐 되풀이되고 있다는 것입니다. 그래서 우리는 의미 있는 변화를 만들기 위해 이 아이들과 함께 건강한 환경을 만들고 지지하기 위해 개입했어요. 이것은 내게 있어서 트라우마와 일반적인 사람이 가진 자신을 통합시키는 기본적인 욕구를 이해하게 된 성장의 기간이었어요. 또한 나는 두 개의 상설프로그램에서 상담을 맡아 정서와 행동에서 심각한 문제를 가진 13~19세 사이의 청소년들에게 도움을 주었어요.

1990년대 중반에 나는 Markham Stouffville Hospital에서 일했어요. 그 병원에서는 아동과 가족을 위한 정신건강클리닉을 새로 열어 프로그램을 개발할 팀원들이 필요했는데 이 팀에 나는 운 좋게 참여하게 되었지요. 그곳은 최전선에서 일하는 직원들에게 힘을 부여하는 철학을 가진 작은 지역공동체의 병원으로 경영지원을 받아 독립적으로 운영하는 곳이었어요. 이곳은 일하기에 흥미로운 대단한 클리닉이었어요.

이 팀은 시간제 정신과의사, 아동심리학자, 그리고 사회복지사로 구성된 곳으로 정말 작은 클리닉이지만 놀라운 일을 해 내었어요. 지난 5년 동안 나는 TIR을 통합시키는 성공적인 모델을 만들어내기 위해 동료와 함께 일해 왔어요. 우리는 사람들이 트라우마에 의해 방해를 받을 때, 그리고 그들이 무엇이 자신을 방해하는지 알고 있든 없든, 그러한 장애물을 제거하고 아동을 지원하기 위해 TIR을 사용했지요.

빅 토 : 병원에 들어온 환자가 경험하는 여러 단계들이 무엇인지 그리고 전체 치료계획에서 TIR이 어떻게 작용하는지 이야기 해주세요.

패트리시아 : 그 병원은 Toronto시의 북쪽에 위치한 급성장하는 지역의 작은 공동체병원에 속한 외래환자의 정신건강클리닉이에요. 이 병원과 연결된 모든 의사들로부터 우리는 의뢰를 받아요. 의사들은 욕구인식과 치료를 필요로 하는 정신건강 문제나 심각한 행동문제 환자들을 이 병원에 의뢰해요. 분열성장애, 불안장애, 우울장애, PTSD등이 해당돼요. 이곳은 일정기간 동안 고통을 겪어온 아동과 무척 심각한 아동을 다루지요. 의사는 오랜 시간에 걸쳐 진행 중인 치료에 많은 지원을 하고, 현재의 문제를 해결하기 위해 평가와 치료를 요구하면서 환자를 병원에 연결시켜 줍니다. 우리는 걸음마 단계의 아동부터 19세 아동까지 서비스를 제공해요.

의뢰는 전화로 이루어지고 주로 평가를 위해 사회복지사에게 보내져요. 사회복지사는 사무실에서 면담을 하는 동안 가족과 아동에게 연락하고 그들에게 필요한 것이 무엇인지 평가하는데, 이때 아동 심리학자가 초기심사에 참여하기도 해요.

예를 들어 사회복지사가 우울집단을 맡고 있다면, 그는 우울집단을 심사하고 그들의 욕구를 평가해요. 그 시점에서 가족을 평가했던 사회복지사는 아동과 함께 일하고 치료를 계속하지요. 평가시간 또는 그 이후에 아동이 불안, PTSD, 파괴적 행동 등의 장애 진단을 위해 심리학자의 평가가 필요하다면 심리학자에게 의뢰될 거예요.

또 다른 경우는 진단이나 약물처방이 요구되어 정신과적 평가가 필요할 때예요. 각 개인에게 도움을 제공하기 위해 치료자와 정신건강전문가 사이에 많은 상호작용을 하지요.

가족체계의 일원으로서 아동

일차적으로 클리닉에서 TIR이 필요한 사람들을 찾아내는 일은 사회복지사가 한다. 그들은 클라이언트가 개인치료와 가족치료로부터 도움을 받을 수 있다고 판단되면 인지행동치료를 사용하여 현재의 문제를 해결하려고 노력한다. 사회복지사가 좋은 의도를 가지고 가족과 열심히 일할지라도 종종 개인이 극복할 수 없는 어떤 장애물에 부딪치곤 한다. 그들은 문제를 해결하기도 하지만 해결된 문제의 수준을 지속적으로 유지시키는 데는 한계가 있다. 우리는 그들이 변화를 위해 헌신했음에도 불구하고 부모와 아이들이 새로운 기술들을 통합시키지 못할 때가 있음을 안다.

사회복지사들은 나에게 그러한 특별한 환자들을 위한 도움을 요청한다(왜냐하면 나는 이 그룹을 위해 TIR를 제공하기 때문이다). 우리는 가족과 그와 관련된 사람들에게 이 문제를 제시하고 TIR를 시행할 가능성에 대해 이야기한다. 무슨 일이 일어났었는지에 대해 가족에게 이야기하고 그들 삶의 어느 시점에서 어려움이 발생했는지 찾아내도록 도우며 또한 그와 비슷한 감정을 느꼈던 때가 언제인지 찾아내도록 지지하고 안내한다. 그 결과 아동과 청소년 그리고 부모들은 자신이 알지 못한 채 현재에 영향을 미치고 있는 과거의 어떤 사건에 대해 인식하게 된다. 이러한 인식을 통해 그들은 곤경에 처하게 한 문제를 해결하는데 관심을 가지고 문제행동에서 다시 성장을 보이기 시작하며 안도감을 얻고자 노력한다. 대부분의 시간동안 사람들은 과거에 일어난 일에서 안도감을 얻고 기분이 더 좋아지는데 관심을 가지고 있다. 이 같은 일이 일어나지 않으면 부모들은 변화가 나타나지 않는 것으로 여겨 좌절하게 된다. 그래서 이 시점에서 TIR을 제공하는 것은 종종 큰 위안을 준다. 처음에 부모들은 어려운 문제에 직면하는 것을 힘들어하기 때문에 불안해하고 조심스러워 한다. 그러나 대부분의 부모들은 아동을 돕기 위해 자신들이 할 수 있는 일을 찾는 것에 관심을 가진다.

[때때로 부모가 아동을 돕기 위해 할 수 있는 가장 중요한 것은 부모자신의 트라우마를 치료하는 것이다.]

대안적으로, 초기면담에서 어떤 사람이 현재문제의 기저에 놓여있는 트라우마를 가지고 있다면 여기에 주목해야할 것이다. 복잡한 슬픔을 안고 있던 어떤 한 사람이 결국 상실감을 극복할 수 없었던 경우를 예로 들어보자. 사람들은 "그날에 나의 일부가 죽었어요" 또는 "나는 그 사람이 죽은 이후로 나 자신이 아니었어요" 또는 "나는 심지어 그 사람에 대해 생각할 수조차 없었어요"라고 말할 것이다. 또 다른 전형적인 시나리오는 백혈병이나 진단하기 어려운 질병과 같은 매우 심각한 유년기의 질병을 가진 아동을 둔 부모이다. 자녀가 병원에 입원하면서 부모들은 이미 겁에 질렸고 오랜 기간 동안 무엇을 해야 할지 몰랐다. 이것은 가족에게 트라우마가 되었고 그 이후의 삶이 쭉 연속상에 있었다. 질병이 발견되고 아동은 치료를 받지만, 예상보다 오랫동안 질질 끌고 있는 것 같은 경험은 아동이 죽을지도 모른다는 두려움과 장기적인 불확실감을 주는 치료초기 동안의 영향이 트라우마로 자리 잡게 된다. 이러한 경험들은 질병을 앓고 있는 자녀를 둔 가정의 가족사에서 밝혀지는 한 부분이 될 수도 있다. 현재 계속되고 있는 것은 반복되는 상실에 대한 두려움이고 압도되는 걱정의 느낌들일 것이다. 온갖 형태로 다양하게 트라우마가 나타나는 바와 같이, 우리는 트라우마를 겪은 사람들에게서도 그러한 것을 본다. 그래서 현재에 작용하고 있는 잘 드러나지 않지만 외상의 기저에서 그 패턴을 찾아낼 수 있었던 동료는 나에게 해결되지 않는 트라우마에 대해 TIR을 실시해달라고 부탁했다.

TIR을 마친 가족들은 건강하고 좋은 경계선, 사회적 기능, 생활기술, 양육기술, 대처방식 등을 유지할 수 있도록 하는데 관심을 가진다. 일단 외상으로 인해 내면에 막혀있던 마음의 짐이 방출되고 해소되면 부모와 아이들은 새로운 기술을 그들의 반복되는 이야기에 통합시킬 수 있다. 이 역동은 매우 중요하다. 해결되지 않는 트라우마는 새로운 학습의 통합을 방해할 수 있고 그로 인해 사람들은 시간과 자원면에서 상당한 대가를 지불해야 하기 때문이다. 또한 괴로움은 사람을 당황시키고 좌절감을 주며 무기력감을 만들어 낼 수 있다. 가족구성원들은 상담에서 자신들이 가진 문제가 긍정적인 발전을 보이지 않으면 서로 비난하고 그 결과 가족 관계가 해체되기도 한다.

내가 만난 많은 환자 중에는 자신의 특정행동 패턴을 수정하기위해 온갖 유형의 숙련된 기술을 요하는 인지치료를 제공받았고, 그 특정행동의 패턴을 인지적으로 이해하고 충분히 인식할 수 있음에도 불구하고, 성장과 변화를 지속적으로 유지시키지 못한 사람들이 많았다. 그들은 자신이 경험했던 성장을 계속 유지시킬 수 없는 사람들 같았다. 그러나 종종 TIR시행 후에는 이것이 더 이상 문제가 되지 않았다. 만약 누군가가 TIR이전에 많은 상담을 했었다면, 이전의 상담활동에 의해 훨씬 더 TIR이 보강되었을 것이며 더불어 TIR경험은 더욱 효과적으로 조화를 이루었을 것이다. 그러므로 이것이 TIR 시행 이전이든 이후이든 TIR을 마친 후 기술적인 측면은 더 잘 통합될 수 있었다. 결과적으로 사람들의 망각의 장벽은 해소되고 자신의 내면에 더 유동적으로 접근할 수 있으며 더 많은 정서적 안정감을 얻는 것 같았다. 이것은 매우 흥미로웠다. 이와 관련하여 나의 생각은 기존의 병원에 TIR을 추가시키는 것은 치료시간과 비용을 줄이는데 도움이 되고 각 개인의 안도감과 효율성을 강화시키는 것 같다. 이것은 정신건강기관을 괴롭히는 있는 즉 "사람들의 이동이 잦은" 문제를 해결하는데 도움이 될 수 있다.

빅 토 : 메타심리학 이론의 일부는 당신이 트라우마를 해소하도록 돕고자 하는 일을 자유롭게 할 수 있는 데 많은 도움을 줄 수 있다는 것이죠.

페트리시아 : 맞아요. 사실 클라이언트들을 교육시키기 위해 그 이론을 사용해요. 그것은 TIR을 추구함으로써 얻을 수 있는 장점으로 내가 사람들에게 이야기 하는 것 중 하나에요. 우리가 그렇게 하는 방법 중 하나는 부모의 양육스타일을 확인하는 거에요. 종종 내가 만나는 가족들은 부모가 트라우마를 가지고 있고, 자식도 트라우마가 있는 가정이거나 또는 부모가 트라우마가 있어서 자녀들이 부모가 사용하는 양육방식에 의해 간접적으로(2차적으로) 트라우마를 겪는 가족들이에요. 트라우마가 있는 사람의 양육방식은 매우 극단적으로 지나치게 밀착되어 있거나 거리가 멀 수 있고, 그런 부모의 경우 자식들을 책임지면서 동시에 친밀하게 지내는 것과 일관성을 유지하는 것이 어려워요. 그들은 아동에게 지나치게 밀착되어 있거나 간섭하고 그 결과 책임을 질 수 없거나 또는 너무 화가 나서 자

식과 단절되어 있고, 혹독하거나 비효율적으로 대하게 되죠.

우리는 때때로 애정 어린 방식으로 아동을 돌보는 것에 대해 이야기하고 또 부모의 경험에 관한 고통스러운 부분을 찾아내어 돕는 것에 대해서도 이야기해요. 또 어떤 경우에는 아동이 가진 트라우마의 영향이 부모의 양육행동에 영향을 미치는 것에 대해서도 이야기해요. 예를 들어 아동백혈병치료는 5년이 걸리고 그 결과 부모에게 2차적인 트라우마를 가져다 줄 수 있어요. 그래서 우리는 부모의 경험이 아동에게 영향을 미치는 경우와 아동의 특성에 부모에게 영향을 미치는 이 두 가지 영역 모두를 살펴봅니다. 종종 우리는 아동이 사고를 당하는 것을 부모가 목격함으로써 부모가 간접적인 트라우마를 겪는 상황도 지켜보게 됩니다.

트라우마는 간혹 우리로 하여금 무의식적인 특정방식으로 행동하게 만들어요. 우리가 이것을 클라이언트에게 이해시킬 때 사람들은 상담에 더욱 흥미를 가집니다. 또한 클라이언트를 흥분시키는 것은 그가 한 번의 상담회기에 한 가지 일을 할 잠재능력이 있음을 알게 되고 그 결과 회기 동안에 새로운 결심을 할 수 있게 되는 거에요. 이것은 사람들이 여러 가지 다른 개입보다는 TIR에 흥미를 느끼는 절대적인 이유죠. 이들은 반복적으로 회기에 참여하기보다는 TIR를 통해 상담즉시 한 가지 일을 완수하는 자신의 모습을 지켜 볼 수 있게 되니까요.

빅 토 : 당신처럼 병원이나 유사한 환경에서 프로그램을 설계하고 있는 사람을 위해 제안하고 싶은 것이 있나요?

페트리시아 : 나는 그들이 TIR훈련을 받고 실제로 그것을 이해하고 시행해 본 후, 자신의 일에 통합시키는 방법을 지지합니다. 나 역시 이 사실을 받아들였고 임상에 적용했어요. 일단 내가 언제 어디서 이것을 도입할지 이해하고 능숙하게 되었을 때, 나와 함께하는 팀에게도 이것을 소개시킬 수 있었어요. 나의 팀이 클라이언트내면에 숨어있는 외상을 찾아내도록 교육하고, 이를 평가할 가장 좋은 방법도 소개해줄 수 있어요. 협회와의 연결고리를 이해하고 환자들을 교육하기 위한 접근방법들에 대해 설명할 수 있어요. 나는 이러한 것을 잘 이해하고 있기 때문에 팀원들과 환자를 지원하기 위해 한 팀으로 협력하면서 일할 수 있는 능력을 향상

시켜왔어요. 나는 증명된 TIR 레벨1 트레이너이고 비슷한 프로그램을 기존의 건강관리 관행 법에 통합하고자 하는 개인이나 단체를 지원하고 상담하는 일을 기꺼이 할 거에요.

빅 토 : 아동과 함께할 때 TIR을 어떻게 변형시키나요?

페트리시아 : 우선 아동의 주의집중 시간의 수준을 살펴봅니다. 아동과의 회기시간은 일반적으로 성인들보다 더 짧다는 것을 발견했지만 TIR을 시행하는 방법에 있어서는 큰 차이는 없었던 것 같아요. 성인과 마찬가지로 TIR을 시행하는 과정에 따라 발생하는 감정과 생각과 느낌에 대해 이야기하지요. 내가 돕고자하는 이들이 무엇을 기대하는지 앎으로써 도움을 제공할 수 있었어요. 나는 아동의 나이와 집중력을 지속할 수 있는 능력에 대해 더 많은 주의를 하는 편이에요.

빅 토 : 아동과 성인의 종료시점이 비슷한가요 아니면 다른가요?

페트리시아 : 비슷할 수도 있고 다를 수도 있어요. 아이들 중에는 놀라울 정도로 통찰력을 보여주는 현명한 아이들이 있어요. 어떤 부모들은 오히려 아이들이 찾아낼 수 있는 통찰력을 가지고 있지 않거나 또는 그 반대의 경우가 있고 개인마다 다른 것 같아요. 나이가 결정요소라고 생각하지는 않아요. 오히려 사람들은 각자 자기 나름대로 언어화시키고 해소할 수 있는 능력과 통찰력을 가지고 있어서 자기문제를 바라볼 수 있는 능력 또한 각기 다른 것 같아요. 때때로 표현의 측면에서는 남자와 여자 사이에 차이가 있지요. 사람들은 문제를 해결하고 견뎌낼 수 있는 능력이 다양하고 개인마다의 독특성이 있는 것 같아요. TIR에 관하여 가장 흥미로운 것 중 하나는 이것이 당신 앞에 전개되어 있는 긴 여행과도 같다고 볼 수 있어요. 그러나 그 끝이 어떨지에 대해서는 아무도 알 수 없는 그런 여행 말이에요. 또 다른 흥미로운 점은 클라이언트의 과정을 들을 때 그 사람의 불안이 어디에서 시작했는지 또는 우울의 경향이 어디로부터 존재했는지 볼 수 있어요. 이것은 마치 개인이 회기를 거칠 때마다 암호가 해독되는 것과 같고 또 그것이 사람들의 정신건강에 어떤 효과를 가져왔는지에 대하여 가장 잘 알려주는 것 같아요.

이것은 치료자들이 경험할 수 있는 경이로운 사실인 것 같아요. 나는 이 분야에 관심을 가진 모든 학생들이 TIR을 배워야 하고 또 이 과정을 통해 정신건강을 배울 수 있다고 믿고 있어요. TIR은 당신이 학교에서 배운 그 어떤 것보다 의미 있는 교육적 기회라고 생각하기 때문이에요.

제 3 부

배경과 이론

제 14 장

트라우마 해결에서의 중요한 이슈

Frank A.Gerbode, M.D.

❖ 다음은 앞에서 다루어진 내용들을 트라우마해결에 사용할 수 있도록 각색되었다.

Frank A. Gerbode에 관하여

Gerbode 박사는 영국의 Cambridge University에서 철학을 공부하고, Yale University에서 의학박사 학위를 받았으며, 1970년대 초 Stanford University 의료센터에서 정신과 레지던트과정을 우수한 성적으로 마쳤다. 그는 다수의 논문과 기사를 썼고, 이 논문들은 신경화학 저널, 신경약리학 국제학술지, 합리적 정서적 그리고 인지행동치료 저널 등에서 출판되었다. 그는 국제적인 교육자이며, '심리학을 넘어서 : 메타심리학에 대한 소개', 현재 3판의 저자이기도 하다.

TIR : 간단한 트라우마 해결기법

PTSD 감소를 위한 가장 흔한 접근법은 대처기법과 카타르시스 기법 두 가지 범주로 나뉜다. 어떤 치료자들은 클라이언트들이 PTSD의 증상에 대처하고 극복할 수 있도록 구체적인 방법을 가르쳐 준다. 또 다른 치료자들은 클라이언트가 자신의 감정을 해소하여 카타르시스를 느끼도록 격려한다. 이러한 접근은 클라이언트가 과거의 트라우마로 인한 마음의 짐을 해소하고 더 이상 부정적인 감정이나 태도 그리고 일탈적인 행동 또는 정신병적 상태 등을 드러내지 않도록 돕는 것이다.

대처기법과 카타르시스 기법은 일시적으로 클라이언트의 고통을 감소시켜주므로 회복된 듯 보이나 트라우마를 완전히 해결하지는 못한다. 본질적인 마음의 짐은 오히려 억압되어 있어서 얼마 지나지 않아 더 많은 치료를 필요로 하게 된다.

회상의 필요성(억압된 기억의 회복)

TIR은 한 사건의 영구적 해결을 위해 단순한 카타르시스나 대처보다는 회상이 필요하다는 원리에 따른다. 클라이언트가 과거의 충격적인 외상을 해결하기 위해 회상에 도달해야 하는 이유를 이해하기 위해서 우리는 인간중심의 관점 즉 클라이언트의 관점을 받아들여야 한다. 이를 통해 우리는 무엇이 트라우마를 고통스러운 기억으로 만드는지 이유를 설명할 수 있다.

시간과 의도

시간이라는 주제를 클라이언트중심으로 바라보면서 시작해 보자(그림 14-1 참조). 객관적으로 우리는 시간이란 "끝없이 이어지는 흐름" 즉 사건이 뿌리내리고 있는 뚜렷하게 구별되지 않는 연속체라고 간주한다. 그러나 사실 우리는 시간을 주관적으로 각자 다르게 경험하며 시간은 우리가 "기간"이라고 부르는 "덩어리"로 쪼개진다. 나의 경우 시간은 어떤 일이 일어나거나 좀 더 구체적으로는 내가 무언가를 하고 어떤 활동에 참여하는데 걸리는 시점의 간격 또는 기간을 의미한다. 어떤 시간의 기간은 과거에 속하고 어떤 시간은 현재에 속한다. 완성된 활동이라고 정의되는 시간의 기간은 과거에 속하고 진행 중인(따라서 미완성의) 활동이라고 정의되는 시간은 현재에 속한다.

현재의 내용물

이러한 이유 때문에 우리는 현재의 시간을 무한한 시점이라고 경험하지 않는다. 그것은 우리가 현재 참여하고 있는 활동에 해당하는 범위의 정도를 가지고 있다는 것이다. 예를 들어 내가 아버지였을 때, 세미나에 참석했을 때, 워크숍을 진행했을 때, 문장을 말하고 있었을 때, 이 단어를 말하고 있었던 그때 그 속에 있다. 이것들은 내가 참여하고 있는 모든 활동이고 각각은 정해진 넓이를 가진 시간의 기간으로 정해진다. 사실 나는 수많은 시간의 기간 속에 동시에 거주한다.

활동 주기

시간의 기간은 단순하지만 분명한 구조를 가지고 있고 참여하는 활동에 의해 결정되며 우리는 이것을 활동주기라고 부른다(그림 14-2참조). 시간의 기간(주기)은 우리가 활동을 시작하고, 그 활동이 지속되고, 그 활동이 끝날 때 끝이 난다. 문제가 되는 활동은 트라우마와 관련이 있거나 관련이 없을 수도 있다. 이것은 저격수에서 벗어나려고 노력하는 것 또는 휴가를 떠나는 것 일수도 있다. 예를 들어 "내가 파리에서 로마로 가고 있을 때"라는 시간의 기간은 내가 파리에서 로마로 가는 과정을 시작하고, 내가 기차표를 사고 기차에 타고 식당차에서 음식을 먹을 동안 계속되고, 내가 파리에 도달 했을 때 끝이 난다. 만약에 이 활동을 시작했지만 나에게 있어 끝이 나지 않는다면 이 시간의 기간은 여전히 진행 중이고 나의 현재 시간의 일부가 된다.

지배적인 의도

나의 활동들 각각은 지배적인 의도에 의해 다스려진다. 내가 방금 제시한 예에서, 의도는 파리를 떠나 로마로 가는 것이지만, 전투참전용사의 경우 그의 의도는 "복수하는 것"이다. 그러므로 사실 활동주기는 내가 어떤 의도를 형성할 때 시작되고, 의도가 존재하는 한 계속되고, 의도가 끝이 날 때만 끝이 난다. 그러므로 시간과 의도 사이에는 친숙한 관계가 있다.

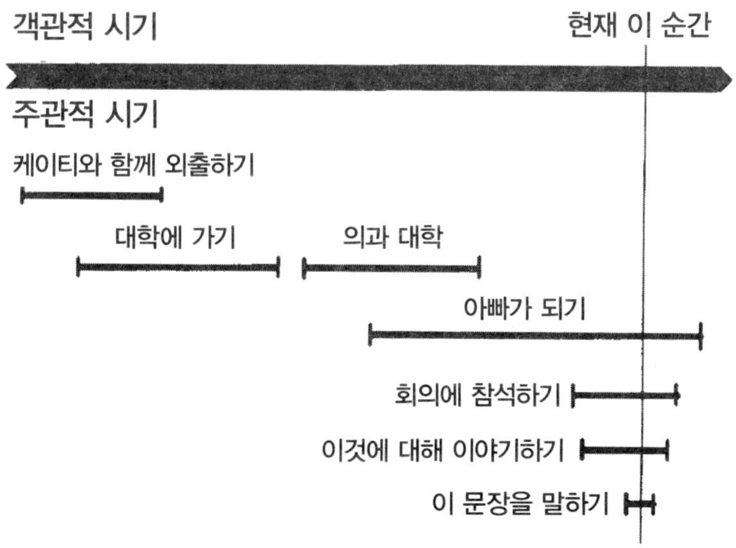

그림 14-1 : 객관적 시기 대 주관적 시기

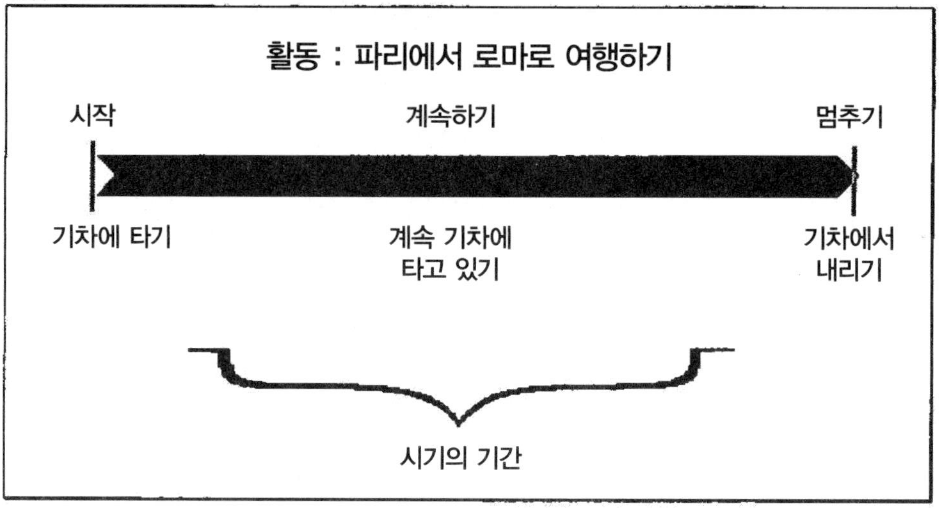

그림 14-2 : 의도와 시간

그림 14-1의 활동 각각은 상응하는 의도와 함께 공동으로(시간상으로) 같은 넓이를 가진다. 각각은 의도가 완성되거나 미완성이 될 때까지 계속된다. 현재의 시간은 현재의 의도에 의해 결정되는 시간의 기간으로 구성된다.

의도 끝내기

사실 의도를 끝내고 그 시기의 기간을 과거로 보내는 두 가지 방법이 있다.

의도 완수하기 : 의도는 완수될 때 다소 자동으로 끝이 난다. 왜냐하면 당신은 이미 어떤 일을 끝마쳤다는 것을 알고 있는 일을 계속 의도하지는 않기 때문이다.

의도 중단하기 : 비록 의도가 완성되지 않았을지라도 당신은 신중하고 의식적으로 의도를 뇌돌리려고(파괴하려고) 결심할 수 있다. 하지만 의도를 파괴하기 위해서는 당신이 그 의도와 의도를 만든 이유를 알아야만 하며, 당신이 알지 못하는 의도를 되돌릴 수는 없다.

다시 말해서 당신은 자신이 하고 있는 일을 알지 못한 채 그 일을 중단할 수는 없다.

억압의 영향

불안전한 주기를 억압하는 것은 그것을 파괴하는 것이며 동시에 완성하기는 훨씬 더 어렵다. 위에서 언급한 것과 같이 한 주기를 완성하기 위해서 나는 그 주기를 지배하는 의도를 알아야만 한다. 만약 그 사건이 가진 트라우마 때문에 내가 의도했던 사건을 억누른다면 나는 내가 그 의도를 가졌다는 사실과 의도를 가지게 된 이유에 대해 전혀 인식할 수 없게 되며 결과적으로 그 의도를 되돌리거나 변화시킬 수 없게 된다. 그 시기의 기간은 현재까지 계속되고 그것과 연관된 다소의 에너지가 여전히 남아있다. 사실 마음의 부담이란 "억눌러진, 완성되지 못한 의도"라고 정의할 수 있으며 마음의 부담을 제거한다는 것은 그 의도속에 있는 억압을 벗어버리는 것과 그것을 변형시키고 되돌리는 것으로 이루어진다.

이제 과거의 외상으로 인한 영향을 해결하기 위해서 우리는 왜 회상이 필요한지 분명해진다. 과거의 트라우마 속에 포함된 마음의 짐을 줄이기 위해 클라이언트는 외상경험과 충분히 접촉해야 하고 그 결과 자신이 억눌렀던 미완성된 의도를 찾아내고 왜 그 의도를 만들게 되었는지 찾아낼 수 있을 뿐만 아니라 그것을 되돌릴 수 있게 된다.

억압해야 하나? 억압하지 말아야 하나?

고통스럽고 힘든 어떤 일이 삶 속에서 나타날 때마다 사람은 선택 해야만 한다.

1. 충분히 경험하도록 허락하는 것
   a. 이것은 사건에서 개인의 의도를 충분히 이해하게 만들고 왜 그러한 의도가 생겼는지를 이해하게 한다.
   b. 이것은 그 의도를 되돌려야 할지 말아야 할지 선택하게 한다.
   c. 그 시점에서 사건은 위에서 설명한 "마음의 짐"에 대한 이해에 의해 해소되고 과거의 사건이 된다.

또는

2. 고통을 완전히 또는 부분적으로 억누르는 것
   a. 이것은 사건에서 그가 만든 의도와 의도가 만들어지게 된 이유를 인식하지 못하게 한다.

b. 이것은 그 의도들을 원래대로 되돌리거나 변화시키는 것을 불가능하게 한다.

c. 따라서 사건은 “마음의 짐” 상태로 남아있고 현재의 한 부분으로 계속된다.

고통스러운 사건에 대해 사람들은 억압을 통해 사건을 제거하려고 노력하는 경향이 있으므로 그럴 경우 문제를 해결하기보다는 오히려 무한대로 현재 상태에 남아있게 하는 모순된 결과를 초래한다.

마음의 짐이 미치는 영향

마음의 짐이란 사람의 에너지와 생기가 고갈되는 것을 의미한다. 다시 말하면, 에너지가 트라우마의 의도와 연결된 불완전한 시기의 주기 속에 묶여 그 사건을 인식하지 못하고 억압함으로써 해결하려 하므로 에너지나 생기가 고갈되고 그 자리에 마음의 짐이 자리잡게 된다. 따라서 해결되지 않은 과거의 트라우마를 가진 사람은 인생에서 목표가 없거나 무엇에든 무기력한 경향이 있다. 과거 트라우마의 두 번째 영향은 어려움이 복잡하게 나타난다. 환경 속에서 경험하는 외상과 유사한 상태는 과거의 억압된 외상을 “재자극”하거나 촉발할 수 있다. 마치 벨소리가 파블로프의 개를 침 흘리게 하는 것처럼 말이다. 과거의 외상경험이 연상될 때 사람은 다시 위에서 말한 선택을 해야 한다. 개인에 따라서는 원래 사건에서 일어났던 것을 충분히 인식하게 되거나 마음에 떠오르는 사건을 억누르게 된다. 억압이란 “연상”시키는 그 사건이 이차적인 트라우마를 일으키게 하며 나중에 비슷한 상황이 발생할 경우 현재의 사건뿐 아니라 이전의 트라우마 사건이 재자극이 된다는 것이다.

트라우마적 사건의 순서

예를 들어(그림 14-3), 아버지가 어머니를 충동적으로 때리는 상황을 목격한 8세 아동을 살펴보자. 이 사건 속에는 카펫의 느낌, 구급차 소리, 껌 씹는 맛, 그 아이들의 울음소리, 부모의 시끄러운 말다툼과 욕 등이 포함되어 있다. 이 사건이 아동에게 극도로 무섭고 충격적인 외상으로 다가오기 때문에 아동은 “이 사건에 대해 생각하고 싶지 않아.”라며 결과적으로 이 경험을 억압하게 된다.

나중에 부모가 이혼한 후 몇 년 뒤 엄마와 새 아빠는 뒷마당에서 바비큐 파티를 하고 있다. 엄마는 껌을 씹고 있고 다른 아이는 울고 있으며 이 두 부모는 알 수 없는 무언가에 대해 크게 논쟁을 벌이고 있다. 이러한 상황이 벌어지자 아동은 의식적으로든 무의식적으로든 원래의 사건이 떠오르고 그 사건 속에 담겨있던 두려움을 느끼게 된다. 이것은 아이를 불편하게 하므로 부분적으로 또는 전체적으로 뒷마당에서의 사건을 억압하게 된다. 이 사건 속에는 또한 바비큐 냄새와 개 짖는 소리가 포함되어 있다.

이 사건 이후에, 아이는 거실의 카펫 위에서 놀고 있고 이웃집의 바비큐 냄새가 창문을 통해 들어오고 개가 짖자 아이는 갑자기 두려움의 감정을 경험한다. 그 이유는 초기사건 즉 뒷마당에서의 사건과 공통된 요소들에 의해 강하게 자극되었기 때문이다. 다시 말해서 개 짖는 소리와 바비큐 냄새 그리고 카펫의 질감 등과 같은 것은 아이에게 불편감을 주므로 아이는 이것과 관련된 기억을 억압하고 그 결과 이것은 또 다른 이차적인 트라우마가 된다. 이 사건은 또한 몇 가지 추가적인 요소를 포함한다: TV소리와 어린 남동생이 울거나 말하는 소리.

나중에 이 아동은 자기의 방 위층에서 잠을 자려고 노력한다. 어린 남동생이 소란을 피우고 아래층에서는 마룻바닥을 통해 들려오는 소리가 신경을 자극하지만 무슨 말을 하는지 잘 알아들을 수는 없다. 근처에서 구급차가 다가오는 소리가 들린다. 또다시 아이는 기억을 상기시키는 어떤 요인들로 인해 온몸이 마비되는 두려움을 경험한다. 비록 과거의 트라우마가 억압되어 있었을지라도 아동은 자신의 두려움의 원인이 조용하게 들려오는 소리치는 소리나 남동생의 짜증나게 하는 소리라고 생각한다. 이 사건은 침대에 누워있는 것과 움직이는 것을 두려워하는 것도 포함되어 있으며 여기에는 억압되어 있는 무의식의 반응이 있다.

한참 뒤 여전히 아이는 레모네이드를 마시며 남동생과 TV를 보고 있었고 멀리 밖에서는 사이렌소리가 들린다. TV와 사이렌 소리 그리고 동생과 함께 있는 것 등이 이전의 사건을 촉발했고 두려움을 느끼게 한다. 이제 아이는 카펫 위에 있거나 TV를 볼 때마다 말로 형용할 수 없는 두려움을 느끼고 어머니는 화가 나서 레모네이드를 다시는 마실 수 없다고 말할 것이다. 무작위로 등장하는 꿈의 요소들이 트라우마와 유사한 순서를 한 층 더 자극할 수 있으며 그 결과 아이는 더욱 자주 악몽을 꾸게 된다. 마침내 아동은 학교에서 제대로 적응할 수 없게 되고 본격적인 PTSD로 진단 내려지게 된다.

이것은 외상사건의 순서로 처음에는 "핵심" 사건으로 시작하고 나중에는 사건 또는 관련된 사건을 통해 재자극된 수많은 사건을 포함하고 있다. 모든 사건에 있어 공통적인 단 한 가지는 매번 아동이 느끼는 두려운 감정이다. 아동은 두려움의 원인이 현재에 있는 어떤 것으로 보지만 그 원인은 핵심사건인 아동이 느꼈던 원래의 공포로부터 기인한다.

외적으로 제 자극을 주는 요소	자극되는 상	주제(반응)
1. 카펫의 질감 2. 구급차 3. 껌의 맛 4. 우는 소리 5. 시끄러운 목소리	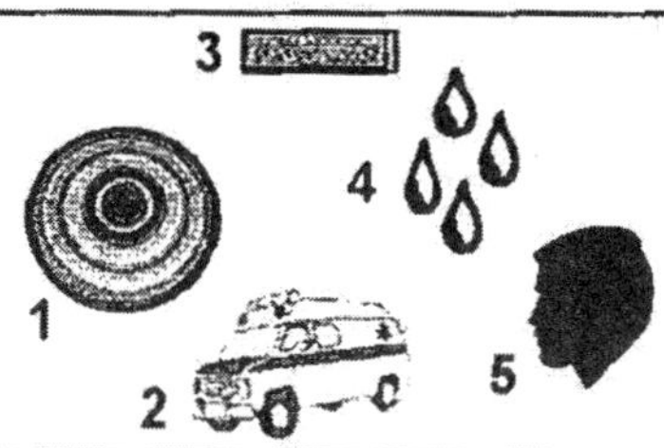	 두려움
1. BBQ 냄새 2. 개 짖는 소리 3. 껌의 맛 4. 우는 소리 5. 시끄러운 목소리		 두려움
1. BBQ 냄새 2. 개 짖는 소리 3. 카페트 질감 4. TV 소리 5. 어린 남동생	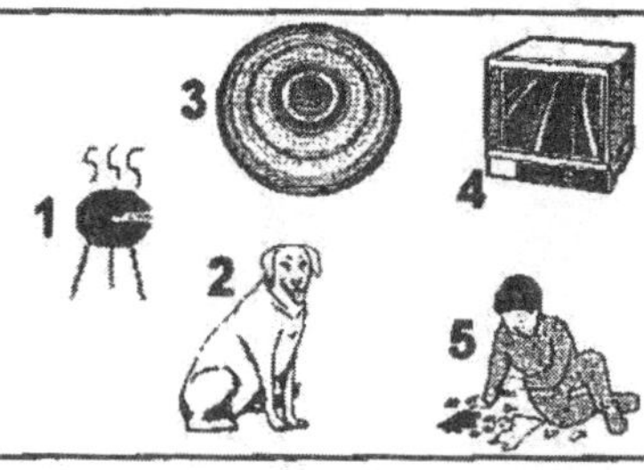	 두려움
1. 불면증 2. 침대에 누워있기 3. 사이렌 소리 4. 시끄러운 목소리 5. 어린 남동생	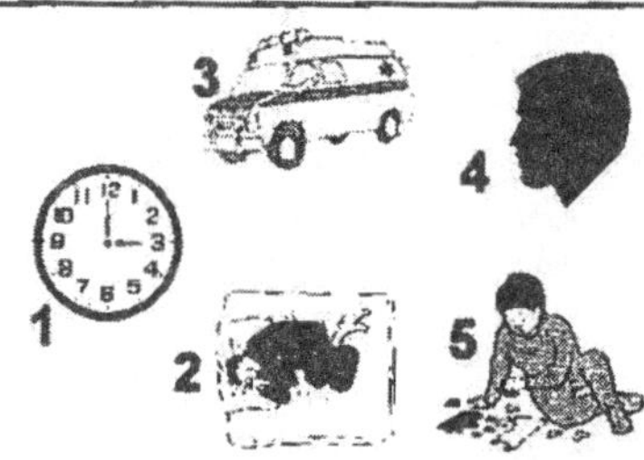	 두려움
1. 카펫의 질감 2. 사이렌 소리 3. 레몬에이드 4. TV 소리 5. 어린 남동생	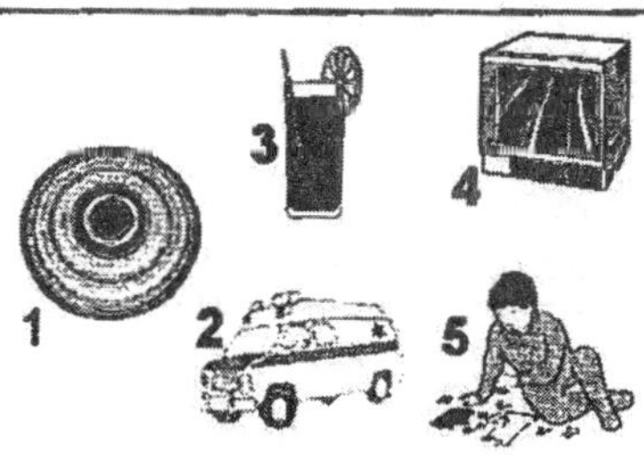	 두려움

그림 14-3 : 외상사건의 순서

외상사건의 관계망

우리는 단지 몇 가지 사건을 보여주었을지라도 실생활에서 이 순서는 수백 개 또는 심지어 수천 개의 사건을 포함할지도 모른다. 더욱이 일반적인 사람은 상당히 많은 내용에서 이 같은 공통적인 순서를 따르면서 다양한 주제를 경험한다. 이 순서는 서로 겹쳐지면서 외상사건의 관계망을 형성하는데, 이것을 외상사건의 관계망 또는 줄여서 "Net"이라고 부른다(그림 14-4

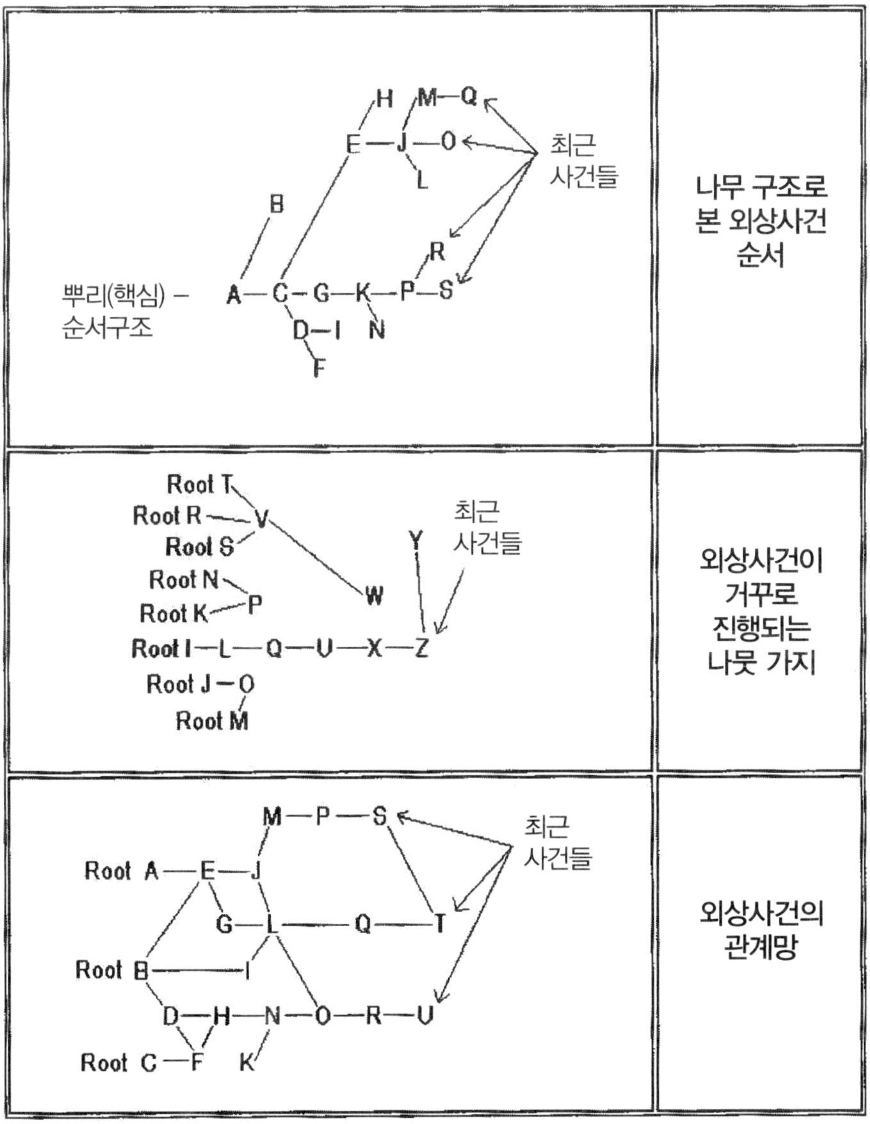

그림 14-4 : 외상사건의 관계망

참조). TIR의 목표는 이 관계망이 포함하는 마음의 부담을 줄이고 앞에서 언급한 재자극의 순서를 따르면서 경험하고 관계망에 연결된 의도를 되찾는 것이다.

여기에서 우리가 보여준 것은 단지 가정폭력의 아동 목격자나 강간 희생자의 상황 뿐 만이 아니다. 이것은 인간의 조건이다. 우리 모두는 삶의 어떠한 영역에서 제대로 기능하지 못하게 하는 과거의 트라우마 즉 재자극하는 요소를 포함한 트라우마를 가지고 있다.

관계망(Net)에 대한 해결책

해결책을 언급하기는 쉽지만 그 해결책을 실제로 성취하는 것은 훨씬 더 까다롭다. 트라우마는 매우 강렬하고 완성되지 않은 억압된 의도를 가지고 있으며, 예를 들어 복수하려는 의도, 탈출하려는 의도, 사건을 억압하려는 의도 등을 포함한다. 클라이언트는 각 순서에 대한 핵심사건을 찾아서 그것을 완전히 인식해야 한다. 그렇게 했을 경우 그 사람은 사건의 의도를 인식하게 되고 그 의도가 지금 이곳에서는 더이상 관련이 없으므로 의도를 되돌릴 수 있다. 그 시점에서 사건에 포함된 주기는 보완이 된다. 그 사건들은 과거의 일부가 되고 더 이상 재자극되지 않으며 TIR은 그러한 결과를 얻게 해 준다.

기억상실을 원상태로 돌리기

불가피한 회상에 도달하기 위해 무엇이 필요한가? 한 사건을 인식하기 위해서는 스냅사진을 보는 것이 아니라 영화(동영상)를 보는 것처럼 처음부터 시작해서 끝까지 가야 한다. 따라서 우리는 이 절차를 "사건 바라보기"라고 하고, 클라이언트는 "보는 사람"이라 부르며 클라이언트가 사건을 잘 바라보도록 돕는 사람을 "조력자(치료자 또는 상담자)"라고 부른다. 이 같은 용어를 더 잘 이해하기 위해서 193쪽의 용어해설을 참조하기 바란다.

사건의 일부를 단지 스치듯 보기만 한다면 충분한 회상작업을 기대할 수는 없을 것이다. 이것은 가장 중요한 부분이자 동시에 가장 대면하기 어려운 부분을 놓쳐버리기 때문이다. 최대한의 회상에 도달하기 위해서는 지지적이고 말없이 어떠한 방해도 없는 환경에서 전체 사건을 훑어 볼 수 있도록 허용되어야 한다. 더욱이 사건을 단 한 번 돌아보는 것으로는 충분하지 않다. 만약에 당신이 한 영화에 완전히 친숙해지기를 원한다면 수차례 그것을 보아야 하고 그럼으로써 매번 그 영화에 대한 새로운 것을 발견할 수 있을 것이다. 이것은 외상사건을 다루는 기간과 유사하며, 클라이언트가 영화를 보는 대신 과거의 외상사건을 본다는 점에서만 차이가 난다. 이것은 쉽지 않은 일이다.

근거적 TIR과 주제별 TIR

피해생존자와 강간 피해자, 하나 또는 불연속적인 사건의 생존자들의 경우와 마찬가지로 클라이언트가 먼저 어떠한 트라우마를 살펴보아야 할지 안다면 비교적 단순한 형태의 TIR인 "근거에 초점을 둔 TIR"을 사용할 수 있다. 당신은 단지 클라이언트가 하나의 잘 알려진 사건을 충분한 시간을 가지고 살펴보도록 하면 된다. 그러나 대부분의 경우 클라이언트는 자신이 겪고 있는 어려움의 기저에 깔린 핵심 트라우마가 무엇인지 완전히 알지 못한 채 시작한다. 그렇다면 어떻게 그것을 찾아낼 수 있을까? 이를 위하여 "주제별 TIR"이라고 부르는 기법을 사용하는데 이 기법에서 원래의 핵심 트라우마에 대한 원치 않는 감정, 정서, 감각, 태도, 공포를 추적할 수 있다.

종료 시점

클라이언트가 핵심사건을 찾아내고 표출할 때 매우 구체적이고 극적인 일련의 현상이 나타나는데 이는 클라이언트가 완전한 카타르시스라는 감정의 해소에 도달했다는 것을 보여준다. 그때 우리는 클라이언트가 "종료시점"에 도달했다고 말하며 이 현상들은 주로 성인의 경우 다음과 같은 순서로 나타난다.

1. ***긍정적인 지표들*** : 클라이언트는 행복해 보이고 안도감을 느끼며 평화로워 보인다. 클라이언트는 무엇인가 무거움의 가운데에 앉아있는 것이 아니라 때때로 웃고 쾌활한 어떤 이야기를 하는데, 만약 좋은 다른 지표가 없다면 이러한 모습은 종료시점에 도달했다고 볼 수 있다.
2. ***깨달음*** : 그런 다음 클라이언트는 어떤 종류의 깨달음 또는 통찰력 즉 더 잘 인식하게 된 사실에 대해 이야기할 것이다.
3. ***외향적이 됨*** : 마침내 클라이언트는 외부에 관심을 갖거나 "지금-여기"에 초점을 맞추는 것을 볼 수 있다. 주로 치료자나 함께하는 그 공간에 대해서 또는 "지금-여기"의 어떤 것에 대해 이야기를 한다.
4. ***의도 그리고/ 또는 사건이 표출된 당시에 했던 결정*** : 때때로 클라이언트는 사건이 현

재의 어떠한 의도와 관련이 있는지 치료자에게 분명하게 이야기할 것이다. 만약에 그러한 변화가 보이지 않는다면 치료자는 사건 당시에 클라이언트가 했을지도 모르는 결정에 관해 묻고싶다고 요청할 수도 있다.

치료자는 긍정적인 지표 대신 클라이언트가 단지 사건에 대한 흥미를 잃어버렸다는 것을 발견할 수도 있다. 그럴 경우 대부분 클라이언트는 사건에 억압되어 있어서 사건보기에 마음을 집중하지 못하거나, 자신이 깨달은 것에 대해 공유할 가능성이 적을 수도 있다.

종료 시점을 볼 때 가장 중요한 것은 적정시기에 멈추는 것이다. 핵심사건이 해소되는 시점을 지나서도 계속한다거나 또는 클라이언트에게 사건을 회상해 보라고 계속 요구한다면 그는 혼란속에서 목적없이 방황하기 시작할 것이다. 그리고 당신이 TIR로 해결할 수 없을지도 모르는 많은 것들을 일으킬지도 모른다. 적어도 한 회기의 틀 구조 내에서는 그럴 것이며 이것을 "초과"라고 한다.

흐름

사람은 외부로부터 자신에게 행해진 것에 대해서 뿐만 아니라 자신이 타인에게 행한 것 그리고 자기가 자신에게 행한 것에 대해 마음의 짐을 가질 수 있다. 이것들은 사실 인과관계가 흘러가는 네 가지 주요한 방향이다.

유 입 : 외부세계에 속한 어떤 사람 또는 어떤 사람으로부터

유 출 : 클라이언트로부터 타인에게. 이것들은 클라이언트가 의도적으로 또는 우연히 행한 것으로 타인에게 영향을 미치는 것이다. 이 흐름을 다루는 것은 죄의식을 약화하는 경향이 있다.

직교류(가로질러 흐르기) : 다른 사람들에게 그러나 클라이언트로부터가 아니라 외부세계에 속한 어떤 것으로부터 또는 다른 사람들로부터 다른 사람들에게. 여기에서 보는 사람인 클라이언트는 "유일한 관객"이다. 그런 사건들은 매우 심하게 마음에 짐이 될 수 있다. 예를 들어 자식이 위협받거나 부상 당하는 경우를 목격하는 어머니처럼 말이다.

반사적인 흐름 : 자신으로부터 자신에게.

클라이언트가 이 흐름 중 하나를 포함한 강렬한 사건을 가지고 있을 때 그 사람은 또 다른 흐름을 가지는 유사한 사건을 가질 가능성이 있다. 클라이언트자신이 배신당했던 사건을 다룬 후 치료자는 클라이언트가 다른 사람을 배신한 어떤 사건이 있었는지에 대해서도 물어볼 것이고 또한 다른 사람이 누군가에게 배신당하는 것을 목격했었던가와 그 외의 사건에 대해 마음의 짐이 있는지 물어볼지도 모른다. 이러한 경험들은 클라이언트 자신이 가장 잘 알고 있을 것이고, 심지어 클라이언트가 자기 자신을 배신한 사건조차 있을지도 모른다.

사건을 인식하기 시작하면서 클라이언트는 가장 먼저 타인이 자신에게 행한 것, 자신이 타인에게 행한 것, 타인이 타인에게 행한 것, 자신이 자신에게 행한 것 순으로 인식하는 경향이 있다. 이처럼 근거를 바탕으로 한 TIR과 주제적인 TIR 둘 다 관련된 기본적인 지시와 흐름을 고려해야 한다.

결과

TIR은 PTSD의 기준에 적합한 대부분의 클라이언트에게 효과가 있으나 예외적으로 현재 약물중독이나 알코올중독을 겪고 있는 사람들에게는 효과가 없다. 클라이언트가 치료를 받는 도중에 다른 약물을 사용하거나 심하게 술을 마셨을 경우에도 사실 도움이 되지 않을 것이다. 또 다른 금기사항은 클라이언트가 일종의 성격장애를 진단받은 경우이다.

TIR절차가 배우기 어렵거나 복잡하지 않을지라도 이것은 매우 안전한 방식으로 구조화된 환경 속에서만 효력이 있다. TIR훈련 중 많은 부분은 클라이언트와 함께하는 TIR방식에 쉬운 의사소통기술과 특정한 규칙을 가르치는 방법도 포함되어 있다.

제 15 장 아동과 청소년의 PTSD

Jessics Hamblen PhD

A National Center for PTSD Fact Sheet

PTSD 진단은 1980년에 정신과적 진단으로서 공식적으로 인정되었다. 그 당시 청소년과 아동의 경우 PTSD가 어떻게 나타나는지에 대하여 알려진 바는 거의 없었다. 오늘날 우리는 청소년과 아동에게 PTSD가 발병되기 쉽다는 것과 PTSD가 연령대별로 특징을 가지고 있다는 것도 잘 알고 있다. 게다가 우리는 아동중심의 개입방법을 개발하기 시작했다. 이 간단한 보고서는 어떤 사건이 아동에게 PTSD를 일으켰는지, 얼마나 많은 아이들이 PTSD를 앓고 있는지, PTSD와 관련된 위험요소들, 아동에게 있어 PTSD는 어떤 모습을 나타내는지, 트라우마가 아동에게 미치는 영향들과 치료 그리고 아동을 위해 무엇을 할 수 있는지 등에 관한 정보를 준다.

어떤 사건이 아동에게 PTSD를 유발하는가?

PTSD 진단이란 한 개인이 자신 또는 타인의 생명 그리고 신체적 온전함을 위협하는 사건을 경험한 후 이 사건에 대해 심한 두려움과 무기력, 공포 등을 경험하고 있다는 것을 의미한다. 아동과 청소년에게 PTSD를 유발하는 것으로 여겨지는 수많은 외상사건이 있다. 만약 이들이 자연재해 또는 인간이 만든 재해에서 살아남았다면 PTSD로 진단될 것이다. 예를 들어 홍수, 학교 총격사건, 부모의 살해 또는 강간, 유괴, 납치 등의 폭력범죄, 자동차사고와 같은 오토바이나 비행기사고, 심각한 화상, 공동체의 폭력에 노출, 전쟁, 또래의 자살, 성적 · 신체적 학대 등이 있다.

얼마나 많은 아이들에게 PTSD가 발병하는가?

아동과 청소년의 PTSD 노출 비율을 조사한 연구가 시행되어왔다. 연구 결과를 보면 15~43%

의 소녀들과 14~43%의 소년들이 평생 최소한 한 번 이상의 트라우마적 사건을 경험했으며 외상을 겪은 아동과 청소년 중에서 여자아이들 3~15%와 남자아이들 1~6%가 PTSD 진단을 받았다.

PTSD의 비율은 위험요소의 표본조사에서 확인된 아동과 청소년에게서 더 높다. 위기에 처한 아동과 청소년들에게서 나타나는 PTSD 비율은 3~100%에 이르기까지 다양하다. 연구에 따르면 부모의 살인 또는 성폭행을 목격한 아이들이 100% PTSD를 가진다. 비슷하게 성적 학대가 있는 아동 90%와 학교의 총격 사건에 노출된 아동 77%, 지역사회의 폭력에 노출된 도시의 청소년들 35%는 PTSD를 가지고 있는 것으로 나타났다.

PTSD에 대한 위험요소는 무엇인가?

아동이 PTSD를 가질 가능성을 증가시키는 3가지 요소가 있다. 이 요소에는 외상사건의 강도, 외상사건에 대한 부모의 반응, 외상사건과의 물리적 거리이다. 대부분의 연구에 따르면 가장 심각한 트라우마를 겪은 것으로 보고되는 아동과 청소년은 가장 높은 수준의 PTSD 증상을 나타낸다고 보고한다. 가족지원과 부모의 대처방식 역시 아동의 PTSD 증상에 영향을 미치는 것으로 보인다. 연구에 의하면 가족지원을 많이 받고 부모로부터 고통을 덜 겪은 아동과 청소년은 낮은 수준의 PTSD 증상을 보인다고 한다. 즉 트라우마 사건으로부터 멀리 떨어져 있을수록 고통이 적다는 것이다.

PTSD의 발병과 심각성에 영향을 주는 몇 가지 요소들이 있다. 연구에 의하면 강간이나 성폭력과 같은 외상을 겪은 사람들 사이에서 일어난 트라우마는 다른 트라우마에 비해 훨씬 더 PTSD로 이어질 가능성이 크다고 한다. 뿐만 아니라 과거에 많은 외상을 경험한 사람 또한 그러한 경험이 PTSD 위험률을 증가시킨다. 성별로 보면 여자아이들이 남자아이보다 PTSD가 나타날 가능성이 더 크다는 연구 결과들이 있다. 민족성과 PTSD 연관성 조사에 의하면 소수민족이 더 높은 수준의 PTSD 증상을 나타낸다고 보고했지만 이것은 노출 수준에 있어서의 차이와 같은 다른 요소들 때문이라고 보기도 한다. 트라우마 사건에 노출된 시간을 보여주는 아동의 나이가 PTSD의 발병이나 심각성에 어떤 영향을 주는지는 분명치 않다. 어떤 연구는 관계가 있다고 보지만 다른 연구들은 그렇지 않다고 본다. 이러한 차이가 발생하는 이유는 다양한 연령대 또는 발달수준에 있는 아동과 청소년에게 PTSD가 드러나는 방법이 각각 다르기 때문일 것이다(다음 내용 참조).

아동에게 나타나는 PTSD는 어떤 모습인가?

연구자들과 임상의들은 아동의 경우 PTSD가 성인과 똑같은 방식으로 증상이 나타나지 않을 것이라는 사실을 깨닫기 시작하고 있다(아래의 PTSD란 무엇인가 참조). PTSD의 기준은 어떤 증상에 대해 연령대별로 특징적인 증상을 포함하고 있다. 유아나 초기아동기에 있는 아이들은 PTSD 증상이 거의 나타나지 않을지도 모른다. 이것은 아마도 자신의 감정과 경험을 말로 표현할 수 있어야 가능하기 때문일 것이다. 대신에 어린아동은 좀 더 일반화된 두려움 예를 들어 낯선 사람에 대한 불안, 분리불안, 트라우마와 관련이 있거나 없는 상황에 대한 회피, 수면장애, 트라우마와 관련된 단어와 상징물에 대한 걱정들로 증상을 드러낸다. 아이들은 놀이할 때 트라우마 주제를 되풀이하는 외상 후 플레이를 보이기도 하며 또한 트라우마를 겪은 후 이미 알고 있던 발달적 기술(예를 들어 배변훈련)을 잃어버릴지도 모른다.

임상적 보고에 의하면 학교에 다니는 연령대의 아동은 시각적 회상 또는 기억상실증 같은 것을 경험하지 않을 수도 있으나 이 아이들은 전형적으로 성인들에게서는 나타나지는 않는 "시간 지연" 그리고 불길한 일에 대한 "전조 과정"을 경험한다. 시간 지연이란 아동이 기억을 회상할 때 사건과 관련된 트라우마의 순서를 잘못 인식하는 것을 의미하며 불길한 전조과정이란 트라우마를 예측해 주는 경고신호가 있었다는 믿음이다. 그 결과 아이들은 자신이 충분히 조심하면 그 같은 경고신호를 알 수 있고 미래의 트라우마를 피할 것이라고 믿는다. 또한, 학교에 다니는 연령대의 아동들은 놀이, 그림 그리기, 언어로 표현하기 등에서 트라우마를 재현하거나 외상 후 플레이를 드러낸다. 외상 후 플레이란 문자 그대로 트라우마가 겉으로 나타나는 것으로, 트라우마의 어떤 측면이 강박적으로 반복되는 것을 의미한다. 이 경우 불안을 해소하거나 완화하는 경향이 없다는 점에서 외상 후 재현은 훨씬 유동적이고 트라우마를 행동적으로 재창조하는 측면을 포함하고 있다(예를 들어 폭력에 노출된 후 무기를 소지하는 것).

청소년들의 PTSD는 성인의 PTSD와 점점 유사하게 드러나기 시작할지도 모른다. 그러나 분명히 다른 몇 가지 특징이 있다. 위에서 논의된 바와 같이 아동은 트라우마 이후에 외상 후 플레이에 참여할지도 모른다. 반면에 청소년은 외상 후 재현에 더 참여하는 경향이 있으며 어린 아동이나 성인보다 외상의 측면들을 자신의 일상생활 속에서 강압적이고 공격적인 행동으로 드러내 보이는 경향이 있다.

PTSD 이외에 트라우마가 아동에게 미치는 다른 영향들

PTSD 이외에 트라우마 사건을 경험한 아동이나 청소년들은 다른 유형의 문제들을 드러낸다. 트라우마가 아동에게 미치는 영향에 관하여 더 많은 최상의 정보들은 아동의 성적 학대에 관한 문헌에서 찾아볼 수 있다. 이러한 문헌에서 보면 성적학대를 당한 아동은 두려움, 불안, 우울, 분노, 적대감, 공격, 성적으로 부적절한 행위, 자기 파괴적 행위, 고립감과 낙인, 낮은 자존감, 타인에 대한 불신, 약물남용 등의 문제를 가진다. 이러한 문제들은 또한 다른 유형의 트라우마를 경험한 아동과 청소년에게서도 자주 나타난다. 트라우마를 경험한 아이들은 종종 또래나 가족들과의 관계문제를 가지며 무의식적인 행동으로 나타나는 문제, 학교성적문제 등을 가지기도 한다.

관련된 증상과 함께 트라우마를 가졌던 아동과 청소년에게서 흔히 발견되는 수많은 정신과적 장애들이 있다. 가장 흔하게 발생하는 장애는 주요우울증이다. 그 외에 약물남용, 분리불안, 공황장애, 일반적인 불안장애가 있으며 외현화된 장애로는 ADHD, 반항성장애, 품행장애 등이 있다.

아동과 청소년의 PTSD는 어떻게 치료 되는가?

몇몇 아이들은 몇 개월이 지나면서 PTSD 증상이 자연스럽게 차도를 보이지만 치료받지 않은 아동 중 많은 수는 수년 동안 증상을 계속 보인다. 아동과 청소년 PTSD의 효과적인 치료에 대해서는 알려진 바가 거의 없지만 성인 PTSD에 대해서는 인지행동치료(CBT)가 가장 효과적인 접근법이라고 알려져 있다. 아동을 위한 CBT는 트라우마적 사건(노출)이나 긴장완화 또는 자기-주장 훈련과 같은 불안관리기법 그리고 합리적인 사고로 변화시키는 것 등의 작업에 트라우마와 관련된 사고를 지닌 아동을 직접 참여시킨다. 아동이 두려워하는 사건에 아동을 다시 노출시키는 것에 관해서는 다소 논쟁이 있기는 하지만 트라우마에 대한 기억이 아동을 괴롭힐 때는 노출에 기초한 치료가 가장 적절한 것으로 보인다. 아이들은 점차 노출되고 증상을 완화하도록 교육받아서 사건을 회상하는 동안 마음을 진정시키는 것을 배울 수 있다. 이러한 절차를 통해 그들은 자신의 기억을 두려워할 필요가 없다는 것을 배운다. 인지행동치료(CBT)는 "이 세상은 절대적으로 안전한 곳이 아니야." 와 같은 부정적 신념을 수정하는 것을 치료에 포함시킨다. 대부분의 연구에 따르면 PTSD를 가진 아이들에게 CBT를 사용하는 것은 안전하고 효과적이라고 한다.

CBT는 심리교육과 부모참여를 치료에 포함한다. 심리교육은 PTSD의 증상과 영향에 미치는 문제를 부모나 양육자가 이해하도록 돕는것이다. 연구에 의하면 부모가 자신의 트라우마를 잘 대처하면 할수록 그들은 자식을 더 잘 지원해줄 수 있고 아이들 역시 잘 기능할 수 있다고 한다. 그러므로 부모들이 스스로 치료법을 찾고 자녀를 위해 필요한 대처기술을 개발시키는 것이 중요하다.

몇 가지 다른 유형의 치료가 아동과 청소년의 PTSD를 해결하기 위해 제안되어왔다. 트라우마를 직접 해결할 수 없는 PTSD를 가진 어린 아동을 치료하기 위해서는 놀이치료가 사용될 수 있다. 이 치료에서는 아동이 자신의 트라우마 기억을 처리하도록 돕기 위해 게임과 그리기 등의 다른 기법을 사용한다. 심리학적 응급처치에는 트라우마 관련 사실을 분명하게 이야기하기, 아동의 PTSD 반응을 정상화하기, 감정을 표현하도록 격려하기, 문제해결능력 기르기 등이 있고 추가치료를 위해 다른 곳으로 의뢰하기 등도 포함된다. 또 다른 치료법인 안구운동 둔감 및 재처리과정(EMDR)은 유도된 눈 움직임과 인지치료를 결합하는 방법이다. 안구운동 둔감 및 재처리과정(EMDR)은 PTSD를 가진 아동과 성인 모두에게 효과가 있는 것으로 보였지만, 몇몇 연구에 의하면 이 효과를 가져다준 것은 눈의 움직임이 아니라 인지적 개입이라고 한다. PTSD를 가진 아동에게 약물처방이 내려지기도 하지만 이 분야의 연구부족으로 인해 약물치료의 효능을 평가하는 것은 시기상조이다.

마지막으로 특히 문제행동이나 PTSD 증상, 예를 들어 부적절한 성적 행동 또는 극단적인 행동문제를 가진 아동의 경우 전문적인 개입이 요구될 수도 있다.

내 자녀를 돕기 위해 나는 무엇을 할 수 있는가?

이 자료를 읽는 것은 아동을 돕기 위한 첫 번째 단계이다. PTSD에 대한 정보를 수집하라. 그리고 당신의 자녀가 어떻게 기능하는지 주의깊게 관찰하라. 수면장애, 짜증, 회피, 학교성적의 변화, 또래와의 문제 등과 같은 경고신호에 주의하라. 아동과 청소년의 PTSD를 치료한 정신건강전문가에게 아동을 의뢰하여 평가를 받아보는 것도 고려해 보라. 그 치료자가 일반적으로 PTSD를 어떻게 치료하는지 질문하라. 그리고 당신과 자녀가 편안하다고 느끼는 치료자를 선택하라. 또한 당신이 다른 어떤 사람과 개별적으로 이야기함으로써 도움을 받을 수 있는지 고려해 보라. 당신이 현재할 수 있는 가장 중요한 것은 아동을 지원해 주는 것이다.

이 문서는 부분적으로 "PTSD를 가진 아동과 청소년의 평가와 치료를 위한 실천 매개변

수", 아동과 청소년 미국 정신의학 학술저널, 37:10 보충, 1998년 10월호에 기초를 두고 있다.

용어해설

기본 TIR : 특정 트라우마 사건에 TIR을 적용하는 것

사례계획 : 클라이언트 관점의 목표를 달성하기 위해 면담에서 얻은 자료를 사용하여 설계된 계획

사례계획 세우기 : 목표를 성취하기 위해 어떠한 순서로 어떤 기법을 사용할 것인지 결정하고 실행하기 위해 문서화된 계획

과제 또는 마음의 짐 : 억압된, 충족하지 못한 의도, 한 문제에 대한 마음의 짐은 저항감 그리고 신체적 정서적 고통이나 불쾌감 또는 약화된 의식 등으로 경험된다.

의사소통 훈련 : 사건보기 회기에 의사소통의 각 측면에서 치료자(조력자)의 기술을 향상시키기 위한 훈련

종료시점 : 사건보기 절차(또는 다른 행동)가 완성되는 종료시점과 긍정적인 결과를 알려주는 지표는 클라이언트의 주의가 외부로 방향이 기울어지는 것, 일종의 깨달음 등으로 구성된다.

참여 : 사건보기를 할 때 클라이언트가 마음의 짐이 되는 사례의 주제에 주의를 기울이는 상태로 치료자의 도움과 '사건보기' 절차를 사용함으로써 마음의 짐을 해결하고 해소하는 적극적인 활동이다.

탐구 : TIR과 유사한 공식적인 기법들은 미리 정해진 질문을 가진다. 탐구란 이러한 정해진 질문 기법이 아니라 클라이언트의 욕구와 속도에 따라 적용하는 것이다. 우리는 이것을 사람(환자)중심의 치료활동에 완전성을 유지하기 위한 기법이라고 부른다. 탐구는 우리가 이를 달성하기 위해 무엇을 의도하는가에 따라 각각 나름의 종료 시점을 가진다. 예를 들어 상담시간에 발생하는 혼란스러운 것을 분류해 내는 것 또는 억눌린 의도를 제거하기 위해 흥미로운 영역을 다루는 것 등이다.

촉진 : 또 다른 클라이언트가 사건보기 활동을 할 때 이를 잘 수행하도록 돕는 행위.

조력자(치료자 또는 상담자) : TIR과 메타심리학을 시행하는 사람

고정관념 : 클라이언트가 고수하는 생각으로 고정관념을 통해 클라이언트는 고통스러운 상황이나 혼란스러운 문제 같은 것을 직면하는 것을 멈추고자 한다.

평탄점(Flat Point) : 클라이언트에게 심각한 "억눌린 의도"를 남기지 않고 사건보기 절차가 안

전하게 끝날 수 있는 시점. 가벼운 종료시점. 훈련 시 학생(연수생)이 더는 쟁점에 반응하지 않는 시점

흐름 : 사람들 사이 또는 사람과 물체 사이에 인과관계가 흐르는 방향. 사건보기에서 흔히 다루어지는 흐름은 유입, 유출, 직교류(타인에게서 타인으로), 반사적인 흐름(자기에게서 자기에게로)이다.

미래 TIR(FTIR) : 클라이언트가 염려하는 미래에 일어나거나 일어나지 않은 일에 대한 부담을 제거하기 위한 TIR의 특별한 응용기법

그라운딩 기법(접지) : 압도된 클라이언트를 안정시키고 자극을 줄이기 위해 사용하는 기법 또는 만약에 그 회기 이내에 만족할만한 마무리에 도달할 수 없다면 회기를 마무리할 준비를 하도록 클라이언트를 교육하는 기법

암시 : 한 사람의 사건, 인격, 상황, 상태 등과 관련된 어떤 것에 대한 신중한 주장 "올바른 암시"는 그것을 받는 사람에게 진실로 다가와 지는 것이다. 잘못된 암시와 비교해 보라.

지표 : 클라이언트가 어떻게 지내는지 보여주는 분명한 명시화. 긍정적 지표는 클라이언트가 외향적으로 되거나 밝아 보이는 표정, 미소, 웃음, 깨달음 등이다. 부정적인 지표는 상담시간이나 치료자에 대한 불만족이 명확히 드러나는 경우이다.

생활 스트레스 감소 : 클라이언트의 관심을 재자극하면서 사건의 소재를 해결하고 해소할 목적으로 클라이언트 개인을 위해 기록한 사례계획. 생활 스트레스 감소의 종료 시점은 클라이언트가 자극을 덜 받고 쾌활해지며 외향적이 되고 인생을 새롭게 도전하려 할 때이다.

입지에 따른 치료법 : 클라이언트의 주의를 주변물체에 끌어들임으로써 그 상태의 큰 변화를 초래할 필요 없이 클라이언트를 좀 더 편안한 상태로 돕는 간단한 기법

순환 고리 : 종료시점에 도달할 때까지 반복적으로 되풀이하는 일련의 질문들. 질문 개수에 따라 2-part loop, 3-part loop 라고 불린다.

메타심리학(촉진/사건보기 회기에 사용되는 메타심리를 의미한다) : 클라이언트가 자신의 삶, 마음, 감정, 경험(트라우마 사건 포함), 결심, 고정관념, 성공 등을 살펴보도록 설계된 사람중심 응용기법. 목표는 그 사람 스스로 평가를 할 때 부담이 되는 영역을 해결하고 클라이언트가 더 나은 상태로 돌아가도록 하는 것이다.

개선책 : 클라이언트의 상태에 큰 변화를 일으키지 않고 클라이언트가 좀 더 편안한 상태를 만들고자 의도된 간단한 기법

재자극 : 트라우마적 사건과 같은 마음의 부담이 되는 사건의 영향을 다시 느끼도록 활성화시키는 것

기술적 방향(지시) : 치료자가 클라이언트와 함께 사용할 개별적인 사례계획을 기록하는 행위, 한 회기에서 다음 회기로 어떻게 넘어갈지에 대해 글로 기록한 지식 또는 회기간의 방향을 위해 쓰인 것(회기 안건이라고도 불림).

기법(또는 방법) : 마음의 짐이 되는 사건들(트라우마 사건, 화난 일, 어떤 사람에 대한 부담)을 해결하도록 설계되었고 종료 시점까지 지속하고자 의도된 사건보기 지시사항의 한 패턴

주제별 TIR : 사건에 대해 순서를 다루는 TIR형태로 이것은 공통된 주제를 가지고 있고 첫 번째 트라우마나 핵심사건 등을 찾아 거슬러 올라가는 형태

주제 : 연속된 다양한 트라우마 사건들이 공통으로 가지는 요소로서 주제는 부정적 감정, 정서, 감각, 태도, 고통 등이다.

터치(접촉) 치료법 : 신체와 의사소통을 회복하기 위해 몸의 다양한 부분에 의뢰인이 관심을 가지도록 지시하는 치료법으로 격분한 클라이언트가 신체적 불편함을 줄이거나 그라운딩 할 수 있도록 진정시키는 데 사용할 수 있다.

비 블록화 : 어떤 문제에 대한 수많은 정신적 블록을 반복적으로 다루어 마침내 마음의 짐이 줄어들도록 만드는 절차. 자세한 설명은 다음 페이지 참조

층 해체법 : 하나 또는 많은 반복적 사건보기, 지시법을 포함한 절차의 한 유형

잘못된 암시 : 어떤 개인의 자기개념과 진실에 대한 인식을 침해하는(훼손하는) 일반적으로 무효화시키는 진술. (암시 부분 참조)

비 블록화에 대한 간략한 서술

비 블록화는 층 해체법이라고 불리는 기법을 사용하는 것으로, 종료 시점까지 일련의 질문을 반복적으로 사용하는 것을 포함한다. 층 해체법은 클라이언트가 여러 차례에 걸쳐 삶의 특정 영역을 살펴보도록 하는 방법으로 생각이나 고찰, 감정, 결정, 의견 등의 여러 층을 하나씩 벗겨내는 것이다. 질문할 때마다 클라이언트는 더는 그 질문에 대한 대답이 생기지 않을 때 까지 매번 그 주제를 새롭게 바라본다.

비 블록화는 층 해체법을 특별히 응용한 것으로 특정 문제에 대한 마음의 짐을 발견해내어 제거하는 것을 돕는 데 유용하다고 입증된 수많은 질문으로 이루어져 있다. 이것은 사소한 한 문제에는 사용하고 싶지 않고 오히려 인생의 중요한 문제에 사용하고 싶은 완전하고 충분한 기법이다.

비 블록화를 가지고 효과적으로 다룰 수 있는 몇 가지 실제 생활영역에 대한 예들

- 자존감(또는 당신 자신에 대해 어떻게 느끼는가?)
- 다른 사람이 자기에 대해 어떻게 느끼는가?
- 자신감
- 소유물
- 학교
- 다른 사람과의 관계(엄마나 친구들처럼 마음의 짐이 되는 사람들)
- 이웃
- 취미

비 블록화는 클라이언트에게 덜 어렵게 느껴진다는 장점이 있다. 그래서 종종 클라이언트에게 TIR을 준비시키기 위해 사용된다. 그러나 TIR 준비용으로만 낮게 평가해서는 안 된다. 이 기법은 환자의 트라우마 사건과 관련이 없지만 여전히 환자의 마음을 사로잡고 염려되는 문제들을 해결하도록 도와주는 큰 가치를 가지고 있다.

TIR은 소위 "체크리스트 기법"이다. 왜냐하면 이것은 클라이언트가 순서대로 하도록 요청받은 여러 단계로 구성되어 있기 때문이며, 단계의 각각은 그 전에 일어났던 것에 기초를 두고 있다. 반복적으로 해결책이 나타나거나 이전의 관련된 사건의 실마리가 시야에 들어오도록

돕는 많은 질문을 통해 사건을 전체적으로 훑어보게 된다. 클라이언트는 TIR사건으로 되돌아가서 이를 재경험하도록 요청받기 때문에 그에게 매우 힘든 일이지만 노력할만한 가치가 있다.

비 블록화는 클라이언트에게 마음의 짐을 발견하기 위해 제공되는 질문에 무엇이든지 답하도록 허용한다. 클라이언트의 보고에 따르면 비 블록화의 종료 시점은 삶의 그 영역에 대한 더 명쾌한 인식과 이해 그리고 큰 확신과 같은 것들이 나타날 때이다.

부록A

아동을 위한 회상 목록

Hildegard Jahan

도입

회상목록은 응용 메타심리학에서 여러 가지 기능에 도움을 준다. 예를 들어 이 목록은 새로운 클라이언트와 함께 사용할 때 기본적인 사건보기 절차에서 기술과 신뢰감을 세워나가기 위해 사용될 수 있다. 아직 TIR이나 심지어 비블록화를 위한 준비가 되지 않은 연약한 클라이언트의 경우 회상목록은 유쾌한 사건에 대한 접근을 할 수 있도록 도와준다.

일화로 성공적인 회상목록 사용과 연결된 두 가지 공통된 결과가 있다. 첫째, 두려움이 최소화 된다는 점에서 과거에 접근하는 것이 더 쉬워진다. 둘째, 세부사항 또는 심지어 전체시간을 기억해낼 수 있는 능력이 일반적으로 향상된다. 그러한 면에서 회상을 사용한다는 것은 더 향상되는 일종의 근육과 같다.

회상목록이 어떤 순서로 사용되어도 무리없지만 치료를 위한 회상목록은 좋은 종료시점에 도달하기 위해 도움이 되도록 특별히 설계되어 있다.

지시사항

한 번에 한 가지 질문을 하고 이전의 경험을 묻는다. 각 질문에 대하여 아동의 가장 최초의 경험에 대해서도 물어본다. 이것이 아동에게 너무 무리한 일이라면 한 번에 각각 하나의 질문만 해라. 그러면 아동은 그가 원하는 만큼만 당신에게 대답할 수 있을 것이다.

1. 식물과 동물

다음과 같은 시기를 기억할 수 있는가?

1. 동물을 처음 보았을 때
2. 고양이가 가르랑 거릴 때
3. 무언가를 심었을 때
4. 과일이나 열매를 따서 먹었을 때
5. 동물이 나를 좋아한다는 것을 발견했을 때
6. 풀밭에 누어있거나 노는 것이 멋지다고 생각했었던 때
7. 꽃향기를 맡았을 때
8. 새의 노래 소리를 들었을 때
9. 나무가 아름답다고 느꼈을 때
10. 숲속이나 큰 목초지를 홀로 걷는 것이 멋지다고 느꼈을 때
11. 동물이 나에게 가까이 다가왔을 때
12. 동물이 무슨 생각을 하거나 느끼는지 알았을 때
13. 동물이 내가 원하는 것을 이해했을 때
14. 진지하게 곤충을 관찰했을 때
15. 부드럽게 동물을 어루만졌을 때
16. 나무그늘에 있는 것이 아름다웠을 때
17. 새가 노래하는 소리를 들었을 때
18. 숲속에서 친구와 한가롭게 걸었을 때
19. 동물이 똑똑하다는 사실을 깨달았을 때
20. 동물원에 갔었던 때
21. 동물에게 먹이를 주었을 때
22. 물고기를 관찰했을 때
23. 동물과 이야기했을 때
24. 동물이 우스꽝스럽게 행동했을 때
25. 식물을 좋아했을 때
26. 꽃을 꺾었을 때

지식, 훈련, 학습

다음과 같은 시기를 기억할 수 있는가?

1. 감명 깊었던 어떤 것을 배웠을 때
2. 누군가가 어떤 것을 매우 친절하게 가르쳐주었을 때
3. 혼자 힘으로 무언가를 찾아냈을 때
4. 어떤 것을 그리거나 색칠했을 때
5. 누군가가 나를 똑똑하다고 말했을 때
6. 무언가를 이해할 수 있다는 것을 스스로 발견했을 때
7. 장난감의 작동 법을 이해했을 때
8. 책을 읽거나 책속의 그림을 보았을 때
9. 누군가가 나의 글쓰기를 도왔을 때
10. 내가 어떤 것을 알고 있는 유일한 사람이었을 때
11. 내가 어떤 다른 사람이 무언가를 배우도록 도왔을 때
12. 시를 지었을 때
13. 노래를 불렀을 때
14. 게임에서 이겼을 때
15. 무언가 어려운 일을 해낼 수 있었을 때
16. 내가 만든 어떤 것을 누군가가 칭찬했을 때
17. 내가 옳다는 것을 다른 사람이 알아챘을 때
18. 새로운 무언가를 하면서 기뻤을 때
19. 내가 할 수 있을거라는 사실을 다른 사람들이 몰랐던 것을 내가 만들거나 성공했을 때
20. 친구들과 놀면서 무척 즐거웠을 때
21. 매우 빠르게 무언가를 관찰했을 때
22. 다른 사람들이 나를 똑똑하다고 말했을 때
23. 나의 몸이 성장했다는 걸 발견했을 때
24. 시계를 보고 시간을 읽을 수 있었을 때
25. 또 다른 계절이 다가왔음을 알았을 때
26. 어떤 사람이 나보다 키가 작다는 걸 발견했을 때

감정, 정서, 다른 사람들

다음과 같은 시기를 기억할 수 있는가?

1. 어떤 사람이 나에게 좋아한다고 말했을 때
2. 어떤 사람이 나를 존중해 주었을 때
3. 어떤 사람이 내가 한 말을 듣고 즐거워했을 때
4. 다른 사람과 비밀을 공유했을 때
5. 어떤 사람을 돕거나 지원해주었을 때
6. 어떤 사람이 나와 친구가 되었을 때
7. 웅덩이나 호수 또는 바다에서 친구들과 함께 있었을 때
8. 친구들과 썰매를 탔을 때
9. 친구들과 공놀이 게임을 했을 때
10. 나와 친구들이 다른 사람을 놀라게 하기위해 장난을 꾸몄을 때
11. 진실을 말했고 그것이 굉장하다고 느꼈을 때
12. 어떤 사람에게 사랑한다고 말했을 때
13. 어떤 사람을 돕거나 지원해주었을 때 그 사람이 운 좋게 느꼈을 때
14. 어떤 사람의 목소리가 나에게 매우 친숙했을 때
15. 어떤 사람이 나와 함께 있을 때 편안하다고 느꼈을 때
16. 어떤 사람이 나에게 이야기를 말해주거나 읽어주었을 때
17. 싸움을 한 뒤 어떤 사람과 화해했을 때
18. 어떤 사람이 나를 옹호해 주었을 때
19. 어떤 사람에게 이야기를 말 하거나 읽어주었을 때
20. 다른 사람들이 서로 친절하게 지냈을 때 그것이 즐거웠던 때
21. 어떤 사람을 다른 사람들로부터 옹호해주었을 때
22. 어떤 사람을 안았을 때
23. 어떤 사람이 매우 아름답다고 느꼈을 때
24. 어떤 사람이 나에게 선물을 주었을 때
25. 내가 친근해하는 어떤 사람이 어둠 속에서 나의 목소리를 알아볼 때

26. 도움이 필요할 때 내 곁에서 어떤 사람이 나를 지원해 주었을 때
27. 어떤 사람이 나에게 잘생겼다고 말했을 때
28. 친숙한 어떤 사람의 필체를 알아보았을 때
29. 어떤 사람을 안거나 키스하는 걸 좋아했을 때
30. 어떤 사람과 함께 TV를 볼 때
31. 게임에서 숨을 헐떡였을 때
32. TV에서 본 어떤 사람을 좋아하거나 사랑했을 때
33. 좋아하거나 존경하는 어떤 사람이 나에게 무언가를 가르쳤을 때
34. 나보다 어린 어떤 사람에게 무언가를 가르쳤을 때
35. 어떤 사람을 웃게 만들었을 때
36. 어떤 사람이 나를 칭찬했을 때
37. 나의 집단이 게임을 이겼을 때
38. 멋진 생일파티를 열었을 때
39. 특수한 의상을 입고 변장했을 때
40. 여행을 했을 때
41. 친구나 가족과 소풍을 갔을 때
42. 다른 사람들과 목욕탕에 있을 때
43. 내가 한 약속을 지켰을 때
44. 어떤 사람이 나를 웃게 만들었을 때
45. 농담을 했을 때
46. 내가 강하다고 느꼈을 때
47. 어떤 사람이 나와 함께 시끄러운 게임을 했을 때
48. 어떤 사람이 나를 도와 무언가를 찾도록 했을 때
49. 다른 사람이 나에 대해 긍정적으로 생각했을 때
50. 차분한 어떤 목소리가 친절하다고 느껴졌을 때
51. 어떤 사람과 함께 먹을 음식을 준비 했을 때
52. 매우 아름답게 옷을 갖춰 입었을 때

사물과 둘러싼 환경

다음과 같은 시기를 기억할 수 있는가?

1. 자전거를 샀을 때
2. 수영을 했을 때
3. 취미의 일부로 무언가를 아주 잘 만들었을 때
4. 달리기가 나에게 큰 기쁨이었을 때
5. 자신의 방을 재배치했을 때
6. 기발하게 숨었던 때
7. 하고 있는 것을 정확하게 알 때
8. 어떤 옷을 입었을 때 멋지다고 느꼈을 때
9. 무언가 근사한 냄새가 났을 때
10. 기계가 환상적이라고 느꼈을 때
11. 자신만의 충분한 공간을 가졌을 때
12. 충분한 시간을 가졌을 때
13. 먹을 것이 충분했을 때
14. 언덕을 미끄러져 갔고 그것이 재미있었을 때
15. 물속에서 놀았을 때
16. 스케이트 타기 좋은 곳을 찾아냈을 때
17. 무언가를 매우 조심스럽게 관찰했을 때
18. 무언가가 무척 맛있었을 때
19. 전에 본 적이 없는 어떤 것을 발견했을 때
20. 나에게 가치 있어 보이는 어떤 것을 발견했을 때
21. 아주 멋진 음악을 들었을 때
22. 시끄럽고 즐거운 소음을 들었을 때
23. 그네를 탔을 때
24. 바람이 심하게 불었을 때
25. 아주 먼 곳으로부터 무언가를 들었을 때

26. 어둠 속에서 편안함을 느꼈을 때
27. 무언가 부드러운 걸 만졌을 때
28. 전에 먹어 본 적이 없는 것을 먹었을 때
29. 전에 맡아본 적이 없는 무언가를 냄새 맡았을 때
30. 즐거운 소리나 음악을 만드는 무언가를 가지고 놀았을 때
31. 무언가를 수리했을 때
32. 어떤 것을 파괴했을 때
33. 무언가를 만들기 위해 필요한 어떤 재료를 찾았을 때

아동치료를 위한 회상목록

좋은 종료시점에 도달하지 못한 채 회기를 끝낼 때 사용하기에 적합한 추천할 만한 것들

다음과 같은 시기를 기억할 수 있는가?

1. 어떤 사람과 함께 무엇을 만들었을 때
2. 정말로 누군가를 좋아 했을 때
3. 어떤 사람과 의사소통 하면서 즐거운 시간을 보냈을 때
4. 어떤 사람이 나에게 충고를 구했을 때
5. 어떤 사람이 정말로 나를 좋아했을 때
6. 어떤 사람이 나를 잘 이해했을 때
7. 어떤 사람이 나를 안았을 때
8. 어떤 사람이 나를 응원했을 때
9. 어떤 사람이 아주 잘 이해되었을 때
10. 어떤 사람을 내가 응원했을 때
11. 어떤 사람이 내가 거기 있는 것 때문에 기뻐했을 때
12. 자신이 옳다는 것을 당신이 알았을 때
13. 어떤 사람이 나를 보러 와서 기뻤을 때

14. 어떤 사람이 내가 그를 보러온 것 때문에 행복해 했을 때
15. 나의 손에 들고 있는 어떤 물건의 느낌이 좋았을 때
16. 내가 어떤 사람을 돌보았고 그래서 그가 기분 좋아졌을 때
17. 내가 안전하고 편안하다고 느꼈을 때
18. 멋진 것을 먹었을 때
19. 어떤 사람에 의해 놀라거나 즐거웠을 때
20. 달과 별이 아름답게 빛났을 때
21. 태양이 나의 몸을 따뜻하게 데워줄 때
22. 단지 재미로 아주 빠르게 달렸을 때
23. 바닥에 누워 쉬면서 행복을 느꼈을 때

부록B

TIR훈련 정보

당신의 지역 트레이너는 지속적인 교육을 위해 승인받은 공동-후원 트레이닝을 제공하기로 결정할 수도 있다. 훈련 성명서에 공표된 다음의 진술을 살펴보라.

> 이 프로그램은 국제 응용메타심리학(AMI)과 당신의 지역 트레이너에 의해 공동 후원된다. AMI는 심리학자들에게 지속적인 교육을 제공하기 위해 미국 심리학협회의 승인을 받았다. AMI는 프로그램과 그 내용에 대한 책임을 맡고 있다.
> 프로그램은 최대 28시간의 지속적인 교육을 위해 국제 사회복지사협회(공급자 번호 886415259)에 의해 승인되었다.

덧붙여 TIR과 관련된 워크숍 3개 모두는 외상스트레스 전문가협회(ATSS)에 의해 학점이수 프로그램으로 인정되었다.

캐나다 상담협회(CCA)는 3가지 TIR 워크숍 각각을 4CEU에 적합하다고 인정해왔다. 만약 당신이 참가할 워크숍을 위해 캐나다 상담협회(CCA) CEU에 지원서를 신청하고자 한다면 당신의 트레이너에게 미리 알려라.

3가지 간단한 워크숍은 TIR과 생활스트레스 감소에 대한 충분한 훈련을 제공한다.

- TIR 워크숍 레벨1
- TIR – 확장된 적용
- TIR과 생활스트레스 감소에 대한 사례 계획하기

첫 번째 워크숍을 마친 후 당신은 TIR을 사용할 수 있을 것이다. 이상적인 결과를 위해서 당신은 순서에 상관없이 나머지 2개의 워크숍을 받아도 된다. 2가지 워크숍은 트라우마적 스트레스 뿐 아니라 많은 다른 이슈들을 해결하기 위해 당신의 TIR 사용을 확장시키고 다수의 기타 다른 기법들을 제공할 것이다.

대부분의 트레이너들은 또한 추후감독 또는 자격증을 위한 인턴쉽도 제공할 것이다.

'생활스트레스 감소를 넘어'(처음 3가지 워크숍에서 안내된 기법을 사용하여) 응용메타 심리학의 범주 내에 있고 잠재적인 기법들을 깨달으면서 개인의 성장을 위해 유사한 기법을 사용한다.

훈련을 위한 일정을 포함하여 더 많은 정보를 얻고 싶으면 www. tirtraing.org 웹 사이트를 참조하라. 당신이 참여하고 싶은 연락담당자나 트레이너를 클릭하라. 그러면 당신은 비용이나 훈련관련 세부사항에 대하여 이메일을 보낼 수 있을 것이다. 당신이 거주하는 지역에서 워크숍을 개최하고자 한다면 몇몇 트레이너들이 기꺼이 그곳으로 갈 것이다.

부록C

TIR과 메타심리학에 대한 추가 문헌

TIR 또는 TIR을 포함한 논문

- Bisbey, L., (1995). "No Longer a Victim: A Treatment Outcome Study of Crime Victims with Post-Traumatic Stress Disorder." (Doctoral Dissertation, California School of Professional Psychology, San Diego, CA.)
  [Ed. Note: Her dissertation compared TIR and Imaginal Flooding with a control group with 57 subjects]
  Specify Order Number 9522269
- Coughlin, W., (1995). "Traumatic Incident Reduction: Efficacy in Reducing Anxiety Symptomatology." (Doctoral Dissertation, Union Institute, Cincinnati, OH.) Specify Order Number 9537919
- Odio, Francine (2003) "Traumatic Incident Reduction (TIR) Program for Children." (Doctoral Dissertation, Carlos Albizu University.)
  Publication Number AAT 3100829 from Digital Dissertations
- Valentine, Pamela V. (1997) "Traumatic Incident Reduction: Brief Treatment of Trauma-Related Symptoms in Incarcerated Females." (Doctoral Dissertation, Florida State University. Advisor: Smith, Thomas E.)
  Specify Order Number 9725020

Students, faculty, staff and researchers can order their own unbound copies of dissertations and theses with express delivery to their home, school or office. Select from over one million titles available from UMI by visiting http://wwwlib.umi.com/dxweb/

메타심리학/TIR 관련문헌

In order of publication date:

Gerbode, F.A. (1989). *Beyond Psychology: an Introduction to Metapsychology*, 3rd Ed. (1995) Menlo Park, CA: IRM Press

Moore, R.H. (1992). "Cognitive-Emotive Treatment of the Post-Traumatic Stress Disorder". In W. Dryden and L. Hill (Eds.) *Innovations in Rational-Emotive Therapy*. Newbury Park, CA: Sage Publications

Moore, R.H. (1993). "Innovative Techniques for Practitioners". *The RET Resource Book for Practitioners*. New York, NY: Institute for Rational-Emotive Therapy.

Gerbode, F.A. & Moore, R.H. (1994). "Beliefs and Intentions in RET." *Journal of Rational-Emotive & Cognitive-Behavior Therapy*, Vol. 12, No. 1., Albert Ellis Institute

French, Gerald D., MA, CTS and Harris, Chrys, Ph.D., CTS (1998), *Traumatic Incident Reduction (TIR)*. CRC Press

Bisbey, L., MA, CTS and Bisbey, S. (1999) *Brief Therapy for Post-Traumatic Stress Disorder: Traumatic Incident Reduction and Related Technique*. John Wiley & Sons.

Descilo, Teresa (1999) "Relieving the Traumatic Aspects of Death with Traumatic Incident Reduction and EMDR". In: pp. 153-182; Figley, Charles R [ed.]; *Traumatology of Grieving: Conceptual, Theoretical, and Treatment Foundations*; Philadelphia: Brunner/Mazel,

Gerbode, F.A. (2005). "Traumatic Incident Reduction" in Garrick and Williams [ed.] *Trauma Treatment Techniques: Innovative trends*. New York, NY: Haworth Press.

Volkman, Marian (2005) *Life Skills: Improve the Quality of Your Life with Metapsychology*. Ann Arbor, MI. Loving Healing Press.

Volkman, Victor (2005) *Beyond Trauma: Conversations on Traumatic Incident Reduction, 2nd Ed.* Ann Arbor, MI. Loving Healing Press.

Volkman, Victor (2005) *Traumatic Incident Reduction: Research and Results*. Ann Arbor, MI. Loving Healing Press.

Volkman, Victor (2006) *Traumatic Incident Reduction and Critical Incident Stress Management*. Ann Arbor, MI. Loving Healing Press.

Volkman, Marian (2007) *Children and Traumatic Incident Reduction: Creative and Cognitive Approaches*. Ann Arbor, MI. Loving Healing Press. Volkman, Victor (2005) *Traumatic Incident Reduction: Research and Results.* Ann Arbor, MI. Loving Healing Press.

Volkman, Victor (2008) *Traumatic Incident Reduction: Research and Results.* Ann Arbor, MI. Loving Healing Press.

TIR에 관한 엄선된 저널기사들

Dietrich, Anne M; Baranowsky, Anna B; Devich-Navarro, Mona; Gentry, J Eric; Harris, Chrys Jay; Figley, Charles R "A review of alternative approaches to the treatment of post traumatic sequelae." *Traumatology,* 6(4): pp. 251-271, December 2000, ISSN: 1534-7656

Figley, Charles R; Carbonnell, Joyce L; Boscarino, Joseph A; Chang, Jeani. "A Clinical Demonstration Model for Assessing the Effectiveness of Therapeutic Interventions: an Expanded Clinical Trials Methodology." *International Journal of Emergency Mental Health,* 1(3): pp. 155-164, Summer 1999

Gallo, Fred P. "Reflections on active ingredients in efficient treatments of PTSD, part 2." *Traumatology,* 2(2): pp. [Article 2], 1996 ISSN: 1534-7656

Mitchels, B. (2003). "Healing the wounds of war and more: an integrative approach to peace--the work of Adam Curle and others with Mir I. Dobro in Upanja, Croatia". *British Journal of Guidance and Counselling,* 31(4), 403-416.

Valentine, P. and Smith, Thomas E. "Evaluating Traumatic Incident Reduction Therapy with Female Inmates: a Randomized Controlled Clinical Trial." *Research on Social Work Practice,* v. 11, no. 1, pp. 40-52, January 2001, ISSN: 1049-7315

Valentine, P. "Traumatic Incident Reduction I: Traumatized Women Inmates: Particulars of Practice and Research", *Journal of Offender Rehabilitation* Vol. 31(3-4): 1-15, 2000

Valentine, P. and Smith, Thomas E. "A Qualitative Study of Client Perceptions of Traumatic Incident Reduction (TIR): a Brief Trauma Treatment." *Crisis Intervention and Time-Limited Treatment,* v. 4, no. 1, pp. 1-12, 1998, ISSN: 1064-5136

Valentine, P. "Traumatic Incident Reduction: A Review of a New Intervention." *Journal of Family Psychotherapy,* 6, (2), 79-85, 1995.

Whitfield, H. (2006). Towards case-specific applications of mindfulness-based cognitive-behavioural therapies: a mindfulness-based rational emotive behaviour therapy . *Counselling Psychology Quarterly, 19*(2), 205-218.

Wylie, M. S. "Researching PTSD: Going for the Cure." *Family Therapy Networker*, 20(4), pp. 20-37, July/Aug. 1996.

주석을 단 참고문헌

Figley, C. (2002). *Brief Treatments for the Traumatized: A Project of the Green Cross Foundation*, CRC Press, ISBN: 031332137X, pp. 252-265 (Chapter 12 by Pamela Vest Valentine, Ph.D. on TIR)

Cooper, C. (2002). *Bullying and Emotional Abuse in the Workplace: International Perspectives in Research and Practice.* ISBN 0415253594, CRC Press, 2002. (p. 276 article by Noreen Tehrani "Illustrates how TIR help a manager deal with the painful memory of a difficult team meeting." with actual session dialog.)

Ecker, B. and Hulley, L. (1995) *Depth Oriented Brief Therapy (DOBT) : How to Be Brief When You Were Trained to Be Deep and Vice Versa* " Jossey-Bass Social and Behavioral Science Series) ISBN: 0787901520. (p. 217: "In DOBT terms, the TIR technique efficiently carries out radical inquiry and position work in relation to a particular type of pro-symptom position, one in which the (ongoing) emotional reality was formed by a traumatic incident. This repetitive, detailed, subjective review instigates a thorough emotional processing of this memory, progressively filling in lost details and unfolding the crucial moments of meaning-formation that occurred during the incident. This brings about a spontaneous emergence into awareness of the symptom-generating meanings, construals, intentions, and protective actions that were unconsciously formed. Thus, the TIR process fits very well within the DOBT framework of psychotherapy.")

Dryden, W. and Neenan, M. (2005). *Counselling Individuals: A Rational Emotive Behavioural Handbook, 4th Ed.* by. (Mentions that TIR is effective for PTSD symptoms.)

Gold, S.L. (2000) *Not Trauma Alone: Therapy for Child Abuse Survivors in Family and Social Context*, ISBN: 1583910271, Brunner-Routledge. (pp. 220-227 recommends TIR for use with survivors of PCA [Prolonged Child Abuse]).

Harris, C.J. in *Simple and Complex Post-Traumatic Stress Disorder: Strategies for Comprehensive Treatment in Clinical Practice* (2002) by Mary Beth Williams ISBN: 0789002981, Haworth Press. (Chapter 12. p. 270 "Using TIR as the treatment of choice for the family members when there is vicarious, chiasmal, or intra-family trauma should allow the family therapist to treat the individual family members in a relatively brief time.")

Oz, Sheri (2005). "The Wall of Fear: The Bridge Between the Traumatic Event and Trauma Resolution Therapy for Childhood Sexual Abuse Survivors" in *Journal of Child Sexual Abuse* Ed. by Eitan, M and Motzkin, K. ISSN: 1053-8712 14:3.

Roberts, A.R. (2000). *Crisis Intervention Handbook: Assessment, Treatment, and Research* Ed, ISBN: 019513365X, Oxford University Press. (chapter by Pamela Vest Valentine, Ph.D. on Adult Survivors of Incest: p. 265 states that "Both TIR and group treatment have been tested and found effective in assisting clients in answering old questions and generating new options."

Roberts, C.A. (2003.) *Coping with Post-Traumatic Stress Disorder: A Guide for Families*, by Cheryl A. Roberts, McFarland & Company, 2003 ISBN 0786417366 , pp. 96-97 (Chapter 7 discusses EMDR and TIR)

Spiers, T. (2002). *Trauma: A Practitioners Guide to Counselling.* ISBN: 0415186943. Brunner-Routledge. (p. 119 says that "Clients who have a tendency to cut off from their feelings when talking about the incident may benefit from TIR" There are a few other mentions throughout the book.

Tudor, K. (2008). *Brief Person-Centered Therapies.* ISBN: 9781847873477. Article by Henry Whitfield: "Traumatic Incident Reduction and Applied Metapsychology Techniques: Operationalising Rogerian Theory in a Brief Therapy Practice." Explains how TIR can be both therapist-directed and still claim to operate in the Rogerian (undirected) regime.

Williams, M.B. and Nurmi, L.A. (2001) *Creating a Comprehensive Trauma Center: Choices and Challenges.* ISBN 030646327X, Plenum Press. (p. 38 indicates that "TIR may be effective for uncomplicated PTSD."

Wolfe, A.T. (2005) *Got Parts? An Insider's Guide to Managing Life Successfully with Dissociative Identity Disorder*, ISBN 1932690034. Ann Arbor: Loving Healing Press (p. 170 mentions TIR for use with adult Dissociative Identity Disorder clients)

참고문헌

❖ 1장

Andrews, B., et. al. (2000).'Predicting PTSD symptoms in victims of violent crime: the role of shame, anger, and childhood abuse. *Journal of Abnormal Psychology.* 109, 69-73.

Arguile, R., (1992) 'Art therapy with children and adolescents' in *Art therapy, a handbook* ed. by Waller D. & Gilroy A. Open University Press.

Betenksy, M. G., (1995).*What do you see? Phenomenology of therapeutic art expression* Jessica Kingsley Publishers (JKP).

Bisbey S & Bisbey L B. (1998). *Brief therapy for post traumatic stress disorder, Traumatic Incident Reduction and Related Technique.* Wiley

Bledkin, K. (1994). Post traumatic stress disorder once removed: a case report. *British Journal of Medical Psychology.* 67, 125-129.

Davidson, L. M. & Baum, A. (1994). Psychophysiological Aspects of Chronic Stress Following Trauma. In: Ursano, R. J., McCaughey, B. G., & Fullerton, C. S. (Eds.) *Individual and Community Responses to Trauma and Disaster: The Structure of Human Chaos.* Great Britain: Cambridge University Press, 1994.

Dyregrov A. et al (2000). Trauma exposure and psychological reactions to genocide among Rwandan children. *Journal of traumatic stress* . 13, 3-21.

Eth S. & Pynoos R.S. (1985). *Post traumatic stress disorder in children.* Arlington, VA: American Psychiatric Press

Eth S. & Pynoos R. S. (1994). Children who witness the homicide of a parent. *Psychiatry.* 57, 287-304.

Furnam E. (1986) When is the death of a parent traumatic? *The Psychoanalytical Study of the Child.* 41, 191-207.

Gelderm M. et. al. (1994). Classification of reactions to stressful experiences' in *Concise Oxford Textbook of Psychiatry, 4th Ed.* UK: Oxford University Press.

Gil E. (1991) *The healing power of play, working with abused children.* UK: The Guilford Press.

Heineman T V. (1998). *The abused child: Psychodynamic understanding and treatment.* UK: The Guilford Press

Herman J L. (1992). *Trauma and recovery: from domestic violence to political terror.* HarperCollins Publishers

Jung C G. (1964). *Man and his symbols.* Picador.

Kennedy H. (1986). Trauma in childhood. *Psychoanalytical study of the child.* 41, 209-219.

Kinchin D. (1994). *Post traumatic stress disorder.* New York: HarperCollins Publishers.

Laor et al. (1998). The function of image control in the psychophysiology of post traumatic stress disorder. *Journal of Traumatic Stress.* 11:4, 679-696.

McCaughey, Hoffman, & Llewellyn (1994). The human experience of earthquakes in *Trauma and disaster* Cambridge University Press.

Mullarky K. & Pfeffer C. (1992). Psychiatric treatment of a child suicide survivor. *Crisis,* 13:2, 70-5.

Schavarien J. (1992). *The revealing image: analytical art psychotherapy in theory and practice.* Routledge.

Schavarien J. (1999). Art within analysis: scapegoat, transference and transformation. *Journal of analytic psychology.* 44, 479-510.

Silva R. et. al. (2000). Stress and vulnerability to post traumatic stress disorder in children and adolescents. *American Journal of Psychiatry.* 157, 1229-1235

Terr L C. (1991). Childhood Traumas: An outline and overview' *American Journal of Psychiatry.* 148:1, 10-19.

Van der Kolk, McFarlane & Weisaeth (1996). *Traumatic stress: the effects of overwhelming experience on mind, body and society.* The Guilford Press

Van der Kolk, B. (2005) Developmental Trauma Disorder. *American Psychiatric Annals.* 401-08

Vasarhelyi V. (1990.) Illness behaviour in children in *Working with children in Art Therapy* ed. by Case C. & Dalley T. Routledge.

Weine et al. (1997) Childhood trauma histories in adolescent inpatients. *Journal of Traumatic Stress.* 10:22, 291-298.

Weisbeski et al. 1989 'Urban Trauma: A recurrent disease' *Journal of trauma.* 29, 940-947.

Yule W. & Williams R. (1992) The management of trauma following disasters in *Child and Adolescent Therapy: a handbook* ed. by Lane D. & Miller A. Open University Press

❖ 2장

Gerbode, Frank A. (1995). *Beyond Psychology: An introduction to Metapsychology, 3rd Ed.* Menlo Park: IRM Press.

Pearson, Carol (1991). *Awakening the Heroes within: Twelve Archetypes to Help Us Find Ourselves and Transform Our World.* San Francisco: Harper.

Self concept scale for children [SC] (1958). Lipsitt LP. in Corcoran K & Fischer J (2000*). Measures for clinical practice: A sourcebook. 3rd Ed.* (2vols.) NY, Free Pr. V.1,Pg.617-618

Youth coping index [YCI] (1995). McCubbin HI; Thompson A; Elver K. IN: Corcoran K & Fischer J (2000). *Measures for clinical practice: A sourcebook. 3rd Ed.* (2 vols.) NY, Free Pr. V.1,Pg.628-631

❖ 5장

AMI/TIRA (2006). *Traumatic Incident Reduction Expanded Applications Workshop.* Ann Arbor, MI: AMI Press.

Gerbode, F.A. "Metapsychology: The Un-Belief System" in Volkman, Victor (2005) *Beyond Trauma: Conversations on Traumatic Incident Reduction, 2nd Ed.*, Ann Arbor, MI, Loving Healing Press, p 296.

Volkman, M. "Future TIR in Volkman, Victor (2005) *Beyond Trauma: Conversations on Traumatic Incident Reduction, 2nd Ed.*, Ann Arbor, MI, Loving Healing Press, pp. 66-68.

❖ 9장

Depression self rating scale [DSRD] (1981). Birleson P. IN: Corcoran K & Fischer J (2000). *Measures for clinical practice: A sourcebook. 3rd Ed.* (2vols.) NY, Free Pr. V.1, 535-536.

Self concept scale for children [SC] (1958). Lipsitt LP. IN: Corcoran K & Fischer J (2000). *Measures for clinical practice: A sourcebook. 3rd Ed.* (2vols.) NY, Free Pr. V.1, 617-618

Youth coping index [YCI] (1995). McCubbin HI; Thompson A; Elver K. IN: Corcoran K & Fischer J (2000). *Measures for clinical practice: A sourcebook. 3rd Ed.* (2vols.) NY, Free Pr. V.1, 628-631

Franey, K., Geffner, R., and Falconer, R., Ed. (2001). *The Cost of Child Maltreatment: Who Pays? We All Do.* Family Violence and Sexual Assault Institute, San Diego, CA.. http://www.fvsai.org

Greenwald, R. & Rubin, A. (1999). "Brief assessment of children's post-traumatic symptoms: Development and preliminary validation of parent and child scales". *Research on Social Work Practice, 9,* 61-75.

Greenwald, R. (2002) *Trauma and Juvenile Delinquency: Theory, Research, and Interventions.* Haworth Maltreatment and Trauma Press.

Civil Rights Project, The & Advancement Project (2000). "Opportunities Suspended: The Devastating Consequences of Zero Tolerance and School Discipline Policies." Delivered at National Summit on Zero Tolerance (2000). The Civil Rights Project, Harvard University.
http://www.civilrightsproject.harvard.edu/research/discipline/opport_suspended.php

찾 아 보 기

영문 찾아보기

역자 약력

옥금자

임상사회사업학석사, 상담학박사, 철학박사

간호사로서 그리고 임상사회사업가로서 일반병원과 정신병원에서 수년간 일하고, 이 후 15년 이상 한양대학원과 명지대학원 및 광주대학교에서 겸임교수로 있었다. 현재는 예술심리치료사와 정신건강상담사들을 훈련하고 있고 한국표현예술심리치료협회 수련감독자와 미국 Lighthouse Counseling Center 수련감독자, 사)마음등대-한국학교미술치료연구회 대표, 미국 Cumberland University 협력교수로서, 미국 Lighthouse Counseling Center와 연계기관으로 옥금자정신건강연구소를 운영하고 있다. 주요 임상대상은 정신건강 및 정신장애를 가진 대상이며 개별치료와 부부 및 가족치료를 집중적으로 하고 있다. 임상자격증은 정신보건전문요원, 정신건강 상담전문가, 예술심리치료전문가, 가족상담사, 대상관계정신분석치료사이다.

저서와 역서

- 청소년임상미술치료방법론(하나의학사, 2005)
- 미술치료평가방법의 이론과 실제(하나의학사, 2005)
- 집단미술치료방법론 I-이론과 기법(하나의학사, 2006)
- 집단미술치료방법론 II-임상적 실제(하나의학사, 2007)
- 모든 연령의 아동을 위한 미술치료-치료사들을 위한 요리책(하나의학사, 2010, 역서)
- 미술치료의 발달적 심리학적 매체선택과 적용(하나의학사, 2013)
- 표현예술치료로 만나는 정신건강이야기(시그마프레스, 2009)
- KSATI 학교미술치료지침서 1편-학교미술치료의 실제(시그마프레스, 2008)
- KSATI 학교미술치료지침서 2편-위기의 아동청소년을 위한 학교미술치료지침서(시그마프레스, 2010)
- KSATI 학교미술치료지침서 3편-학교미술지침서-아동청소년치료의 평가방법과 임상준비를 위한 학교미술치료지침서(시그마프레스, 2013)
- KSATI 학교미술치료지침서 4편-발달적 접근과 특성별 지침서-미술치료사의 아동청소년정신건강을 위한(시그마프레스, 2014)
- KSATI 학교미술치료지침서 5편-미술치료 프로그램과 매뉴얼-아동청소년의 부적응예방을 위한(시그마프레스, 2015)
- 학교표현예술치료-임상감독과 프로그램 개발가이드(시그마프레스, 2007, 역서)
- 의료미술치료의 실제(하나의학사, 2015, 역서)

이 외에 10여 편이상의 논문과 10권 이상의 미술치료 및 정신의료관련 자료집을 발간하였다.

이미경

우석대학원 미술치료석사
원광대학원 예술치료박사
현재 : 전북대학교 미술학과 겸임교수
우석대학원 미술치료학과 출강
한국표현예술치료협회 광주 호남지부장
혜윰심리상담연구소장

논문

- 집단미술치료가 시설거주 청소년의 정서발달에 미치는 영향 – 위니캇의 촉진적 환경으로서의 집단경험을 중심으로–
- 자기심리학적 미술치료가 우울증여성의 자아존중감, 우울증 및 자기대상영역에 미치는 영향
- 집단통합예술치료가 우울한 자활 중년여성의 스트레스, 불안, 우울 및 신체증상에 미치는 영향

아동청소년의 트라우마 극복을 위한 인지적 접근 미술치료

초판인쇄일 : 2016년 4월 25일
초판발행일 : 2016년 4월 29일

저　　자 : Marian K. Volkman, CTS, CMF
옮 긴 이 : 옥금자 • 이미경
펴 낸 이 : 오무근
펴 낸 곳 : 도서출판 **하나의학사**

출판신고 : 제25100-2013-000061호(1988. 4. 1)
주　　소 : 서울시 서대문구 거북골로 7-7 하나빌딩 1층
전화번호 : (02) 730-2555, 2556
팩　　스 : (02) 730-2557
이 메 일 : hanampc1@naver.com
홈페이지 : www.hanampc.co.kr

정가 17,000원

◆ 역자와의 합의로 인지 생략
◆ 잘못된 책은 구입처에서 교환해 드립니다.

ISBN 979-11-85696-26-3 93180